讓思考變得可見

【全新修訂版】

MAKING THINKING VISIBLE

by Ron Ritchhart, Mark Church, Karin Morrison

榮・理查特／馬克・邱奇／凱琳・莫莉森＝著
伍晴文＝譯

Making Thinking Visible　Contents｜目錄｜

- 004　圖表目錄
- 005　影片內容
- 007　他序
- 010　作者序
- 014　謝辭
- 018　作者介紹

Part I ｜第一部—————————關於思考｜

023　第一章　拆解思考
- 024　超越布魯姆
- 027　超越記憶、作業與活動
- 030　理解的思考地圖
- 033　其他思考類型
- 034　揭開學生對思考的思考

041　第二章　將思考置於教育界中心
- 044　讓思考顯現如何既協助學習也協助教學？
- 047　如何把不可見的東西變得可見？

Part II ｜第二部——用思考例程讓思考變得可見｜

059　第三章　思考例程介紹
- 060　檢視思考例程的三種方式
- 064　如何組織思考例程？

069　第四章　介紹及探索想法的例程
- 070　看—想—疑
- 079　放大
- 086　想想—疑惑—探索
- 093　筆談
- 100　3-2-1 橋接
- 107　羅盤方位點
- 114　解釋遊戲

121　第五章　統整想法的例程
- 122　頭條標題
- 129　CSI：顏色、符號、圖像
- 135　列舉—排序—連結—闡述：概念圖
- 143　連結—延伸—挑戰

151	4C 例程
159	微型實驗室架構
167	以前我認為……，現在我認為……

177　第六章　深究想法的例程

178	是什麼讓你這麼說？
184	觀點圈
191	進入角色
199	紅燈、黃燈
205	主張—支持—提問
213	拔河
221	句—詞—字

Part III　｜第三部―――把可見式思考的力量帶到生活中｜

231　第七章　創造重視思考、顯露思考、積極推動思考的環境

235	案例研究：提供反思的空間（薇克的案例）
242	案例研究：騰出自學的時間（蘭德芙特的案例）
247	案例研究：建立完整的討論
252	形塑思考文化的要素

261　第八章　實務筆記

263	讓思考變得可見在數學課及生活中所遇到的挑戰（邱奇的案例）
268	素材＋例程＋學生＝思考文化（布璐姆的案例）
274	案例對例程使用的啟示
277	使用思考例程會經歷的階段
280	常見的瑕疵與困難
285	結論

287	參考文獻
289	譯名對照
295	影片使用方式

Making Thinking Visible　　List of Figures and Tables　│圖片及表格目錄│

Figures │圖片│

036	圖 1.1 四年級生的思考概念圖
037	圖 1.2 六年級生的思考概念圖
037	圖 1.3 十年級生的思考概念圖
076	圖 4.1《聖安東尼的誘惑》（*Temptation of St. Anthony*）
083	圖 4.2 艾雪的《白天與黑夜》
098	圖 4.3 四年級學生的筆談：太空競賽
099	圖 4.4 四年級學生的筆談：在送太空人之前先送動物上太空
111	圖 4.5 一個學生在「羅盤方位點」對「興奮」的回答
111	圖 4.6 一個學生在「羅盤方位點」對「擔憂」的回答
112	圖 4.7 一個學生在「羅盤方位點」對「找到需求」的回答
112	圖 4.8 一個學生在「羅盤方位點」對「建議」的回答
120	圖 4.9 六年級學生的「解釋遊戲」紀錄
125	圖 5.1 八年級學生在指數增長單元中提出的頭條標題
126	圖 5.2 五、六年級生對「分數」所下的頭條標題
133	圖 5.3 阿姆斯壯針對《安妮日記》進行的 CSI 例程
140	圖 5.4 泰隆針對《鬱林湖失蹤紀事》中韋德性格所做的概念圖
212	圖 6.1 八年級學生對等式的主張
219	圖 6.2 八年級學生針對「建立理想社會」進行的拔河
239	圖 7.1 學生對移民的繪畫反思
241	圖 7.2 茲米葛蘿的「磚牆」畫

Tables │表格│

066	表 3.1　思考例程列表
091	表 4.1 二年級學生對於時間的想法與疑惑
149	表 5.1 高中生依照「連結—延伸—挑戰」步驟所做的閱讀筆記
150	表 5.2 高中生認為「好的連結」的標準
157	表 5.3 五年級學生對《洞》所做的 4C 例程紀錄
165	表 5.4 八年級學生在維基上針對亞特蘭提斯的討論
173	表 5.5 學生針對自己的閱讀、寫作、學習所做的反思：朵兒的分類
211	表 6.1 八年級學生對等式提出的初步主張
276	表 8.1 探究學生思維架構

Making Thinking Visible　　　Video Contents ｜ 影片內容 ｜

解釋遊戲：歐哈蕾，幼稚園藝術課
荷蘭阿姆斯特丹國際學校

筆談：詹寧斯，二年級自然課
美國密西根聖查爾斯小學

看一想一疑、句一詞一字：薇克，五年級人文課
荷蘭阿姆斯特丹國際學校

連結―延伸―挑戰：邱奇，六年級社會課
荷蘭阿姆斯特丹國際學校

CSI：顏色―符號―圖像：蕾儂，高中化學課
美國密西根切瑟林聯合高中

列舉―排序―連結―闡述：葛蕾沃，12 年級英文課
澳洲墨爾本比亞利克學院

探究學生思維架構：專業研習營觀察七年級學生在自然課上的思考
澳洲墨爾本比亞利克學院

他序

你是否曾經在聽到某人講電話時納悶「他為什麼這麼說」？幾年前，我有過一次這樣的經驗。當時我正緩緩走過劍橋公園，往哈佛大學教育研究院辦公室走，有個人坐在長椅上大聲講著電話：「我一定要這麼做！他對我說謊，也對你說謊！他在電話上跟你說了什麼？他說一切都沒問題。才怪，問題可大了！」

當時我有股衝動，想問「你為什麼這麼說？」但另一股更大的力量阻止我介入陌生人的生活，於是我壓下好奇心，繼續往前走，默默記下那個陌生人說的話，一回到辦公室馬上寫下來。之後幾年，我看了好幾次那份筆記，猜想著公園長椅上的那個男人發生了什麼事。對我來說，那次的經驗就象徵了當我們只聽到單方說法時，背後還藏有多少我們不知道的事情⋯⋯而無法聽到完整對話的情況，常發生在我們的生活中，特別是當我們廣義地詮釋「對話」一詞時。

思考就是很好的例子。一般說來，我們聽不見他人的思考，只聽到他們思考的結果，像是想法、意見、計畫。線的另一端還有各種紛雜的「要是」「另一方面」「但我擔心」，或甚至只是「我的直覺告訴我」等等。他人告訴我們的故事，有時聽起來或許很完整，但其實只是內心對話的一半，甚至遠遠不到一半。因此，我們有時必須問自己，「他為什麼這麼說？」

我們也可以常對自己的思考提出同樣的問題。研究指出，大多數人並不清楚自己是怎麼釐清問題或如何決定對某個問題的立場。倘若這聽起來有點奇怪，那我們可以看看學習運動時，教練為何如此重要。教練除了擁有運動

員所沒有的專業外，還能以運動員無法做到的方式觀察——從外界觀察，而且觀察時，他不用同時運動。

以上一切都指出《讓思考變得可見》書中的概念對教育為何如此重要。廣義來講，這些概念會要求思考例程變得具體可見，如此學習者才更能掌控思考。為此，作者群特別強調提問、聆聽、記錄、指出，以及許多特定的策略與大致的方法，以便在課堂上建立正向、投入且充滿思考的學習文化。理查特、邱奇、莫莉森、我，以及一些不同領域的同僚長年投入這方面的研究，發展這些概念及實務。而本書就是他們經驗的智慧結晶。

然而，比起學習，這裡更注重改善思考。本書的主要任務不只是學習如何思考，還要思考如何學習。解釋這點時，我常會問一個大家聽了或許不是那麼自在的問題：「在大學先修教育中，你學到的哪些概念至今仍影響你的人生？」有些人覺得這個問題很難回答，只能列舉一些事實，不過也有些人說，能讓他們了解自己、理解這個世界、知道如何為人處事的這類知識才是重要知識。例如，有個人提到法國革命時，他所提的不是革命的細節，而是這場革命就像一面鏡片，讓他看見各種類型的衝突。我記得另一位提及對生態的理解，那不只在本質上影響了他要支持什麼政策，也影響他日常生活的種種行為。一般而言，當一個人提出對他們而言很重要的主題時，他們所指的是**思索**（think with）的主題，而不只是**想**（think about）的主題——**思索**法國革命，以理解其他的衝突，或**思索**你的生態知識，以調整自己的日常行為。

思索是兩道重要步驟，不只是單純知道資訊，更著重教育。前進的第一步是思考一個題目，通常很有趣，也很有價值，但本身會導向非常特定的理解。若學習者能夠輕鬆地思索腦中的各種想法，那些想法將變得更有意義，

應用的範圍將無限寬廣，從管理日常關係，到個人層面的聰明購物以減少溫室效應等，無所不包。

「想」及「思索」我們所學的內容，給了我們第二個理由去了解讓思考變得可見及相關主題對學習者的重要性。讓我們再次回到那座公園長椅：在這個複雜、衝突，有時甚至危險的今日及明日世界，人們越能思索及想想自己所知的事物，便越有可能了解我們所聽到的單方談語，且越能理解整場對話的意義。

大衛‧柏金斯

作者序

2005年,我和「哈佛零點計畫」的同僚剛完成一項為期五年的計畫,研究如何在學校培養思考習性。該項計畫「智識創新」(Innovating with Intelligence)由卡普威坦基金會贊助,並於瑞典列夏葛學院實施。我們長期研究習性及濡化,發展出一套思考例程,也就是架構思考的一些簡單策略,讓老師可以融入日常課堂教學中。這些例程成為我們介入的基礎,並成為一種教學法的核心實務,我們最後將這種教學法命名為「讓思考變得可見」。我們將所有的試驗都記錄下來,並透過www.pz.harvard.edu/vt網站推出一套最早的例程,供全球參考。

這個網站幾乎馬上在與我們合作的老師間引發熱烈迴響,同時也是我們的同僚及我們自己日常工作的重要資源。參與「為理解而教」(Teaching for Understanding)的老師將這些思考例程視為增進學生理解的捷徑。我們的同僚提希曼及帕爾茉發現這些可用來輔助一種開創的、專注於藝術整合的藝術思考(Artful Thinking)。哈佛教育研究院的老師也認為這些是很有效的工具,可以幫助學生主動探索複雜的概念。有些同僚在發展概念時,甚至將這些例程當作思考與書寫的架構。我們年度暑期研討會的主持人也運用這些例程來協助成人學習,方式大致就像用議定的規約來安排專業討論。

同時,柏金斯、邱奇、莫莉森跟我前往澳洲墨爾本的私立比亞利克學校(從幼兒園到十二年級),展開多雷維奇夫婦所資助的「思考文化」計畫。我們認為,老師可以從思考例程開始,去思考形塑課堂文化的力量,因此,思考例程是非常好的出發點。雖然我們更長遠的目標是讓老師全力投入發展思考文化,但我們在早期的研究中注意到,老師在認真運用思考例程一段時

間後,很快就會開始思考還有哪些文化力量能發揮作用,特別是時間、語言、機會及互動(詳情請參見第七章)。

可見思考(Visible Thinking)網站上線後不久,素未謀面的教育工作者也開始寫信給我們,告知他們如何運用思考例程,並迫不及待想知道更多,更多例程、課堂上的故事、影片說明,以及更多老師在各個年級及學科的案例。簡言之,他們需要更多資源,以協助他們學習在自己的教育環境中有效地運用思考例程。教育工作者雖然不約而同提到網站是多麼重要的資源,但還是一直希望有本書可以讓他們深入學習,可以將這整個系列放在桌上,隨時拿出來用,並在課餘翻閱,或是帶到規劃會議上與同事分享,在上面寫上自己的註解及訣竅。有些老師坦承,他們甚至把整個網站的資料都列印出來,裝訂成冊了。

這熱烈的反應讓邱奇、莫莉森和我開始思考是否應該出版一本書,去延伸並補充網站上的內容。我們在早期的討論中設定了我們認為這樣的書應該達成的幾個目標。首先,自 2005 年我們首次發表讓思考變得可見的想法以來,我們身為研究者、開發者及計畫主持人,在自己的思考上有哪些進展?把這些整理出來非常重要。我們與同僚不停研究、討論,對「可見」有了更多想法,不僅僅只是運用思考例程而已,我們也想跟大家分享這些額外的策略。我們將這些想法寫在第二章。

再者,我們覺得有必要分享老師以創新方式運用思考例程的各種故事。多年來,我們跟上千位老師合作過,老師的創意永遠令我們驚歎。然而,我們希望我們說這些故事的方式,可以幫助讀者看到思考例程是如何促進思考與學習,而不只是讓大家看到一些別出心裁的活動。當思考例程變得越來越

普及，也有越來越多人運用之後，我們也看到不少運用無效的案例，因此希望幫助大家更了解思考例程要在怎樣的條件下才能發揮作用。因此，在規劃思考例程的書寫樣版時，我們決定特別強調挑選適當素材的重要性，對於老師如何用形成性評量去評估學生的思考，也提出一些想法。這些都是在我們早期研究中做得不夠明確的部分。第三章更詳細敘述了這個新樣版。我們從大量的老師案例（取自比亞利克學院的「思考文化」計畫及其他地方）中，挖掘出許多「教學實例」，這些圖都凸顯了每位老師在規劃、實行及檢討思考例程的運用時，腦中在想什麼。這些故事都寫在第四、五、六章中。

我們也在 2005 年製作了影片，作為「讓思考變得可見」網站的補充教材。這系列影片主要是阿姆斯特丹國際學校的教師個案，大受教育工作者的歡迎，他們會用這張影片來跟同僚分享何謂「可見式思考」。影片中呈現的教學實務突顯了思考例程的互動特性，而我們看到這樣的教學實務所具有的力量，也看到運用有效教材的重要性。因此，邱奇、莫莉森和我也在這本書中附上影片，收入更多元的課堂教學故事，範圍涵蓋美國、澳洲、歐洲等地。我們在本書的相關章節建議大家參考這七段影片，希望這項資源能讓你的閱讀更深入，也更加了解本書所提出的概念。

我們撰寫本書的另一個目標，是讓校園以外的教學體系也能運用思考例程及其他工具，而要達到這個目標，需要在課堂的思考文化中培養學習的興趣、了解何謂理解及促進學生自主學習。我們在第一章拆解了思考，並探討思考在學習中扮演的重要角色，證明促進思考不只是不錯的附加學習，更是學習的中心。我們接著把本書呈現的各種思考例程及讓思考變得可見的策略都放入三個案例中，這三個案例一個來自教室，一個來自博物館，一個則來

自專業團體，這些都在第七章。這些案例讓我們清楚看到讓思考變得可見的策略如何存在於一種更大的、多元混合的思考文化中。最後，我們在第八章把「實務筆記」整合起來，以此總結本書。在這一章，我們介紹了我們的一些研究，內容是老師如何學習運用思考例程，以及如何長期把思考例程融入課堂，同時也提供一些訣竅、實績及提示，陪著你走上讓思考變得可見的實踐之路。

在整本書中，我們盡量把各種教室的敘事線交織起來，這樣的一系列視角讓我們的整體敘述變得更加豐富。但敘述並不會就此打住，總是有更多聲音可以加入、更多故事可以說。我們繼續跟世界各地的老師學習、共事，像您這樣總是不斷尋找方法吸引學生投入、發展理解、促進思考及自主學習的教育工作者，就是我們的夥伴。由於你正在閱讀本書，我們假設你也是這樣的教育工作者。因此，我們希望你也能提供自己的經驗給致力於讓思考變得可見的老師參考。請把書中的想法變成你自己的想法，融入你的課堂文化中。運用這本書為教學資源，但也要更廣泛延伸。教學時不妨冒些險。最重要的是，對每個學習者的思考能力以及你自己培養思考的能力有信心，最後的結果一定會讓你既驚奇且振奮。

榮・理查特

謝辭

這本書的重點在於培養學生日常生活中的思考，讓思考變得可見，進而建立思考文化，並在組織、學校及課堂上組成有效的學習社群。雖然大家一般都認同這樣的想法，但要真的實現，還有很多事要做，包括努力、投注心血、不斷反思，最重要的是願意冒險，跨出舒適圈。這既是個人的努力，也是集體的過程。真正了解並學習他人的作法，跟從自己的作法中學習同樣重要。感謝參與思考養成這條路的所有人，以及願意投入讓思考變得可見的工作夥伴。

我們深深感謝 Dorevitch 夫婦及比亞利克學院學委會的贊助。他們都是具有遠見的決策者，認同這些概念將能改造學校及課堂文化，也願意支持比亞利克教師為時七年的專業研習，嘗試「思考可見計畫」（Carpe Vitam Foundation 創立）中的各種想法雛形、參與由 Spencer Foundation 贊助的「智性特質」研究，並透過「思考文化計畫」的實際課堂精進這些想法。他們在促進教育發展上的貢獻，不只影響了比亞利克學院，效益更遠遠拓及世界各地，引發全球的漣漪效應。此外，我們還要感謝 Dow Chemical 贊助密西根中部的教師應用這些想法，ATLAS 學習團體對紐約市教師的支持，以及瑞典 Lemshaga Akademi 及阿姆斯特丹國際學校接待了世界各地的老師，讓大家齊聚一堂分享彼此的經驗。從你們的敢於冒險和長遠目光，我們看到一股持續擴大的強勁力量，推動教育人士一起努力、不斷進步。

在各級學校落實這些想法的過程中，大家看起來都非常繁忙，有太多需要處理的事情。然而，我們還是很幸運，在每所學校找到看重這項工作，且願意接下這艱鉅任務的負責人，確保計畫得以在校內扎根。尤其是

Genia Janover 在比亞利克學院創建了「思考文化計畫」（Cultures of Thinking Project）中心，讓老師能定期聚會，深入分享、討論、研究彼此的想法。她對教師學習的付出與貢獻，是這些想法得以順利向前推進的關鍵。同樣在比亞利克學院，Daphne Gaddie 及 Tosca Mooseek 持續將這些想法帶進教師的討論中。密西根中部的 Rod Rock 及 Geralyn Myczkowiak 帶頭讓各地教師齊聚一堂，讓想法能在許多公立學校實行。密西根州特拉弗斯城的 Jayne Mohr、Pam Alfieri 及 Julie Faulkner 讓當地許多公立學校的老師都能參與這些計畫。紐約市先鋒高中的校長 Louis Delgado 認可這些想法並支持老師參與這項工作。華盛頓州 Clover Park 學區的 Patty Maxfield 帶領學區老師持續探索這些概念。麻州 Marblehead 公立學校的 Beth Delforge 及 Paul Dulac 致力於促進全學區教師注重思考。Linda Gerstle 很早就接受了這些想法，並將之納入美國各處的 ATLAS 學習團體。Julie Landvogt 先是於 2000 年看到這些想法的效用，接著在澳洲墨爾本各校建立教師網絡進一步探索。墨爾本文法學校的 Chris Bradtke、Alan Bliss 及 Roy Kelly 接手這項工作。這份名單至今仍在持續增長。

當我們試著在研究與培育工作上推廣這些想法時，這些老師的廣泛應用給了我們許多啟發。「讓思考變得可見」及各種思考例程讓這項任務得以應用在各個學科領域、組織，及不同背景和類型的學生身上。這本書的精華收錄在教學實例單元，我們只能舉出某些例子。但我們誠心感謝所有在這個過程中付出心力的專業人士，他們的故事都是學生及同事的模範及啟發。特別感謝比亞利克學院、密西根 Saginaw Intermediate School District、Traverse City Area Public Schools、Vanguard High School、

Marblehead Public Schools、International School of Amsterdam、瑞典 Lemshage Akademi、塔斯曼尼亞州的 Brighton 小學、Melbourne Grammar School、Methodists ladies College 及 Wesley College（後三者都位於墨爾本）的老師。這些只是這個過程中曾與我們同行的一小部分學校及教師。

撰寫本書的過程中，特別感謝曾經提供我們各種想法的前瞻者。與他們的持續對話推動我們的思考，也促成本書所呈現的概念。我們也要感謝哈佛大學教育研究院「零點計畫」的同事柏金斯、Terri Turner、Becca Solomon 和 Linor Hadar，他們都是發展「思考文化」計畫的關鍵人物。提希蔓及是「思考可見」計畫的創始人，思考例程的雛形就由此發展而成。Steve Seidel、Mara Kerschevsky 及 Ben Mardell 則透過「讓學習變得可見」計畫，讓我們進一步探討思考的可見性及記錄方式。Tina Blythe 及 Julie Landvogt 也不斷啟發我們的思考。

獻給 Michael、Jean 及 Kevon。
感謝你們讓我們懂得去愛、去笑、去生活,也讓我們想得更深。
感謝你們出現在我們的生命中,讓我們成為更好的老師、更好的人。

作者介紹

榮‧理查特從 2000 年開始便擔任哈佛大學教育研究院「零點計畫」（Project Zero）的主持人。開始這項計畫之前，他是學校教師，教授國中小藝術、數學等科目，並曾在紐西蘭、美國印第安納州及科羅拉多州等地教書。理查特在教育及研究方面的經驗，對培養不同學習背景學生的思考、理解及創造力相當重要。他同時也撰寫、拍攝了許多相關主題的文章、書籍及影片。

2002 年，理查特出版了《智性特質》（Intellectual Character）。他在書中提出高品質教育的重點不在考試分數，而在於學生是否能透過學校教育，成為思考者及學習者。此外，理查特也深入研究課程教學，並在研究報告中指出，學校及課堂文化在培養學生思維素養方面，扮演著極為重要的角色。他根據形塑團體、組織文化的要素，整理出一套架構，這套架構現已廣泛用來協助教室內、外的教育人員從不同的角度思考教學與學習。

理查特的想法及架構在許多學校、組織都獲得廣大的迴響。2005 年起，他開始在世界各地應用這些想法，其中以澳洲墨爾本比亞利克學院及 Dorevitch 夫婦贊助的「思考文化計畫」最為知名。

馬克‧邱奇的教學資歷將近 20 年，他擅長協助老師及學校領導者深入思考如何為學生創造思考及學習的機會。身為專業培訓者，他與世界各地的學校及學區合作，鼓勵大家為教育人員創建實務成長團體，並專注於這些老師所教導或帶領的學生身上。邱奇曾在美國、日本、德國及荷蘭擔任國中小教師，他豐富、多元的教學經歷對工作有很大的幫助。

在海外教學多年後，邱奇回到美國參與「ATLAS 學習團體」及「哈佛零點計畫」下的「思考可見」計畫，同時擔任哈佛大學教育研究院 WIDE 全球

線上課程的督導、培訓者、講師，以及年度「哈佛零點計畫暑期交流營」的教師。邱奇曾在世界各地的研討會發表演說，主要以思考、學習、理解為題，並特別著重在中學生教育。他目前在密西根州西北部的特拉弗斯城擔任地區公立學校專業成長與發展的行政主管。此外，他也是哈佛大學零點計畫在美國及海外各處推廣思考文化的顧問。

凱琳・莫莉森是充滿熱情與抱負的教育人員，她的研究興趣包括師生的思考與學習，同時也鑽研思考、理解所需的環境與架構，以讓學生進行有意義的學習。她目前擔任澳洲維多利亞州獨立學校協會的發展中心主任，並在哈佛大學教育研究院底下的 WIDE 全球線上課程教授「讓思考變得可見」。

莫莉森積極推動零點計畫與比亞利克學院的合作，並促成該校的「思考文化」計畫。她同時也是這個計畫前五年的校內領導人。在比亞利克學院期間，她還擔任 Rosenkranz Centre for Excellence and Achievement in Education 主任以及「教學與學習」中心主任。莫莉森一直活躍於世界各地，推廣思考。2005 年則擔任墨爾本第十二屆國際思考研討會的共同召集人、World Council for Gifted and Talented Children 澳洲代表、Victorian Association for Gifted and Talented Children 前主席、Reggio Emilia Australia Information Exchange 委員會委員。此外，莫莉森還擔任年度「哈佛零點計畫暑期交流營」及佛蒙特州 ATLAS 學習團體暑期交流營的教師。

Making Thinking Visible

PART ONE

SOME THINKING

ABOUT

THINKING

第一部

關於思考

Making Thinking Visible
CHAPTER 1

第一章

Unpacking Thinking
拆解思考

PART I

第一部　關於思考

如果我們以嚴格的定義來區分單字的話，根據《牛津英文字典》的統計，英語總共約有二十五萬個單字[1]。當然，在這麼多單字選擇中，我們日常用到的只是其中一小部分。我們每天九成的日常用語裡，約只用到七千個單字。那麼，在這麼多的單字中，你猜我們有多常用到**思考**（think）這個單字？或者說，你認為自己每天用到、聽到，或讀到**思考**這個單字的頻率有多高？在我們的平均使用中，這個單字的排名如何？會在前一千名，或排在更前面？

從幾份列表的資料中發現，**思考**這個單字在書面文字的使用率是落在前125 到 136 名之間[2]。若單論動詞，在《牛津英文字典》最常用的動詞中，思考名列第 12！思考顯現這個單字在我們的言語及書寫中，扮演著極度重要的角色。但是在使用時，我們究竟有多了解「思考」真正所指的意思？當我們使用思考這個單字時，聽的人又會如何解讀這個字？當我們告訴某人我們正在思考時，我們實際上又是在做什麼？雖然有數據佐證，但我們認為思考這個單字在課堂上出現的機率應該更高。當老師用這個單字時，所指的是什麼？當學生聽到時，又會如何理解？是否會促成他們做出任何行動？

我們若想協助學生學習，**並**相信學習是思考的產物，那麼，我們就必須釐清自己想協助的究竟是什麼？我們想鼓勵學生、同事或朋友產生什麼樣的心智活動？當我們問工作坊的老師：「你重視並想促成課堂產生什麼樣的思考？」或者「這個課程想讓學生做什麼樣的思考？」大多數的老師都被難倒了，以前從未有人要求他們以思考的角度來審視自己的教學。他們一味的要求學生思考，卻從未退一步想，自己具體上是想要學生做什麼心智活動。然而，我們若想讓思考在課堂中顯現出來，那麼身為老師要做的第一件事，應該是先看到思考有哪些形式、面向，以及步驟。

◉ 超越布魯姆

每當我們請老師指出他們要求學生在課堂上做什麼思考時，得到的回

應通常是：「你指的是布魯姆的分類法嗎？那是你要的答案嗎？」大部分的老師在教育訓練課程中都學過布魯姆，雖然他的理論著重在「情意」、「心理動作技能」、「認知」三個領域上，但是多數老師都只記得「認知」的部分。布魯姆整理出六個從低階思考到高階思考的學習目標：知識（knowledge）、領會（comprehension）、應用（application）、分析（analysis）、綜合（synthesis）、評價（evaluation）。然而，這些概念都只是單純的理論，並不是取自學習方面的研究。儘管如此，此一理論已是教條，成為大部分老師所認為的思考形式。老師常要提醒自己去確認課堂中的提問或課程內容是否會讓學生用上「高階」思考，儘管這裡所謂的高階通常是指領會以上的所有思考層次。

雖然布魯姆分類的確掌握了心智活動的類別，因此很適合當作探索思考的起點，但他認為思考是連續的或有階層的，這就有問題了。布魯姆主張知識先於領會，接著是應用等等。然而，我們在生活中可以找到許多例子證明事實並非如此。幼童作畫時，用的主要是應用模式。當畫布上突然出現一個意想不到的色彩時，她會分析剛才發生了什麼事。若她在不同的地方又做一次呢？她試了，得出的評價是結果她並不喜歡，然後她持續來回試驗、反思，完成了她的畫作。當爸爸來學校接她時，她告訴爸爸今天在學校剛學到的繪畫知識。如此看來，學習似乎是各種思考方式以非常動態的形式，不斷相互作用的成果。

1990年代，布魯姆的兩個學生安德生及克里斯沃爾[3]修改了他的分類法，這兩人提出的新列表中用的是動詞而不是名詞，然而仍沿用了連續性的概念。他們將低階到高階的技能依序整理為：記憶（remembering）、理解（understanding）、應用（applying）、分析（analyzing）、評價（evaluating）、創造（creating）。這份列表同樣相當有用，但若我們將之視為一組有先後順序的學習指南，就還是有問題。我們審視安德生及克里斯沃爾在這六個項目中所提到的相關思考行動時，不禁會質疑，他們列在「評價」之下的「測試」是否真的比列在「記憶」之下的「描述」更難或更高階。例如，單是要仔細觀

察並完整描述一個人所看到的事物,便是極為複雜與困難的任務了。像這樣的仔細觀察既是科學也是藝術,而分析及推測均有賴仔細觀察。

我們的同僚席德[4]曾藉由觀察學生進行作業的過程,提出「描述」的重要性與挑戰。由於人類的心智是設計來偵測模式與形成詮釋,因此要靜下心來進行完整的觀察,並且只做描述,也可能相當困難。相反的,有些人卻能夠非常快速、輕鬆地測試出紙飛機的飛行能力、某道數學算式的正確性,或者牙籤模型的穩定度。

從這些例子我們可以看出,談論思考時若抽離思考的脈絡與目的,便沒有什麼意義。再者,最好是在同一個思考類型中考量層級的概念,與其關注不同思考類型的階層,不如著重同一類思考的層次或品質。例如,我們可以做最高層次、最鉅細靡遺的描述,也可以只做表面的描述。同樣的,我們在檢驗過一個理論或觀念是否有問題後,可以就到此為止,也可以再針對問題的侷限與狀況進行完整的測試。分析可以是深入而徹底的,也可以只處理幾種簡單而明顯的特性。只要觀看主流電視媒體的新聞節目,再比照廣播或紙媒的深入報導,就會發現分析的不同層次。

布魯姆的這兩個列表中,分類恐怕也有些混亂,並非所有項目的運作階層都如同這兩個列表所示,在「理解」的構成上最能清楚看到這點。1970年代起,許多研究人員及教育理論學家開始探討要教導和學習「理解」有多麼複雜,而不僅是研究知識保留(knowledge retention)[5]。有些學者則企圖釐清深度學習與表層學習的差異[6]。表層學習著重知識與事實的記憶,通常是死記硬背下來的。深度學習則強調要在更主動、更具架構的過程中逐漸形成理解。今日,多數教育者都認為理解的確是非常深度的學習,或至少是複雜、費力的任務,並不是那份修正過的列表所歸類的低階技能[7]。實際上,理解通常被視為教育的主要目標。

與理解有關的研究(許多都是我們與「零點計畫」的同僚共同進行)指出,理解並不是應用、分析、評價與創造的前置步驟,而是這些項目的結果[8]。就像我們先前所提到的例子,小女孩對於繪畫的理解或領悟,是各式

各樣的活動,以及這些活動所促成的思考的直接結果。因此,我們或許不該將理解當成一種思考類型,而應該當成思考的結果。畢竟相對於其他某些活動,理解既並不是想做到就能做到,也不是把心思放在這項任務上就能做到。基尼[9]指出閱讀例程中的理解過程有多複雜,以及發展出明確思考策略來協助此事的必要性。無獨有偶,希伯特托等人[10]也提到,為了理解而學習數學,要做的事情與死記程式徹底不同。

對於理解的這項主張(理解是思考的目的,而不是思考的某種型態),同樣也適用於創造的過程。我們創造某個東西的過程為何?那並非只是單一指令動作,而是各種活動與相關思考匯集的結果。這段過程還包括做出決策與解決問題,想法要檢驗過,結果要分析過,還要運用既有的知識,並將各種想法整合成創新概念(至少對創作者本身來講)。這樣的創造在本質上可以很簡單,例如孩子創造出新色彩;也可以很實用,就像新的 iPhone 應用程式;或者很深奧,譬如以從未用過的原料製造能源的新技術。

就像這些簡短的評論所指出的,仔細剖析思考,會發現階層的概念有問題,而且終究不如預期那麼實用。思考並不是在死板、連續、從一個層次到另一個層次的系統化過程中產生的,而是更為混亂、複雜、動態與交錯的過程。思考與內容息息相關,而且對於每一種思考類型或行動,我們都可以辨識出不同的層級或表現。或許,從思考的目的切入是較好的起點。我們為什麼希望學生思考?思考在什麼時候是有用的?思考的目的何在?我們將在本章下一節探討這些問題。

◉ 超越記憶、作業與活動

在先前關於布魯姆分類法的討論中,我們提出理解並不是一種思考類型,而是思考的主要目的。就如大部分老師所知,理解是目前教育實務中的主要目標。目前我們有「為理解而教」(Teaching for Understanding)架構[11]及「重視理解的課程設計」(Understanding by Design)[12]這兩種課程規劃工具,可協助老師把重點放在理解上。若是所有老師都能以此為目標,努力朝理解的

方向來進行教學,就再好也不過了。然而我們也都知道,大部分學校及課堂的實際情況並非如此。目前教育者身處以考試為導向的環境,都背負著要教完所有課程以應付考試的壓力[13]。雖然我們會在口頭上大談為理解而教,實際上卻有許多壓力造成大家往反方向走。由於學校是建立在產業模式上,培養技能與知識一直是學校的主要目標,因此這些壓力長久以來一直都存在。

在大部分的學校環境中,教育者更著重完成作業及功課,而不是真正的發展理解。這樣的教學雖說只要設計得宜,確實也能促進學生理解,但強調的還是複製技能與知識,有些是新的,有些是舊的。教室太常只是「講述與練習」的場所,老師畫出重點,告訴學生要知道什麼及做什麼,接著讓學生練習那些技巧或知識。這樣的課程不太需要思考。每當我們要這種課程的老師指出他們希望學生進行哪些類型的思考時,他們立刻就被難倒了——他們給學生的課程中,並不包括任何思考。以死記硬背來累積知識並不是學習,而是訓練。

與之相反的,則是以活動為中心的教室。體驗式及探究式學習常有的錯誤是,有時會提供太多活動給學生。同樣的,課程若設計得當,這些活動將有助於理解,但實際上常發生的情況是,將活動轉為學習所需進行的思考常只是湊巧出現。有時候,活動本身只是一種比較愉快的練習,例如玩《危險邊緣》的智力競賽遊戲來為考試複習課程,可能比寫考卷有趣得多,但還是不太可能發展出理解。

這個教學觀點的核心觀念是,所謂的課程,就是老師將某些東西傳授給學生,而能以最有效的方式來傳授的,便是好老師。馬克在回顧自己的教師自我評量後提到,這樣的觀點在他的教學上相當常見:

> 在我早年的教學中,我是「有趣的老師」,信心滿滿,也很自豪。我總是能讓學生開心,學生喜歡我,也喜歡上我的課。無論課程內容是什麼,對我來講都只是一種知識。身為這方面的專家,我會用一些吸引人的花招來傳授知識給學生。因此,我以有多容易透過線性、單向的方

式傳授訊息來評判我的教學。我認為良好的教學就是要創造愉快、傳送愉快，要實際動手操作，但不見得動腦。成為好的老師，指的是能夠掌握一套教授技巧，並能回答學生提出的所有問題。那時候，我還不知道良好的教學有賴我對學習者本身的認識，以及了解學習是如何產生的。然而，直到我開始真正去審視何謂理解，以及該如何發展出理解，我才真的開始成為老師。我這才了解，作業與活動並不等同於學習。

讓我們再回到本章一開始所提的關鍵問題：「你重視並想促成課堂產生什麼樣的思考？」而其相關問題是：「這個課程想讓學生做什麼樣的思考？」若課堂是以活動或作業為中心，老師通常會把注意力放在要學生做的事情上，以便完成作業。我們可以清楚看到這些實質步驟及行動，卻看不到思考這個部分。在這樣的情況下，學習同樣很有可能無法達成。

這裡有個簡單的測驗，可以協助你了解「學生的課堂活動」與「能促進理解的教學」可能有什麼差異。首先，列出你教授的課程中學生所做的各種活動及事項。倘若你是小學老師，選一門課，像是數學、閱讀或寫作。也可以跟同事或小組成員一起腦力激盪列出這份清單。現在，從這份清單再列出三份新的清單：

1. 在你的課程中，學生花最多時間做的活動。一般而言，學生在你的課堂上，75% 的時間都在做些什麼事情？
2. 最切合該學科的活動，也就是真正的科學家、作家、藝術家等等在工作時實際做的事。
3. 就你記憶所及，當你積極埋首於建立更多對於學科或專業領域的新理解時，都做了哪些活動？

第一份清單所列的是你的學生花大量時間做什麼，這些活動若與另外兩份清單相符，你的課堂活動就是朝著理解的目標在進行。要是這三份清單互不

相符,那麼學生比較注重的可能是作業與活動,而不是理解。他們可能花更多時間在學習該學科或專業領域的**知識**,而不是學著去**實際實行**。若要發展對某個課程領域的理解,就應該進行真正的智識活動。也就是運用該學科的方法及工具解決問題、做決策,以及培養新的理解。我們必須知道,對於科學家(提出及驗證假設、仔細觀察、說明……)、數學家(找出公式、形成猜想與一般化、建構論證……)、讀者(詮釋、做連結、預測……)、歷史學家(考量不同觀點、提出論據、說明……)等不同領域的人而言,哪些思考類型是重要的,並以這些思考類型為核心,為學生創造思考的機會。再者,學生在建立對學科的理解時,可以進行且將會進行的必要思考類型,也應該列入我們對學生的主要期待中。

◉ 理解的思考地圖

在前面章節中,我們列出了幾個專業領域的主要思考類型,如科學領域是提出及驗證假設,或歷史領域是考量不同觀點,然而,是否有哪些特定的思考類型可用於理解所有學科?當我們試著理解新的概念、想法或事件時,哪些思考類型特別有用?當你回想自己在培養學科理解時做了哪些類型的思考時,或許就指出了一些。理查特及其同僚柏金斯、提希曼和帕莫給自己一個任務:試著整理出一份簡短的清單,列出對理解很有用的高槓桿思維活動。他們的目標不在於整理出理解所涉及的所有思考類型,而是找出哪些思考類型是我們在建立理解時最不可少的。他們想找出那些與理解密不可分的思維活動,若少了那些,我們就很難說自己已經建立理解。最後他們得出下列這六項:

1. 仔細觀察並描述所見
2. 建立解釋與詮釋
3. 運用證據進行推論╱推理
4. 建立連結

5. 考量不同視角與觀點
6. 掌握核心並形成結論

  我們認為這六項思維活動在理解新概念時都扮演非常重要的角色。當我們試著理解某項事物時，必須注意該事物的組成及特性，並完整且鉅細靡遺地描述出來。辨識並把某件事物的組成及特性拆解開來，也是分析的主要層面。提出說明及解釋是理解例程中不可或缺的部分，在科學中，我們稱之為**理論**與**假設**；在數學中，我們有時稱之為**猜想**或**一般化**。提出這些說明時，我們用證據來展開推論，以支持我們的立場，並試著找到一個公平準確、有理有據的立場。我們遇到任何新事物時，會運用過去的經驗，將新事物與已知事物連結起來。這樣的連結幫助我們把想法串連起來，並在學科領域之內及之外找到新想法的適切立場。我們的連結可能和應用有關，也和這些新想法或技術可以用在什麼地方有關，這些連結都有助於我們提取資訊，並確保新資訊不會停滯鈍化[14]。倘若我們只從單一視角來檢視新概念或新情況，我們會說這樣的理解是片面，有時甚至是偏頗的。意識到不同視角，或採納某個想法，能讓我們的理解更加健全。掌握某一概念、程序、事件或工作的核心或要點，能確保我們切實了解其本質及全部內涵。我們希望確保自己不會見樹不見林，並留意到有哪些重要的想法正在運作。

  這些思考活動絕對無法涵蓋所有我們希望能在課程中將之變得可見的思考種類，卻也不失為一份良好且有用的入門清單。許多老師致力於讓思考在課堂上受到重視、變得可見，他們發現，在教室中將這些思考活動貼出來相當有用。這份清單可以協助學生將注意力放在自己為了學習將做些什麼，確保作業及活動不會淹沒學生的學習，而老師通常會在功課開始前或完成後暫時停下，與學生一起討論這項功課會用上哪些思考類型。當學生更清楚自己的思考以及自己在思考中所用的策略及程序時，就會變得更具「後設認知」[15]。

  由於這些思維活動都直接有助於發展理解，因此這份清單對於老師的課

程規劃應該也很有用。在整個學習單元中，為了協助學生發展理解，學生應有一次以上的機會投入本書的所有思考類型中。若是學生沒有積極提出說明、運用證據進行推論／推理、建立連結，或有機會從一個以上的視角看事情，那麼他們在發展理解時，可能就會有明顯的缺失或漏洞。這六種思維活動不僅有助於理解，用來評量理解可能也相當有用。瑞典列夏葛學院的中學歷史老師皮特森發現，這六種思考活動正是他想在學生的歷史報告中看到的品質，因此決定用這來幫學生評分。阿姆斯特丹國際學校的六年級教學小組決定，若真的希望讓課堂中的思考變得可見，那麼學生應該著重思考，而不只是考試及測驗上的表現。他們請所有六年級學生做一份讓思考變得可見的檔案，找出例子，證明自己曾在哪裡及何時進行過這六種思考活動，接著在期末學生主導的成果發表會上拿出來給父母看。

找出這六種有助於理解的思考活動（有時亦稱為「理解地圖」）之後，我們還額外增加了兩種思考活動：

1. 感到好奇並提出問題。
2. 揭露事物的複雜性並深入表象。

就我們過去的學習經驗，好奇心與發問顯然對於促進學習相當重要。我們清楚好奇心一旦燃起，便有想要了解及學習某項事物的欲望，並因此更加投入。許多老師都很熟悉如何運用基本問題去推動學生學習。然而，在發展理解的過程中，問題也會持續變化。我們在這趟學習之旅的一開始所提的問題，會隨著我們不斷往前而出現變動、變形及發展。甚至，當我們花了很多心力發展理解後，會發現心中的疑問比一開始還多。這些新的問題反映出我們理解的深度，這種深度及穿透事物表面的能力，才是持續發展理解的關鍵。比起尋找或接受簡單的答案，我們更想推動大家去挖掘眼前的事件、故事及想法的複雜性。在這種複雜性中，隱藏著豐富、不尋常及神祕的內容，能吸引人投入學習。

雖然有這八項代表性的高槓桿思維活動，我們還是要再次強調，這八大項並非全部。這份清單只是一個有用的起點，僅止於此。你可能也可以想到其他很有用的思考，像是視覺化、評斷你所理解的事物、尋找因果關係等等。再者，你或許也可以找出更多思考活動來進一步充實這八大項，讓這八大項變得更實用。例如：比較及對照各個想法，就跟比喻式思考一樣，都是創造連結的一種特殊類型。分門別類能擴展我們對事物的描述與關注。我們選擇用「建立解釋與詮釋」這個廣義的用詞，但這當然也與推論、闡述及預測有關。你可能會問，那反思呢？結構性反思確實也能增進理解、解決問題[16]。答案是，結構性反思（也就是，不只是說出個人意見及感受的反思）包含描述反思的對象，並留意其重要特性，將新事物連結到已知的事物，透過不同的觀點或框架檢視反思的事件或對象，而這就是觀點取替[17]。

◉ 其他思考類型

當然，理解並不是思考的唯一目標。我們也用思考來解決問題、做決策、下判斷。當我們做這些事情時，常會用上那八大項思考活動。從新的角度看事情、認清事物的各個部分、運用證據進行推論／推理，當然也都能派上用場，而連結已知的知識以便有效運用也相當有用，下結論及確認核心本質也很重要。此外，在解決問題、做決策及判斷等領域，以下我們並未提及的思考類型似乎也很有幫助：

1. 找出模式，加以概化
2. 找出各種可能性及替代方案
3. 評估證據，論證，行動
4. 擬定計畫，監看行動
5. 認清主張、假設及偏見
6. 釐清優先順序、情況及已知事實

再次強調，這六項並非代表全部，而只是一些有助於指引心智活動及規劃教學的思考活動。這六項中的每一項，也都能再結合其他思考類型來運用，例如：腦力激盪對於尋找各種可能性及替代方案相當有用；評估是釐清優先順序、情況及已知事實的一部分；擬定計畫及行動都離不開策略，就如評估證據是懷疑的一部分。看這份清單時，有人可能會聯想到精心設計的數學課及科學課，解決問題是這些課程的核心。在積極學習數學及科學時，養成習慣，隨時仔細觀察、關注模式，並從這些模式中歸納出程序、演算法及理論也很重要。當然，這些理論及推測也必須審慎地評估、測試。

　　有些人或許也認為上面那份清單同樣適用於公民課，可以用來探討政治、社會或道德議題。在這些情況中，一開始就釐清優先順序、情況、已知與未知事實便相當重要。還有個重點：對於可能會遮蔽視角的預設立場及偏見要很敏感。當然，我們在這樣的情況下也應從各種視角看事情，並善用理解地圖中所討論的任一種思考類型。我們也可能可以視情況從中找出可能性及替代方案，並／或擬出計畫去執行及監看。

　　將上述清單與理解地圖中的八大項思考活動結合起來，非常有助於拆解我們所謂的思考。當我們更清楚自己希望學生要做哪些類型的思考，才能更有效地規劃教學，讓我們重視並期望在教室看見的思考類型有機會出現。認清學生在發展理解或有效解決問題時需要做什麼思考，能讓我們在提出問題、與學生互動時有效鎖定並促成這類的思考。既然我們已經比較清楚我們所謂的思考究竟是什麼，就可以開始將注意力放在如何讓學生去思考「讓思考可見」。

◉ 揭開學生對思考的思考

　　當學校接下了任務，負責培養學生的思考能力，並協助學生養成終身學習的心智素質和性情，首先浮現的議題就是：學生如何理解思考及自己的一般後設認知。一方面，我們身為老師，應該說清楚自己要努力促成哪些類型的思考，另一方面，學生也要更清楚地意識到思考在理解上扮演了多麼重要

的角色。比吉斯[18]特別指出這種意識的重要功能,他說:「若要有適當的後設認知,學生應該真切**意識到**自己有什麼認知資源可以協助自己完成任務,然後去規劃、監看及掌控這些資源」。這種對自我學習過程的意識及掌控,比吉斯稱之為「後設學習」,隸屬於後設認知。也有人稱之為「後設策略知識(meta-strategic knowledge)」,指的是一個人知道自己用什麼策略來促成及引導自我學習[19]。由於你正在閱讀這個章節,表示你已經想過一個人是以什麼例程在思考及學習,因此,你自己的後設策略知識肯定大多已變得很清楚。

大衛・柏金斯、泰瑞・透納、里諾・哈德都是比亞利克學院「思考文化計畫」的小組成員,和本書的作者群都很樂於探索學生如何清楚意識到思考例程,以及當老師努力讓課堂上的思考更清楚顯現時,這些思考的概念又有何轉變。更明確來說,該研究小組想要知道學生是否意識到自己是用什麼思考活動來促進學習、解決問題、做決策及判斷,這包括學習技巧、找出提取記憶及知識的策略,然而這項研究不僅止於此,更檢視了學生是否意識到那些有助於理解的思考策略,例如從不同視角看待材料、連結到之前的知識、提出另一種假設等等。但我們要如何揭開學生對思考的思考?如何揭開他們認為思考是什麼、思考包含了哪些心智活動?如何以開放的方式捕捉個人的反應及成長,而不是把學生的反應限制在預先決定的類別中?

我們的研究小組利用概念圖發展出一套教學法,各年級的老師都可以用在課堂中,當作討論的平台,發動大家一起討論何謂思考,以及課堂中將特別著重的思考類型。我們刻意為這份地圖放了些提示,希望能激勵而不是壓抑學生的回應。我們問學生:「思考是什麼?當你告訴他人你在思考時,你的腦海裡實際上正在做什麼?」有兩個學生回答「畫出事物的心智圖像」及「把兩件事情放在一起比較」。我們將「思考」這兩個字寫在頁面的中間,請學生記下他們對思考的想法。我們特別選擇的字句是:「你的腦海裡正在進行什麼事?」而不是「你正在做什麼?」如此才能讓學生著重在認知活動上,而不是實質行動。為了讓學生的注意力更加集中在認知活動上,我們選擇了學生可能比較熟悉的兩個特定例子。

我們身為教育者暨研究者，發現了這個技巧及提示很受學生歡迎。因此，你或許也可以在自己的教室中嘗試。參與我們研究計畫的老師通常給學生 5 到 10 分鐘的時間完成自己的地圖，接著進行討論。有些老師會把學生分組，讓他們從自己的地圖出發，畫出小組共同的思考概念圖。這可以讓畫不出地圖的學生聽聽別人的想法。有些老師則是先讓學生完成自己的地圖，然後再繪製一份全班的概念圖，如此一來，就能吸引學生一起討論地圖上的哪些想法或許可以歸在一組，而且能有效地把焦點放在思考上，而非一些比較不重要的想法。然而，這些都只是彙整累積，老師發現這些地圖最迷人的是揭露了學生對思考的概念。在每間教室都能看到各式各樣的回答。圖 1.1、1.2、1.3 分別是四年級、六年級、十年級學生的思考概念圖。

研究小組看過三到十一年級學生的數百張地圖後，從中整理出四大類回答：相關型（associative）、情緒型（emotional）、後設型（meta）、策略型

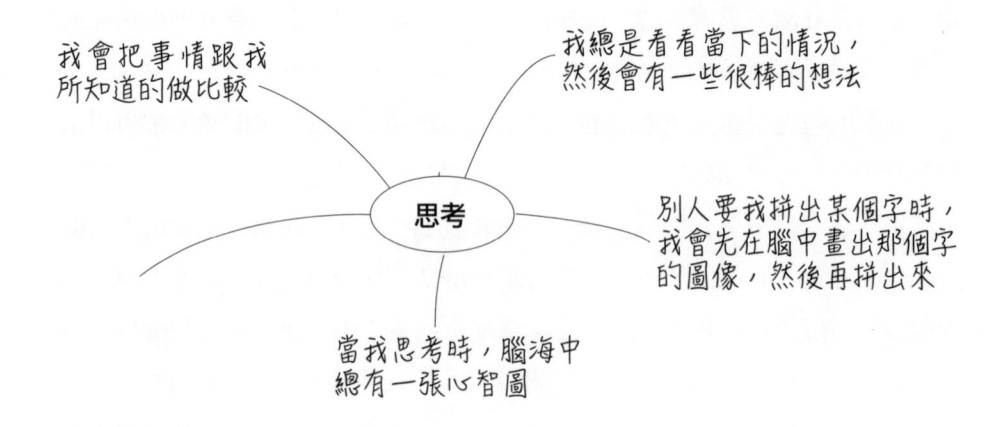

圖 1.1 四年級生的思考概念圖

思考
- 我會把事情跟我所知道的做比較
- 我總是看看當下的情況，然後會有一些很棒的想法
- 別人要我拼出某個字時，我會先在腦中畫出那個字的圖像，然後再拼出來
- 當我思考時，腦海中總有一張心智圖

1 拆解思考　Unpacking Thinking

圖 1.2 六年級生的思考概念圖

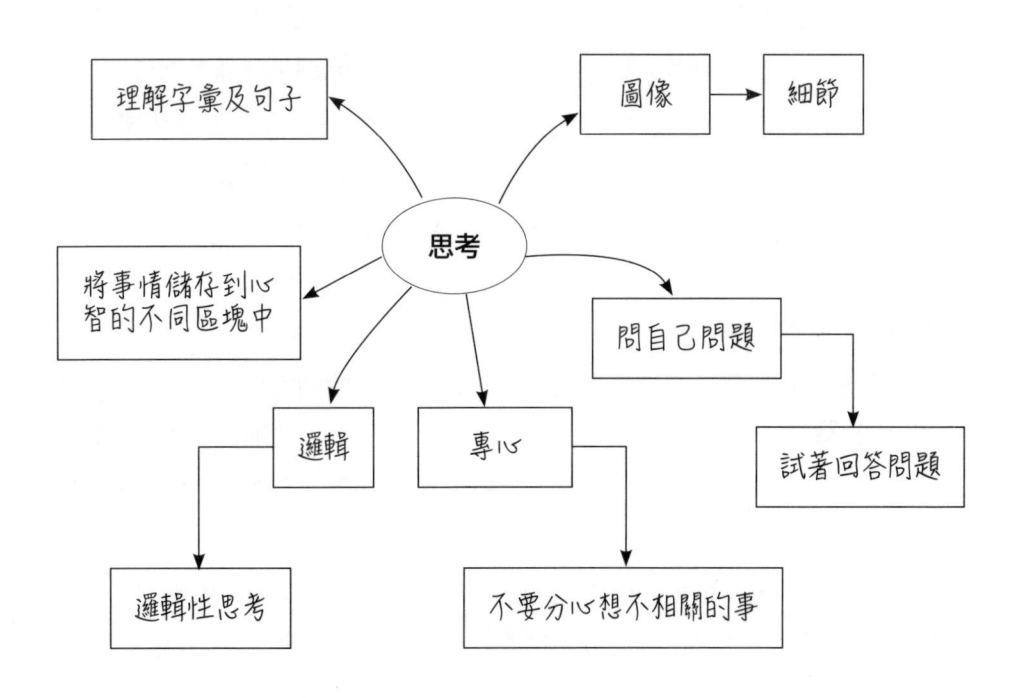

- 思考
  - 理解字彙及句子
  - 圖像 → 細節
  - 將事情儲存到心智的不同區塊中
  - 問自己問題 → 試著回答問題
  - 邏輯 → 邏輯性思考
  - 專心 → 不要分心想不相關的事

圖 1.3 十年級生的思考概念圖

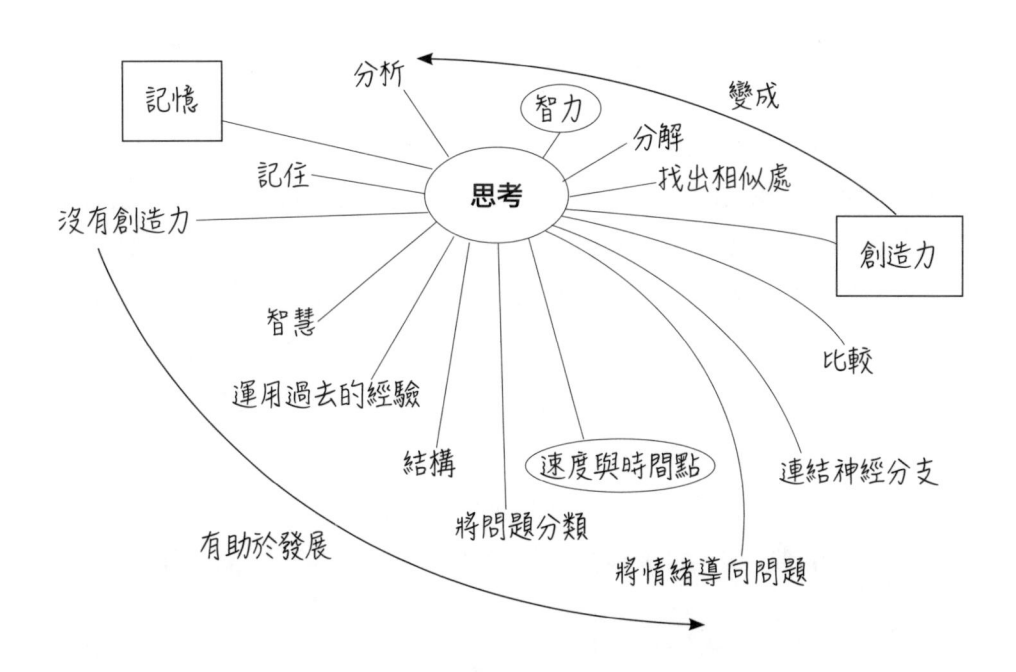

- 思考
  - 記憶
  - 記住
  - 分析
  - 智力
    - 分解
    - 找出相似處
    - 變成 → 創造力
  - 沒有創造力
  - 智慧
  - 運用過去的經驗
  - 結構
  - 速度與時間點
  - 將問題分類
  - 將情緒導向問題
  - 比較
  - 連結神經分支
  - 有助於發展

（strategic）。**相關型回答**雖與思考相關，但並沒有描述或指出思考的活動，包括「在上數學課」「當我旅行的時候」「接下來會發生什麼事」，這類回答都提到思考的時間與地點，還有像「我在想什麼」也屬於這類回答。這些回答都沒有明確描述思考的過程或本質，而只提及人、事、地。其他相關的回答還包括非常籠統的答案，像是「我所想的」、「我怎麼想的」，或是「我心裡的一些想法」或「靈感」。同樣地，**情緒型回答**都是與思考有關的情緒，嚴格來說也不算是思考。學生常用些情緒性的字句，像是**不確定、快樂及有時間壓力時很痛苦**。

　　研究人員在首次施行概念圖時發現，低年級生的回答中有 70% 屬於相關型，10% 屬於情緒型。即使是中高年級生的概念圖，也有將近 50% 屬於相關型，10% 屬於情緒型。由此可看出學生不太知道自己可能用了什麼策略來促進及引導思考。學生若對此一無所知，在學習上就比較沒效率、較不獨立、較不投入，後設認知也較低。該研究的詳細資訊及研究結果請參見《後設認知與學習》中的「用概念圖來揭開學生對思考的思考」[20]。當你跟學生進行這項活動時，若發現學生的概念圖多為相關型或情緒型回答，別驚慌，也不用擔心他們沒有針對提示做出正確的回應。人們能給出的答案，都是他們已經知道並能使用的事物，這些答案與其說不正確，不如說是讓我們看出這些學生尚未發展出對思考的覺察。

　　有一些學生在概念圖上的回答，雖然跟思考例程並不直接相關，但談的是對思考本質更深刻的覺察，這樣的回答歸類為**後設型回答**，更著重認識論（epistemology）、理解的本質、將知識建構概念化，而不是思考活動。這種後設型的回答包括「總是還有更多可學的東西」、「你永遠也無法完全理解某些事物」、「把東西背下來有助於培養創造力」。請在學生的地圖上尋找這樣的回答，這可以當成指標之一，讓我們看出學生對思考、學習與理解的目的及複雜性是否具有較深刻的覺知。

　　老師當然希望看到學生提出**策略型回答**。然而，即使是策略性回答，也不是所有策略都一樣。如同本章先前所探討的，人們的思考活動可以針對知

識儲存與記憶，也可以用來幫助理解。「思考文化」研究小組認為學生的策略型回答或許可分為四類：

1. **記憶及以知識為基礎的策略**。跟表面學習有關，並著重在資訊的存取，如：「看書」或「一再練習」。
2. **概括而不明確的策略**。我們將本質上非常概括的回答歸為一類。此類項目通常聽起來不錯，但沒有反映出任何可以採用的具體行動。舉個例，五年級生所寫的「邏輯性思考」，看來確實跟思考有關，但當這個詞出自五年級生之口時，在行動的層面上卻相當模糊。此外，像是「解決問題」、「後設認知」或「理解」這類的名詞也是。
3. **自我調整及動機策略**。此類回答可以看出學生了解思考是需要鼓勵與管理的，包括「把心裡的其他顧慮全拋開」及「告訴自己可以做得到」。
4. **明確的思考策略及例程**。這個類別是關於創造意義、建立理解、解決問題及做決策的深層或建構取向。這類回答包括「考慮不同的視角」或「詳述可能從上一個問題延伸出來的其他問題」。

本書所提的讓思考變得可見，通常是指學生用來建立更深層理解的具體思考策略與例程。這些例程都應成為課堂活動核心的一環，指引老師及學生的行動。當我們把思考變得可見時，無論是我們自己或學生的思考，我們關注的都是個人建立理解的機制。如此，學生便能對思考例程有更高的覺察，成為更獨立的學習者，有能力主導及管理自己的認知活動。然而，用本書後續章節所討論的各種策略來讓思考變得可見，就真的能夠提高學生對思考例程及策略的覺知嗎？我們從「思考文化計畫」一開始所做的概念圖研究中發現，在概念圖作業上，每一年級的學生都在提出具體思考策略的過程中學到非常多，這樣的提升達到統計上的顯著，低年級生的回答增加了 250%，高年級生則增加了 65%。平均來講，樣本中所有學生的獲益都超過一般發展預測 68% 以上。

讓思考變得可見的首要目標是增進學生的理解，另一目標為增進學生的投入與獨立。第二個目標的達成（至少部分達成），是透過學生在後設—策略性知識或後設—學習性知識上的發展。如同這項研究所顯示，本書所提的工具顯然會影響學生學習如何學習，以及思考如何思考。穿插在本書中、用來說明策略運用的「教學實例」，提供證據證明了運用思考例程及有效提問可以激發哪些類型的理解。當你自己在運用這些想法時，應把這些目標放在心上，並持續找出有哪些方法能讓你的學生更加理解、變得更投入，並展現出更多的獨立性。

---

1 "Facts About Language," 2009
2 Fry, Kress, & Fountoukidis, 2000.
3 Anderson and Krathwohl, 2001
4 Steve Seidel, 1998
5 Bruner, 1973; Gardner, 1983, 1991; Skemp, 1976; Wiske, 1997.
6 J.B.Biggs, 1987; Craik & Lockhart, 1972; Marton & Saljo, 1976.
7 Blythe & Associates, 1998; E.O.Keene, 2008; Wiggins & McTighe, 1998.
8 Wiske, 1997.
9 Ellin Keene, 2008.
10 James Hiebert et al., 1997.
11 Blythe & Associates, 1998.
12 Wiggins & McTighe, 1998.
13 Ravitch, 2010.
14 Whitehead, 1929
15 Ritchhart, Turner, & Hadar, 2009
16 Eyleer & Giles, 1999
17 Colby, Beaumont, Ehrlich, & Corngold, 2009
18 J.B.Biggs, 1987, p.75
19 Zohar & David, 2008
20 'Uncovering Students' Thinking About Thinking Using Concept Maps," *Meta cognition and Learning*. Ritchhart, Turner, & Hadar, 2009b

Making Thinking Visible
CHAPTER 2

第二章

Putting Thinking at the Center of the
Educational Enterprise
將思考置於教育界中心

PART I

第一部 關於思考

我們該如何學習教學？更準確地說，我們該如何學習良好的教學？不得不承認，我們花在教育上的時間越多，對這個問題就越加困惑。並不是因為這個問題沒有現成答案，而是因為那些答案總是太容易得到、太簡化、太一成不變。大家常會以為教學工作就是把既定的課程傳授給學生。確實，我們所受的教學訓練通常只著重教授教材的方法，大學甚至還有「方法學」這樣的課程。在早年的教學中，我們經常要奮力趕課，並為進度落後而苦惱，一心只想把課程教完。這樣的教學觀念相當普遍，無論父母、學生或老師本身都是這麼想。從我們的用語就可看出這點，當我們談到教師「訓練」時，通常是指以新的方法來訓練。此外，我們看到政策制定者在教育改革的努力上，通常把重點放在課程的改變，背後的假設是只要老師上課時教這些新的課程，學校就會獲得改善。我們也看到老師被要求提升相關內容知識，這固然重要，但大家卻常誤以為只要這樣做，就足以達到有效教學。

這種認為「教學就只是傳遞課程內容」的觀念，不僅過於簡化，而且還相當危險，原因是這樣的觀念把焦點放在老師而不是學生身上，學生成了被動的角色，並認定學習只是接受老師在課堂上所傳授的內容。這種教學及學習觀念帶來的結果是，評量只看重學生吸收了多少課程內容。如此一來就創造了一種扭曲的教學觀，這種扭曲的觀念不斷被強化，並且偏離我們所知能幫助有效學習的教學方式。我們只從學生對教材的吸收程度來衡量教學成效，教學被定義為傳授教材。教育體系變得扭曲，我們花更多心思去製造考試高手，而不是成功的學習者[1]。因此，「該如何學習教學？」這個問題的答案變成了「掌握教材並發展出一些傳授策略」。喔，你可能還想學些有用的課堂管理技巧，以處理學生因被迫處於被動而產生的抗拒。

相反地，若是我們把學生放在教育體系的中心，老師的關注就會產生徹底的轉變，而這很可能會深切影響我們對教學的定義。當我們將學生放在教育體系中心，而不是末端，老師的角色就**從傳遞資訊轉為培養學生的投入**，

而且是帶著想法的投入。我們不再一心想著趕完課程進度，並以教了多少內容來斷定教學成不成功，而是必須學著找出那些我們希望學生投入、奮鬥、質疑、探索及最終能夠理解的重要想法及概念。我們的目標應該是讓課程的重要概念容易理解並吸引學生投入，同時也要在過程中尊重其複雜、美感及力量。若課程中有任何重要、值得想的東西，而且有理由去進行深度思考，學生將體驗到一種具有深刻影響的學習，這影響並非暫時，而是相當長遠。他們不僅是在學習，更是學習如何學習。

我們在第一章分享過馬克對教育一事有了更深層的體悟後，如何變成完全不同的老師。當然，他並不是唯一有這種經驗的人。研究教師轉變的相關文獻指出，這種將教學的焦點轉移到學習者身上的改變，是許多教師專業成長的核心，而他們在學著成為有效的實踐者時，學習例程也包含這件事[2]。我們必須尊重一個事實：學習是思考與積極建構意義的結果，而不是被動地接收資訊。因此，同時注重學生的學習與理解的老師會有兩個主要目標：（1）創造思考的機會。（2）讓學生的思考顯現。雖然這兩個目標並不相同，卻能相輔相成。當我們創造出思考的機會時，也同時建立了讓學生的思考變得可見的情境與需求。

我們的同僚柏金斯在其著作《聰明的學校》（*Smart Schools*）中用一個案例來說明創造思考機會的重要性：「學習是思考的結果。學習者在學習的過程中思考及探索他們正在學什麼，只有從這樣的經驗中，學習者才能記下、理解並活用知識……思考並不是來自知識，反之，知識是隨著思考而來。我們只有在思考、探索正在學習的內容時，才是真正在學習。」（p.8）因此，思考是學習體系的核心，而不只是附加的、有時間才做的事情。老師必須認清，當我們減少學生的思考量時，也是在減少學生的學習量。然而，我們即使創造了思考的機會，也必須了解我們還是可能看不見學生的思考。為了確定學生的思考並非偶然發生，並讓我們取得足夠的資訊去回應學生學習上的需求，我們也應該讓學生的思考顯現。

◉讓思考顯現如何既協助學習也協助教學？

若我們讓思考顯現，我們不只開了一扇窗，看到學生理解了些什麼，還可以知道他們是如何理解的。揭開學生的思考，我們可以確實看出學生領悟了什麼，以及他們有哪些誤解。我們必須讓思考顯現，因為那可提供老師所需的資訊，這樣我們才能製造出機會，讓學生的學習更上一層樓，並讓他們持續探索那些正在探討的想法。唯有當我們了解學生在想什麼、有什麼感受、注意的是什麼，我們才能利用這些資訊進一步鼓勵他們投入，並在理解過程中提供協助。因此，讓學生的思考可見變成有效教學中不斷出現的元素。

哈佛史密森尼天體物理中心記錄了老師忽略學生的思考會如何造成膚淺的學習以及對科學根深柢固的誤解，即使成績最高的學生也會如此。在《我們自己的心》（*Minds of Our Own*）這部影片中，一位極受敬重的化學老師坦承道：「我不喜歡在測驗中問『為什麼』，我花了那麼多時間講解所有概念，然後問學生『為什麼』，卻得到這麼多不同的答案。當你問了『為什麼』，得到的某些答案有時真的會讓你很沮喪。所有答案都是有價值的，只是身為老師，看到學生對某些科學現象的解釋，真的會很挫折。」這位老師既非漫不經心，也不是漠不關心，只是表達了自己在為考試而教學時所感受到的無奈。他知道學生並沒有真正理解教材內容，然而在傳授教材的教育體制中，他把重心放在考試涵蓋的內容上，並沒有讓學生的思考變得可見。他容許學習的假象，以為考試成績就是學習的證據。這樣的教學法無論有多麼普遍、多麼無所不在，這種對於真實學習的錯覺（也有人稱之為妄想）對任何人都沒有好處，無法讓學生為自己未來的學習做好準備。而且毫無疑問，全球各地的老師都被迫接受這樣的妥協[3]。這同時還剝奪了老師處理學生錯誤觀念的能力，也讓老師沒辦法累積經驗去增進學生的理解。

我們主要負責「哈佛零點計畫」中「複合因果計畫」的同僚葛羅莎設計出一系列的科學概念模組，我們可以用這些模組來直接處理學生的錯誤觀念，設法讓學生的思考顯露出來，以進行調整。例如，在密度單元中，學生

| 2 | 將思考置於教育界中心 | 45 |
| | Putting Thinking at the Center of the Educational Enterprise | |

觀察老師將兩根直徑相等的蠟燭丟進兩個裝滿液體的容器中，其中一根較長、一根較短。較短的那根蠟燭浮了起來，較長的那根則沉下去。接著老師要求學生寫下他們看到的現象，並解釋這個現象為何會出現。老師在這過程中鼓勵學生運用科學知識去發展並提出理論，如此一來，學生的思考便會從字句及圖像中浮現出來。老師接著將蠟燭從容器中拿起來，並互調。這次較長的蠟燭浮起來，較短的則沉了下去。大部分學生都沒料到這樣的結果。老師再次請學生寫出他們觀察到的現象，並加以說明。學生接著分享他們的反應，並討論那個簡單的實驗如何改變他們注意的焦點。他們經由討論，知道了那兩種液體看起來雖然一樣，但一定有某些不同，而且在這個案例中，沉下去或浮起來並不是簡單的線性因果關係，而是取決於液體與物體之間的關係。

科學老師運用「複合因果」模組，不斷展現一些矛盾、意外的事件，讓學生的思考顯現出來，促進學生思考，且持續關注學生有沒有發展理解，並在課程中適時指引。同時，老師還讓學生不斷討論、辯證、調整自己那些未成熟的理論，由此讓學生自己發展理解，而不只是提供資料給學生背下來應付考試。就像這堂課所示範的，讓思考變得可見對老師的益處，是提供重要的評量工具，同時，還能協助學生增進理解。

讓學生的思考變得可見也有助於完成更遠大的教育目標。當我們揭開思考及學習例程的神祕面紗時，也為學生提供了一些模式，讓學生了解什麼是鑽研想法，什麼是思考，什麼是學習。這麼做可以去除迷思，不再以為學習只是背誦教科書上的資訊，學校不再著重「快速的正確答案」，而是強調不斷動腦去理解新概念與新資訊。維高斯基[4]指出，當我們提供模式時，學習的社會文化情境非常重要，他說：「兒童會漸漸融入身邊的智性生活。」身為教育人員，這句話提供一個有力的比喻，讓我們了解什麼叫教育他人。正視這句話之後，我們應該問自己，在個別的教室及整體的學校環境中，我們究竟給了學生什麼樣的智性生活？我的學生對於學習，學到了什麼？我是否透過我為學生創造的機會，解釋了什麼是學習以及學習是如何發生的？

當我們學習任何事情時，都仰賴模式。我們會注意他人做什麼以及怎麼做，然後模仿對方。學習如何學習及如何思考，就跟學習跳舞或學習打棒球一樣，模仿也很重要。我們無法想像有誰立志成為偉大的舞蹈家，卻從未看過偉大的舞蹈。新手會觀摩專家，不斷逼近卓越的境界，一路學習最適合自己的方式。因此，學生需要在我們身上看得到思考者及學習者的形象，才有模仿及學習的對象。在他們增進理解的過程中，需要去看、去聽其他人的觀點、見解及疑問。學生需要看其他人如何規劃、監看及挑戰自己的思維，以追求進步。學生需要看到所有學習者都會犯錯，也需要看到學習通常是在反省這些錯誤的過程中所發生。

思考及學習的模式具有重要作用，這有助於我們看到教育遠遠不止是傳授教材，有品質的教育同時也會致力於培養心智習性與思考素質，而這些足以讓學生在課堂上及未來的學習中受用無窮[5]。若要達成這點，老師就必須協助學生找出各類型思考的主要特性及情境，才能加以運用。這表示我們必須運用我們對思考的理解，以及知道我們想要培養出什麼類型的思考，這麼一來，當思考出現在課堂時，我們才能舉出它、注意它，並凸顯它。當學生提出新的觀點、貢獻了尚未成熟的理論或推測、提出解釋、做出連結、看出模式時，我們要能認出來。

像這樣子的舉出及注意，是有能力掌控某項活動的核心[6]。就如艾琳[7]所提，學生要等到能舉出程序，才有辦法掌控程序。當我們的注意力放在思考上，我們就更能覺察到思考本身、思考的用途，以及思考的影響。這種對思考的覺察，是所有素質養成的基礎[8]。我們首先得認出思考的機會，唯有如此，才能啟動我們的能力。若我們對此無知無覺，我們的技術及知識也毫無用武之地。身為教育者，我們希望學生不只有能力思考，也要真的去思考。當學生自己及他人的思考都變得可見之後，才能提供基礎去培養素質。一旦老師開始注意並舉認出思考，也就是讓思考變得可見之後，他們自己及學生也比較能覺察出思考，未來要不注意到思考都很難[9]。當我們讓課堂上產生的思考都顯露出來時，思考就會變得較具體、真實，成了我們可以談

論、探索、推動、挑戰及學習之物。

在阿姆斯特丹國際學校的五年級教室中（請參見影片），薇克常舉出及注意到學生的思考，她把這當成學習的明確回饋，而不是給予一些空泛的讚美，像是稱讚學生很棒或做得很好，這只是讓學生知道老師很滿意，並沒有針對學生的學習提供實質的資訊。薇克讓學生注意自己所做的思考。有兩個學生試著了解一系列拍攝難民困境的照片，她對兩人說道：「我喜歡你們運用原有的知識和已知的事實，去確實地解釋這些照片上的情況。你們真的觀察得很仔細，並用證據來支持你們的推論。」這樣的回饋讓學生清楚自己做了哪些思考，在未來學習時，都可以此為參考。

⦿ 如何把不可見的東西變得可見？

讓思考變得可見並非易事。就如前面所討論的，要讓思考顯現出來，我們得先清楚知道思考是什麼，才能在思考出現時舉認出來並留意。此外，若要學生思考，首先得讓學生有東西可以想，並要求他們去想。身為老師，應該創造思考的機會。然而，即使思考的機會出現了，我們也仍然必須承認，思考大致上是一種內在過程，一件發生在「頭殼下方」的事情。我們將在這個章節的後文中，探討老師如何透過提問、傾聽及記錄，讓學生的思考變得更清楚可見。

・提問・

提出好問題一直是教育的焦點，在涉及學生思考及創造學習機會的時候更是如此。一般認為，相對於只有單一答案的封閉式問題，開放式問題才能超越知識與技巧，邁向理解。此外，第一章所討論的布魯姆分類法也常受到推薦，老師可以把這個分類法當成模板，協助自己提出更好的問題。一般建議，老師必須確定問題確實超越了知識層次，進入應用、分析、綜合與做評量。提問時，若能超越簡單的回想，當然比較好，也比較能創造思考的機會。然而，許多老師發現問太多「高層次」的問題，氣氛會變僵。再者，老

師可能一時之間也不容易想出這類問題。即使老師想到並提出了這類問題，或許也不如我們所預期的那樣就啟發了學生的思考，當學生認為老師只想得到明確的答案時，更是如此。在這樣的情況下，學生只會用「猜猜老師想要什麼」的心態來參與。

要做到提問，另一個較靈活的方式是，試著思考身為老師該如何提問，才能（1）展現我們自己對正在探究的想法很感興趣，以為示範。（2）協助學生建立理解。（3）使學生更清楚看到自己的思考。以下所列其實是老師的教學目標，看起來不太像問題的類型，然而也可以歸類進來。這幾點是：示範如何投入智性發展、協助學生建立理解、協助學生釐清自己的思考。然而，過去課堂上提出的大多數問題，都只是在測驗學生有沒有背下老師傳授的內容，無法吸引學生去探究想法，充其量也只是在複習內容。

示範對探究想法的興趣。提出求知型問題（authentic questions），也就是，老師還不知道答案或沒有既定答案的問題，若要營造出對知識樂此不疲的課堂文化，這相當有用。像這樣的問題，會讓學生將老師視為學習者，並培養出共同探究問題的氣氛。斯雷爾克德是丹佛科羅拉多學院的代數老師，他就是這方面的大師。理查特觀察了他一學年的教學後，發現他常以這樣的問題開場：「我在想，我們昨天看到的那種規律，是不是也曾出現在本單元看過的其他情況中？你們覺得呢？」或者是：「昨天，艾米找到一種很有趣的解題方式，但我在想，那樣的方式是不是永遠都行得通？」尼斯特蘭德及其同僚[10]指出，雖然大部分的課堂很少見到求知型問題，但這種問題卻能激發學生的參與感、批判性思考及成就感。我們也可以將求知型問題想成衍生型問題。也就是說，這樣的問題能衍生或有助於課堂的探究與探索，讓學習成為一種複合、多面向、共同的活動，而不是單純累積資訊的過程。真正的衍生型問題一直都具有動力，能推動學習往前邁進。

良好的「核心問題」（essential questions）也屬於這種具衍生性的類別。華盛頓州科勒沃高中的哈娜瓦特在九年級的人文課中運用了一組核心問題，讓學生把注意力放在真相、觀點及普同性上，而這三點正是歷史與文學的

核心。她在白板的海報上寫了五個問題：這是什麼故事？還有什麼其他故事？你怎麼知道這個故事？為什麼要知道或說這個故事？這個故事的力量在哪裡？這些問題可以當作接觸點，學生就以此為中心，不斷探索課堂中發生的一切。哈娜瓦特第一次在課堂上運用這些問題就發現，學生對其他同學的想法及隱藏的故事特別著迷，他們不只理解了正在讀的事件，也理解了發生在身邊的事件。她還發現，即使只是單純分享最近的事件，學生也可能會問班上同學：「嗯，那其他故事又是怎麼樣？」這個問題對學生的學習真的很必要，也很有啟發性。在讀歷史文獻、時事報導或政治散文時，想到還有另一個故事，也知道如果要真正了解人物與事件，就要挖掘出這另一個故事，這在在激勵了哈娜瓦特班上的同學積極學習與投入。這類問題能傳遞一個訊息：學習歷史也包括挖掘更多故事，而這可以協助學生學會如何學習。

然而，並不是只有老師才會提出求知型問題。當學生也提出求知型問題時，那表示他們著重的是學習，而不只是完成作業。學生的求知型問題是他們是否投入智性發展的指標。懷俄明州一所中學的科學老師克里普斯指出，從學生提出的問題，最能評量學生的學習。他說：「我並不是從學生提出的答案，而是從學生提出的問題來判斷學生的學習」。理查特在觀察斯雷爾克德的課程時，常聽他叫道：「好問題！」最後理查特忍不住問他：「什麼問題稱得上好問題？」他毫不遲疑地回答：「喔，好問題是會引發大家思考的問題，包括我」。透過學生的問題，我們得以窺見學生的思想，他們受什麼議題吸引？有哪些困惑？他們做了哪些連結？又是如何連結的？他們想釐清什麼？一旦某個學生提出他（她）的看法或困惑，我們通常會在課堂上看到一種漣漪效應，而這效應有助於創造學習所需的興奮感與能量。

建立理解。我們的研究小組最近研究了「思考文化計畫」中老師的提問，並發現，老師著重的如果是讓課堂上的思考變得重要且可見，提出的問題便會從複習型或知識型變成建構型（附注：也會提出更多引導型，後文將詳細探討）。我們可以將建構型問題想成是能夠增進理解的問題，這類問題要求學生把想法連結起來、做出詮釋、關注更大的想法或核心概念，也要求

學生延伸想法。波勒及波狄[11]研究過老師在中學數學課所提的問題後指出，這樣的問題不僅能引發學生思考，還能「引導學生在數學領域中學習」。建構型問題不只是用來確定學生是否有所謂高層次思考的附加品，而應該是課程本身的標竿及目的。老師用建構型問題來導航，以重要想法及概念為錨，藉此確定學生不會錯過這些學習重點。老師之所以提出複習型問題，通常是因為想評量學生知道及記住了什麼，而提出建構型問題的老師，則是想要指導、引領及推動學生了解重要想法。

阿姆斯特丹國際學校一年級的課程中，瑪汀的學生正在摸索自己的感官。這個教學單元的目標之一，是讓學生有能力將每一種感官和自己透過感官收集到的資訊連結起來。在一堂課中，學生會先摸盒子裡的一件東西，再大聲說出他們覺得那是什麼樣的東西：黏糊糊、軟軟的、圓邊、有角等等。瑪汀要學生從這些答案出發，開始闡述及假設：「光是摸，你就知道了什麼？」接著又問：「光是摸，你沒辦法知道什麼？」以及「是哪一種感覺讓你這麼猜？」這些問題表面上看起來或許並不複雜或困難，卻能直探瑪汀希望學生了解的內容：我們從身上的每一種感官得到什麼訊息？我們可以利用這樣的訊息做什麼？若是沒有這些問題，觸摸一件神祕物品也只不過是一種遊戲，無法獲得多少學習效果。

韓弗蕾在加州矽谷的中學代數課中就用了一些問題去確定學生不只是死記公式，更關注數學原理[12]。她把整整兩堂課的時間用在建構型問題上：為什麼 2 乘以某個減 1 之後的數，也就是 2(n−1)，等於 2n−2？韓弗蕾請學生用自己的話解釋這為什麼是正確的，並提出足以說服懷疑者的論據，「如果你要向別人證明這個算式永遠都成立，你會怎麼做？」韓弗蕾的用意並不是複習分配律（學生還沒正式學過分配律），而是要學生專注於思考數學公式中用括號表示的數值上。她希望學生能夠理解，像這種括號內的數值都是可以拿來運算的實體。她這麼做，同時也是在鼓勵學生超越算術的解釋，也就是簡單用一個數字取代 n，看看公式是否成立，藉此來試著證明某事為真。這樣的測試雖然有用，卻還不足以構成論證，因此韓弗蕾要求學生像懷

疑論者那樣思考,並嘗試證明該等式。安東尼的回答讓我們看到他的理解:「好,那就像是你在算這兩個(指的是 n–1),算了兩次 n 減 1 後,再把結果加起來⋯⋯這麼一來,你還是要減掉 2,因此就跟 2n 減 2 一樣」。

從這兩個例子來看,建構型問題能形成智性的激盪,吸引學生投入,並引導他們發現那些有助理解的基本想法及原理。這或許是種苛求,會讓老師的負擔很重,但思考例程(詳見本書第二部)在此時就很有用了。每個例程中的步驟都描繪出一套建構性活動,學生可以用來引導自己的理解、讓自己的思考變得可見。例如,在之前所提到的瑪汀的課程中,她將「看─想─疑」的思考例程改為「感覺─思考─懷疑」。她用第一個問題「你把手伸進神祕箱時有什麼感覺?」來引導學生用觸摸來觀察。接著,「你對自己的感覺有什麼看法?」引導學生去詮釋及探索各種可能。最後,瑪汀問學生:「在只能碰觸的情況下,你猜箱子裡是什麼東西?」當你閱讀第二部所介紹的其他思考例程時,請記住,身為老師的你,可以用這些思考例程的建構性,把討論帶向那些你想讓學生去探索與理解的特定想法及概念。

引導及釐清思考。「是什麼讓你這麼說?」與我們合作的老師在課堂上所用的思考例程中,這是最全面整合的例程之一。你在影片中會看到許多老師都把這個問題融入與學生的互動中(運用方式詳見第六章)。在比亞利克學院,老師們組成了專業的學習團體,這個團體也是「思考文化計畫」的成員。其中有位老師提到:「『是什麼讓你這麼說?』不止是教學工具,更是生活方式。」她說,每當她不直接回應人們的評論,而改問「是什麼原因讓你這麼說」時,她會學到更多,和朋友或家人的對談也會更深入。老師們認為這個問題的語氣似乎很適當,讓人覺得比較不強硬,可以用來鼓勵人們詳細說明及釐清想法。雖然「告訴我為什麼?」或「給我那個主張的理由及證據」也有同樣意思,卻似乎無法傳達出同樣的開放性與關切。

這個簡單卻有力的問題,就完美示範了一個問題可以如何引導及釐清學習者的思考。運用引導型問題時,老師的目標是試著去了解學生的思考,進入學生腦海,讓他們的思考變得可見。再一次,這個問題改變了教學模式,

我們不再努力把自己腦中的東西傳授給學生，而是試著把學生腦中的東西放入我們的腦海，如此我們才能提供相應的教學來增進學生的學習。

米斯特爾曾是中學科學老師，現在負責科學教育方面的研究，致力於揭開學生的思考。他研究自己在華盛頓州莫瑟島中學的教學，仔細審視自己是如何透過提問與學生互動，然後創造了「思索拋擲」（reflective toss）這個名詞來描述他用來引導及釐清學生思考的提問順序[13]。傳統上，我們認為課堂的討論是由老師發問開始，然而，米斯特爾卻是以學生的評論及想法來開啟對話。在反思型拋問中，老師的第一個目標是努力「掌握」學生的意思，試著了解學生的看法。若無法立刻掌握學生的意思，就會提出「你可以多說明一點嗎？」或「我不是很了解你的意思，你可以用另一種方式來說明你的想法嗎？」這樣的問題，老師了解之後，就會拋回另一個問題，推動學生進一步向老師及自己闡述、證明自己的思考。例如，米斯特爾可能會問學生：「那麼，這讓你了解到什麼？」「你認為你的依據是什麼？」甚至我們的老問題：「是什麼讓你這麼說？」

我們發現，由於這樣的提問順序會促使學生釐清自己的思考及想法，學生便可從中發展出自己的新理解，因此比傳統的「題目、回應及評價」模式[14]（複習型問題就是這種模式）有用得多。學生並不是被動地接受老師所說的內容，而是主動地建立理解。英國研究者巴尼斯長年研究語言在塑造學習上扮演的角色，他指出，學習者「越能說出內在的思考，就越能自行建立解釋性假設，並加以評估[15]」。

·傾聽·

理查特回想他訓練數學師資時發生過的重大事件，那事件不是僅此一次，而是在他合作的學校中一再重演，「我會在某個老師的數學課上做示範教學，其他同年級的老師則在場觀摩。最後我會和這些老師進行討論，然後就鼓勵他們回去教課，並在下一次講習時跟小組分享他們的經驗。在之後的講習中，總是會有老師提出：『我記下你問的所有問題，也在課堂中謹慎地

提出那些問題，但學生的反應卻跟你提問時不同。」這樣的情況常發生在跟我合作的老師身上，我決定要查出究竟發生了什麼事。」

理查特的確看到老師盡全力問那些他在課堂的關鍵時刻提出的重要問題（大部分都是建構型問題），然而，學生的回答總是很簡短，或者看起來更像是在猜，而不是在思考數學。從理查特在各個班級的示範教學來看，這應該不是學生的問題。他也看到當學生的反應不如老師預期時，老師常不知道如何回應，因此就繼續趕課。他指出：「提出好問題是一回事，但我們也必須要**傾聽答案**。」老師一方面可能是因為正在冒險嘗試不熟悉的數學新教法，太在意自己接下來該做什麼或說什麼，因此無心傾聽學生的回答。這對課堂有兩種影響：第一，不經意傳達出一種訊息，讓學生覺得老師並不是真的想聽他們的想法，而只是想得到某個特定答案。結果是學生只會「猜老師在想什麼」，而不是說出真正的想法或理解；第二，老師若沒有仔細傾聽，可能無法繼續提出適當的（引導型）問題來回應學生。良好的問題，也就是會促進學習的問題，不是來自一些事先列好的清單或制訂好的指南，而是要先回應學生的想法，在回應的過程中才會出現。想提出良好的問題，我們需要一些資訊，而如果我們沒有傾聽學生的想法，那就奪走了自己獲得這些資訊的機會。如果我們沒有先「掌握」學生的意思，就很難靠丟回問題去推動他們闡述或釐清想法。

義大利瑞吉歐艾米利亞地區的幼稚園提出一種傾聽的教學法。蕾納蒂是幼稚園的所長及「瑞吉歐兒童教育中心」的執行顧問，她認為老師在建立與學生的學習關係時，必須以傾聽為基礎。在這樣的學習環境中，「個體才會想針對某個特定問題發表看法並提出自己的詮釋」[16]。在傾聽時，你表現出對學生發言的尊重與興趣，這樣學生會比較願意分享他們的想法、提出自己的看法，我們成人也一樣，一旦知道談話對象對我們及我們的想法很感興趣，就會做出更多回應。詩人米勒[17]在她的觀察中動人地表達了相同的感觸，「傾聽不只是不說話，但即便只是如此，影響力也比我們大部分的權力還要強大。傾聽意味著我們對別人說的話感到興味盎然」。這種興味盎然讓

我們得以在班上建立起共同體,並以探索彼此的想法為中心來發展互動。我們的傾聽為學生提供機會,學生因此有了動機讓我們看見他們的思維。

身為老師,我們的傾聽也提供了示範,讓學生知道傾聽的意義。在老師經常問「是什麼讓你這麼說?」的課堂上,我們總是會發現學生很快就學會用這種恰當且有效的方式去回應別人的發言。然而,培養出積極的傾聽者不只是老師示範傾聽所附帶的好處。巴倫[18]研究了六年級生合作解決數學問題時的小組互動,試著釐清為何某些小組成功,某些小組卻失敗了。她在〈當聰明的小組失敗時〉這份研究報告中指出,小組的成功,更多取決於小組傾聽及回應他人想法的能力,而非小組的學術技巧。成功的小組對小組成員的想法感興趣,會回應成員所提的想法,向彼此提出問題去釐清及深入探究。在這些小組中,每名成員不只發言,還會傾聽,並會設法讓所有小組成員更平等。如此他們就能以彼此的想法為思考基礎,進步的幅度也會比學業成績優秀的學生還要大。

・紀錄・

另一個讓學生的思考顯現出來的工具是運用紀錄:白板上記下的課堂調查、學生實作的照片、課堂討論的錄音、寫下學生想法及看法的筆記、學生的報告及圖畫等等。不熟悉如何記錄學生思考的人,很容易誤以為記錄就只是記下課堂做了什麼,只是收集活動檔案的各種文件資料。然而,若要對老師及學生有用,記錄不該只是如此。最重要的是,記錄的過程(最初來自瑞吉歐兒童教育中心,哈佛納入「讓學習變得可見」計畫後,所有年級都可以運用)要將焦點放在學習過程本身,試著記下各種啟發及推動學習的事件、問題、對話及行動。

我們「零點計畫」的同僚克萊切斯基、透納、馬德爾及席德,致力於研究紀錄如何協助學齡前到中學生的學習。他們將紀錄定義為:「透過各種媒介進行觀察、記錄、詮釋及分享的實務,以深化學習為目的之教學與學習過程及成果[19]。」這個定義的概念是,紀錄必須能夠增進學習,而不只是記錄

而已。因此，紀錄不僅包含彙集來的內容，還包括針對這些內容的討論與反思。這麼一來，紀錄不但連結也延伸了傾聽的行為。為了掌握及記下學生的想法，老師必須是具警覺的觀察者及傾聽者。當老師掌握了學生的想法，就傳達出一個訊息：那些想法及看法是重要的、值得繼續探索與檢驗。

在瑪汀的一年級課程中，當學生分享他們把手伸進神祕箱的感覺時，她將這些感覺一一記在便條紙，貼上海報。這讓學生覺得他們的想法是重要的、對課堂討論是有貢獻的。把課堂上觀察到的學生感受記錄下來，當瑪汀與班上同學繼續討論他們對那些觀察有什麼想法及疑惑時，就有了依據。紀錄呈現出瑪汀的傾聽，並提供他們繼續討論神祕物品的基礎。巴倫[20]研究成功的小組後發現，學生自己的紀錄也有類似的情況。將解決問題的過程記錄下來，可以讓所有小組成員了解小組的思維，並覺得自己也擁有這個思維。紀錄同時也可讓小組監控進展，並在過程中適時提出疑問及看法，來深化小組的理解。相反的，失敗的小組常只是由一位成員負責寫筆記，且其他成員並不容易看到紀錄。這樣的作法會剝奪某些成員的權利。

學生的思考紀錄還有另一個作用，也就是提供一個平台，讓老師及學生觀察學習的過程、記下所用的策略、對發展出來的理解提出意見。有紀錄眼見為憑，我們就有了基礎去反省學習，並將學習當作討論的主題。也就是，紀錄揭開了（個人及團體）學習過程的神祕面紗，並在學習過程中建立較高的後設認知。對老師而言，檢討學生的學習是最真確的評量方式。紀錄，儘管不是用來打分數，卻能讓我們對學生的學習與理解有豐富且豁然開朗的認識。要看到其中的豐富性，我們需要的常不只是自己的這雙眼睛。與同事分享紀錄，可以引起大家對學習的大量討論，並讓我們看到及注意到學生思考的各個層面、對教學的啟示，這些是我們身為老師在自顧自埋首教學時容易忽略的。我們將在第八章探討這種同僚合作如何促成豐富的專業學習，影片也有一段專業學習小組運用「探究學生思維」架構來討論紀錄的影片。

當身為老師的我們不再把主要活動放在教授課程給一群被動的學生上，而是吸引學生主動探索概念，接著揭開並引導他們的思考，此時，本章節所

介紹的策略就變得迫切及重要。我們透過提問、傾聽及記錄來讓學生的思考變得可見，如此一來，我們就能以那樣的思考為基礎，並延伸此一思考，讓我們的理解更深入而豐富。這些重要作法為本書第二部的思考例程提供探討、思索的背景。與其將思考例程當成獨立的教學，我們更應該把這些例程當成架構，這些架構不但出自我們的不斷提問、傾聽及記錄，也延伸了我們所做的這些事。你也將看到，長期努力讓思考變得可見之後，思考例程就會浮現出來，並與這些努力緊密相連，如此我們就能在課堂上有效地活用這些思考例程。當你閱讀本書第二部中每一種思考例程的教學實例時，可以試著找出這些連結。

1　Gallagher, 2010
2　Hatch, 2006; Intrator, 2002, 2006; McDonald, 1992; Palmer, 1998
3　Schwartz, Sadler, Sonnert, & Tai, 2009
4　Vygotsky, 1978, p.88
5　Costa & Kallick, 2009; Ritchhart, 2002
6　Johnston, 2004
7　E. Keene & Zimmermann, 1997
8　Perkins, Tishman, Ritchhart, Donis , & Andrade, 2000; Ritchhart & Perkins, 2005; Tishman, Perkins, & Jay, 1993
9　Harre & Gillet, 1994
10　Nystrand, Gamoran, Kachur, & Prenergast, 1997.
11　Boaler & Brodie, 2004, p.781
12　Boaler & Humphreys, 2005.
13　Zee & Minstrell, 1997.
14　Cazden, 1988.
15　Barnes, 1976, p.29
16　Giudici, Rinaldi, & Krechevsky, 2001.
17　Alice Duer Miller, 1915.
18　Brigid Barron, 2003.
19　Given, Kuh, Lee Keenan, Mardell, Redditt, & Twombly, 2010, p.38
20　Boaler & Brodie, 2003.

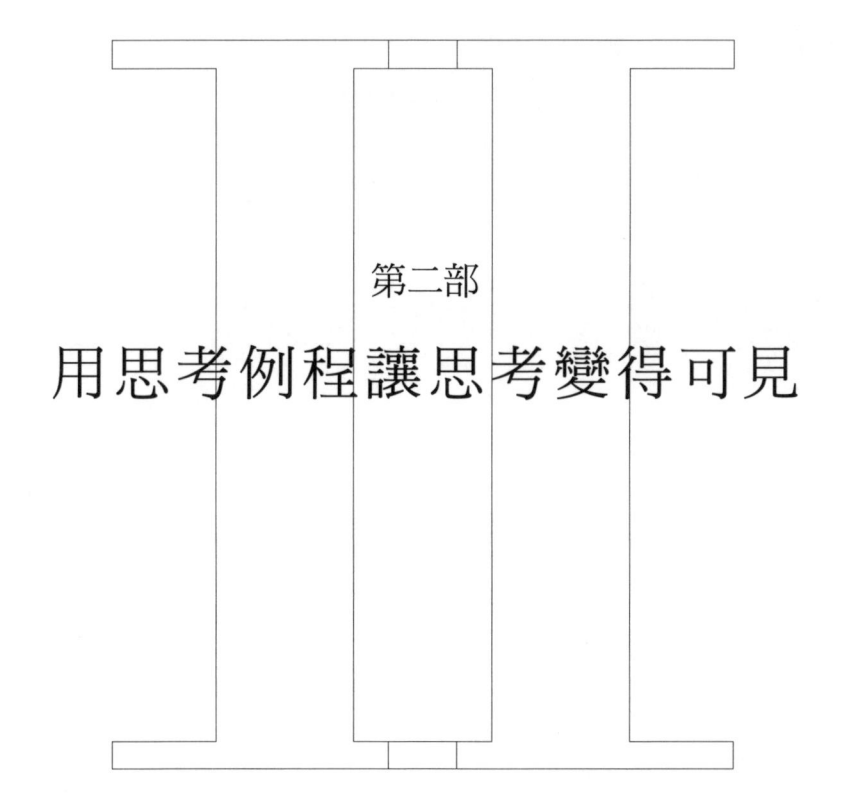

Making Thinking Visible

PART TWO

USING THINKING

ROUTINES TO

MAKE THINKING VISIBLE

第二部

用思考例程讓思考變得可見

Making Thinking Visible

CHAPTER 3

第三章

Introduction to Thinking Routines

思考例程介紹

PART II

第二部　用思考例程讓思考變得可見

本章節，我們會正式提出思考例程的概念，看看這種特殊的課堂例程如何進一步幫助老師讓思考顯現，並協助學生發展理解。我們可以將這些例程想成任一種程序、過程，或是行動模式，用來重複管理或推動學生完成特定目標或任務。課堂活動由這樣的例程主導。老師運用思考例程來管理學生的行為及互動、安排上課環境、促進轉變，或維持溝通與討論的原則。在早期的研究中，我們發現能夠成功激發學生思考的老師，通常會發展、調整及運用某些特定例程，以支援及協助學生的思考[1]。這些簡單的程序（通常只包含幾道簡單步驟）提供了架構，讓人專注在某些有助於建立理解的思維活動上。思考例程可以像準備作業或交作業的過程那樣深入課堂，慢慢成為課堂的一部分。若想了解思考例程如何在課堂中運作、如何運用本書所提出的例程，以及如何創造自己的例程，我們或許可以從下列這三個觀點來檢視：當作工具、當作架構，以及當作行為模式。

◉ 檢視思考例程的三種方式

·當作工具·

思考例程可作為促進思考的工具。就像任何工具一樣，重要的是依據不同任務挑選正確工具。如果需要的是鎚子，那麼鋸子非但不適用，還會幫倒忙。我們可以進一步延伸這個比喻：確認且專注於所欲達成的目標或任務，並找到適當的工具，比誇耀自己使用的工具更為重要。我們在第一章探討過一些有助於理解的思考類型，包括：仔細觀察並描述所見、建立解釋與詮釋、運用證據進行推論／推理、建立連結、考量不同視角與觀點、掌握核心並形成結論、感到好奇並提出問題、揭露事物的複雜性並深入表象。第二部所介紹的每個例程都是能促進這些思考類型的工具。例如，「想想—疑惑—探索」這個例程要求學生**想想**自己目前對該主題有什麼樣的認識，這就是在連結既有的知識。釐清有哪些**疑惑**，也就是感到好奇並提出問題。接著開始

為**探索**其中一個疑問規劃步驟，就是制定計畫。因此，身為老師應該先釐清我們希望引導出學生何種類型的思考，接著選定某個思考例程，作為這項任務的工具。

一開始就確定思考類型，也有助於我們在評量學生的回應時，把焦點放在思考例程上。雖然思考例程是開放的，並非用來引出某種特定回應，但仍然可做持續的、形成性的評量（formative assessment）。舉例來說，如果我們知道自己期望看到學生提出論據，那麼當學生沒做到時，我們便可以鼓勵學生提出證據來支持自己的主張。或者，若該例程著重透過比喻式思考來建立連結，那麼我們應該促使學生超越淺顯的連結，做出更精確細緻的連結。本書所提出的每個例程都是為了協助大家將思考放在第一位。每個例程的「目的」單元，主要是讓大家了解該例程想引出什麼樣的思考。「挑選適當素材」單元，則是進一步說明該例程可用在何種課程情境及素材內容。「評量」單元提供形成性評量的訣竅，提醒我們，在當下及長期評量中應該尋找及注意學生的哪些回應，也提供了建議，讓老師知道如何推動學生深入思考。

最後，由於思考例程可作為思考工具，這表示思考例程不但對老師有用，對學生也應該有用。思考例程不只是課堂活動，可協助老師去吸引學生積極投入，也是工具，可讓學生用來幫助自己思考。例程可以作為課堂小組的團體工具，也可以是個人使用的私人工具。事實上，思考例程真正的功用在於培養學生成為思考者及學習者。例如，老師可以問學生：「是什麼讓你這麼說？」但是學生也可以問自己：「是什麼原因讓我這麼說？」以找出自己在發言、寫作或反思中所做的假設。當這種情形發生時，學生就成為獨立的學習者，真正展現出思考素質的發展。

· **當作架構** ·

「思考顯現」與「思考文化」計畫的研究人員，精心設計出能支持及建構學生思維的思考例程，並且已在世界各地的課堂上發展及運用。例程的步

驟就如同天然的鷹架,引導學生將思考提升到更高、更複雜的層次。例如,在發展概念圖的「列舉—排序—連結—闡述」例程時,我們要先知道什麼類型的思考才能創造出概念圖,去幫助學生建構與呈現自己的理解。首先,我們發現必須像腦力激盪那樣,廣泛地列舉出各種概念和想法。接著,運用概念圖的圖像性質,將這些概念和想法以特定方式來分類。分類是許多學生沒做到的重要步驟,因為過去老師都告訴他們,想法出現時,寫在紙上就好,結果學生就沒進行分類這項關鍵的思維活動。只有將各種概念和想法分門別類(跟主題相不相關、對主題重不重要等),才能連結這些想法,以及闡述概念圖上的一些重要部分。

就像「列舉—排序—連結—闡述」一樣,所有思考例程中的步驟都依循自然的進程,每道步驟都建立在前一道步驟之上,並擴展前一道步驟的思考。因此,運用這些例程時,目標絕不是簡單地填寫或完成一道步驟,然後就進行下一道,而是要將每道步驟所引發的思考運用到接下來的步驟上。當你開始在課堂中嘗試運用例程時,例程循序漸進的這一面應該會有所幫助。想想你要如何運用學生的回應,並把這些回應連結到下一道步驟,持續尋找方法,用這個階段形成的良好思考,去建立下一個階段的良好思考。例如,「看—想—疑」這個例程,在「看」的階段仔細觀察就提供了基礎,讓學生在「思考」階段能提出充分的解釋。如果在課堂中沒有悉心留意細節及細微差異,那麼後續的思考通常不過是毫無根據的主張或猜測而已。

第二部介紹每個例程,一開始便將思維活動以列點的方式清楚呈現,這樣我們就能從學習者的角度快速了解該例程的運用方式。這些步驟都是學習者要進行的活動,可以寫在紙上,交給學習者,或者某些情況下可以貼在教室內,方便將來參考。有些時候,老師可以隨著課程的進展,靈活運用及變化例程中的步驟。「步驟」章節會詳細說明每一個思維活動,包括老師要給例程初學者的建議(即老師該做的引導)。「小提醒」單元進一步指出使用例程時應考量的事項,或在某些情況下應注意的事項。

思考例程也可作為全班或小組討論時的架構。有時,老師在協助學生自

行進行有價值、有意義的討論時會遇到困難。如果缺少第二章提到的傾聽，或是過於注重作業的完成，這樣的討論就可能會受到抑制。學生如果認為小組的任務是完成作業清單，就不會把注意力放在討論上，而是放在作業清單上。學生一熟悉某種思考例程，這個例程就可以用來建構小組的討論。例如，4C 及「連結—延伸—挑戰」例程，就很適合用來協助小組進行閱讀或簡報的討論（你可以在影片中看到這些例程如何運用在全班或小組討論上）。

・當作行為模式・

　　在「零點計畫」中，我們常被問起為什麼要將這些實際作法稱為「思考例程」，而不是思考策略？這不只是更響亮的命名，我們必須以更寬廣的角度來理解思考例程這個概念，把思考例程當成課堂文化的建立者[2]。如第二章所述，在教學實務上，例程是相當好用的思考方式，讓我們明白有效教學不能光靠課程設計與講課。所有教學都是在某個情境中進行，而例程就是透過創造社會共享的、腳本式的行為切片來幫助建立教學情境[3]。例程在重複運用之後，就會融入課堂結構中，教學策略則可能只會偶爾派上用場。有效啟發思考的老師會發展出一套自己及學生都能一再使用的例程，用來培養學生的思考[4]。由於例程屬於「共享的腳本」，因此學生漸漸地就能自行使用。

　　雖然**例程**這個詞帶有平常、習慣及儀式的意思，但若只是將思考例程視為簡單、普通的行為模式，那就錯了。課堂例程是精心打造的作法，讓我們能以有效、可行的方式達成特定目標。當這些作法確實變成「我們的做事方式」，就會因為被老師當成達到特定目標的有效工具，而正式納入例程中（即運作模式）。這些工具會隨著使用而變得較有彈性、不過於死板，也會隨著使用而持續進化、發展。因此，我們發現與我們合作的老師會持續調整例程，讓例程更適用於當下的學習。你將在每個例程的「教學實例」單元看到老師如何靈活使用這些思考例程去推動學生的思考與學習。這些實例通常會著重在老師如何不斷改良例程的運用方式，讓你看到例程如何逐漸成為課

堂上的行為模式。「運用與變化」單元也提供一些簡短的例子，這些是你或許不會馬上想到，但其他老師用過的方式。

　　當課堂上經常會用到思考例程，並成為課堂模式的一部分，學生便會把學習是什麼、學習如何發生的訊息內化。例如，你或許會注意到許多例程的設計並不是想要引導出特定答案，而是揭開學生對該主題剛成形的想法。這傳達的訊息是，學習並非吸收他人的概念、想法或作法的過程，而是發現自己的想法，以作為學習的起點。如此一來，學習就變成了建立新想法與個人思考的連結。另一個重要的思維活動是在學習過程中持續懷疑及提問。老師通常會以提問的方式開始上課，但是卻很少注意到問題是學習過程的一部分，會不斷發展、持續存在。確實，老師可能會讓學生覺得學習就是找到問題的答案，一旦找到答案，學習就結束了。問題不只能驅動學習，也是學習的成果，這個概念只要透過持續運用例程，便會嵌入學習例程中。第七章會進一步討論創造課堂文化這個概念，讓學生學習如何學習，讓思考顯見。

◉如何組織思考例程？

　　本書介紹的 21 種思考例程有許多組織方式。由維坦贊助，柏金斯、提希曼、理查特及帕爾茉設立的「思考顯現計畫」中，原本的分類是依據四大思考原則：理解、真實、公正、創造。有些時侯，分類方式是依據特定思考類型，像是仔細觀察、推論或提出說明。在特定年級或學科，依據使用頻率和範圍來分類則更有幫助。有些例程特別適合用來協助成人學習及解決問題，這也是另一種可能的分類方式。在這裡，我們選擇將例程分成三大類：介紹與探索、整合與組織、深入探討。這些類別反映出老師通常如何規劃與關照課程單元的各個部分。

　　我們的研究小組在與老師合作的這些年來，發現例程不僅本身就很有用，用來協助學生學習整個課程時，效用更是強大。也就是，例程建立了一道學習的弧線，而不是製造一節節的學習片段。為了促成這樣的課程規劃與發展，我們把例程區分為課程初期常用、課程中期常用，以及課程結束時

| 3 | 思考例程介紹
Introduction to Thinking Routines

用。第四章呈現的都是適合用於介紹及探索新概念的思考例程，老師在課程一開始時常用這些例程來引發學生興趣、開啟探究過程。第五章介紹適合用來組織與整合資訊的例程，這些例程可以帶領學生跨越對主題的初步探索，協助學生了解在課程單元中讀過、討論過或看過的新資訊。第六章討論的例程更進一步，可推動學生穿透事物表面，並思索議題或概念的複雜性。表3.1 是每個例程的簡介、主要思維活動及簡要說明。

當你閱讀本書第二部，並找到你認為可以在課堂上成為有用工具的例程，你或許會發現，我們建議用於介紹主題的例程，也同樣適用於深入探索或結束一個課程單元。我們很鼓勵用這種靈活及開放的思維來適當地運用例程。同樣的，本書的「教學實例」及「運用與變化」單元主要是用來刺激新的可能，而不是限制你的思考。我們與各年級、各領域（包含大學及博物館）的教育人員合作不停會有驚喜，老師、主持人及領導者常會以創新的方式運用我們所發展的例程，並以獨特的方式結合或調整例程，幫助學習者思考及理解。我們經常在描述例程時提到「學生」，然而我們發現例程對於成人也非常好用，例如當輔導主持人或領導者想讓團體的思考變得可見時。許多教育人員發現，無論在何種情境，初次使用例程時最好以簡單的方式進行，這麼一來，他們自己及學生就能習慣例程的各個步驟，了解例程如何促進思考。一旦老師能夠自在地運用例程，不再把例程當成活動，而是能促進思考的媒介，就會開始做一些有意義的調整與變化。

1 Ritchhart, 2002.
2 Leinhardt, Weidman, & Hammond, 1987; Ritchhart, 2002; Ritchhart, Palmer, Church, & Tishman, 2006.
3 Leinhardt & Steele, 2005; Yinger, 1979.
4 Ritchhart, 2002.

表 3.1　思考例程列表

·例　程·	·主要思維活動·	·注意事項及簡要說明·
		第四章：介紹及探索想法的例程
看─想─疑	描述、詮釋及懷疑	適合用於模糊或複雜的視覺刺激
放大	描述、推論及詮釋	「看─想─疑」的變化，只使用局部圖像
想想─疑惑─探索	活化先備知識、懷疑及規劃	適用於課程一開始，引導個人或團體提問，揭露當前的理解及誤解
筆談	揭露先備知識及概念、提問	開放式的紙上討論。確保所有意見都被聽到，提供思考時間
3-2-1 橋接	活化先備知識、提問、萃取，透過比喻建立連結	適合用於已具備先備知識的學生，將先備知識帶往新的方向。可以在整個課程期間長期使用
羅盤方位點	做決定與計畫、了解個人反應	徵求小組對於提案、計畫或可能的決定有何想法及反應
解釋遊戲	觀察細節及形成解釋	「看─想─疑」的變型，著重辨識與解釋細節，以經由細節及其作用，形成對整體的理解。
		第五章：統整想法的例程
頭條標題	總結、掌握核心	快速總結重要概念或突出的內容
CSI：顏色、符號、圖像	透過比喻掌握核心	非語言例程，促進視覺連結
列舉─排序─連結─闡述：概念圖	揭開並組織先備知識，找出連結	強調那些構成有效概念圖的思考步驟。概念圖既能組織也能顯露一個人的想法

連結—延伸—挑戰	建立連結、找出新想法、提出問題	任何用於處理新資訊的重要整合活動，這些資訊可能來自書籍、講座、電影等
4C 例程	建立連結、找出重要概念、提出問題、思索隱含的意涵	以文本為主的例程，有助於從複雜的文本中找出討論的重點。最好運用於內容豐富的文件或書本
微型實驗室架構	專注、分析及反思	可與其他例程結合，促進反思及討論
以前我認為……，現在我認為……	反思及後設認知	協助學習者反思自己的思考如何隨著時間轉化及改變
		第六章：深究想法的例程
是什麼讓你這麼說？	證明推論	老師可於討論時提出這個問題，促使學生證明自己的判斷
觀點圈	觀點取替	找出與議題或問題有關的觀點
進入角色	觀點取替	進入一個立場，從該立場的觀點來談論或書寫，以更深入地理解
紅燈、黃燈	觀察、找出偏見、提出問題	針對推論、作者的過度延伸及需要質疑的領域，找出可能的錯誤
主張—支持—提問	找出通則及理論、證明推論、提出反證	用於文本，或作為數學及科學思考的基礎架構
拔河	觀點取替、論據及找出複雜性	找出及建立某個爭論或拉力／困境的雙方立場
句—詞—字	摘要及精粹	以文本為主的架構，目的是發現讀者認為重要或有價值之處；用於討論主題及意涵

Making Thinking Visible

CHAPTER 4

第四章

Routines for Introducing and Exploring Ideas

介紹及探索想法的例程

PART II

第二部 用思考例程讓思考變得可見

◉ 看—想—疑 ◉ See-Think-Wonder

看著一個圖像或物件：
- ◉ 你看到什麼？
- ◉ 你有什麼想法？
- ◉ 什麼地方讓你感到好奇？

引人深思的圖像及複雜的藝術品都能激發學生的興趣並促進思考，這一點我們在教室內及教室外都可以觀察到。當我們想要好好發揮「仔細觀察」的能力時，便展開了「看—想—疑」的例程，而觀察的對象未必要是藝術品，也可以是各式各樣的物件和刺激。這種思考例程是大部分學習的基本要素，目的是讓學生以仔細看及刻意觀察為基礎，進一步形成更深刻的體悟、更明確的解讀，建立更有理有據的推論，並培養更廣泛的好奇心。

· 目的 ·

先仔細觀察，以奠定後續思考及解釋的基礎，這件事很重要，而這個例程便是在強調這一點。首先，讓學生花幾分鐘靜靜看一件藝術品、圖像或工藝品。這樣的「看」讓學生有機會在解讀之前能更仔細、充分地觀察。把「懷疑」放在最後一步，是為了確保學習者有足夠的時間透過仔細觀察來獲得資訊，並加以思考、整合，發現新的疑惑，這些疑惑可以推動學生自己展開新領域的探索和思考。在這個思考例程中產生的疑問可以引導後續追問，「看—想—疑」因此成為老師在開始新學習單元時最愛的選擇。

· 挑選適當素材 ·

雖然剛才在解釋時，我們用了**圖像／物件**這兩個詞，但你也可以要求學習者仔細觀看畫作、照片、工藝品、影片、摘文、政治漫畫、圖表、現成物等。事實上，幾乎所有可觀察、解讀及懷疑的事物都適用，關鍵是選擇具有

啟發性，且吸引人的東西。由於例程第一道步驟的重點是仔細觀察，因此挑選的圖像／物件必須有值得觀察與留意的元素，這樣例程才能發揮效用。這類圖像／物件通常具有某種模稜兩可，或者不在學生熟悉的範圍內，又或者有大量必須仔細觀察才能看出的細節。有個很棒的方法很有用，那就是問你自己對這幅圖像／這個物件有沒有興趣。你能不能看上好幾分鐘並發現新事物？能不能勾起你的好奇心？

・步驟・

1. **準備**。展示圖像／物件的時候，應讓學生盡可能看到所有細節，例如在烏黑教室中投影到螢幕上、印出全班都能清楚看到的大型圖像，或多印幾份發給兩兩一組的同學。給學生足夠的時間靜靜細看，大約兩、三分鐘後，再開始談話或討論。

2. **看**。問學生注意到什麼，強調這個階段你只是要知道他們觀察到什麼，不是要他們解讀。你可以提醒學生，觀察的意思是找出可以在圖像／物件上用手指出來的東西。讓學生進行「思考—配對—分享」來討論他們的觀察，接著開始課堂討論，請學生分享同伴看到而自己沒注意到的東西。

3. **思考**。問學生對圖像／物件有什麼想法。這種一般性、解讀性的問題，可以根據選用的圖像／物件來調整。例如，你可以問：「我們能從剛才看到或注意到的東西想到什麼？根據我們的觀察，可以怎麼解讀？」這裡的目標是要學生提出各種層次的暫時性解讀，而不是單純講出內容或題材。進一步問學生「還有什麼呢？」鼓勵學生提出其他想法或補充說明。問「你看到了什麼，讓你這麼說？」通常很有效，可鼓勵學生提出論據。漸漸地，學生會思考過再回答，不再只是提出猜測或沒有根據的看法。

4. **懷疑**。請學生以先前的觀看與思考為基礎，提出現階段的懷疑。學生一開始可能分不清「思考」及「懷疑」。舉個例，他們可能會懷疑自己的解讀是否正確，例如「我懷疑她是否真的是他妹妹」，或者在原先的「思考」上加上不確定及懷疑的措詞，像是「我懷疑角落的那個東西是一艘

船」。為了協助學生釐清「思考」及「懷疑」，你可以告訴學生，懷疑就是提出更大的問題，使我們超越原有的解讀，開始研究這個圖像／物件所引發的爭論及想法。

5. **分享想法**。通常我們會在每個階段結束後，請學生分享自己的想法，然後再進入下一道步驟。如此一來，班上同學就能以前一階段的小組思考為基礎，進行更豐富的討論。雖然不見得一定要把每個階段的思考都記錄下來，但記下來會很有幫助。如果「看─想─疑」例程是為了讓學習者對某個主題產生興趣並提出疑問，就可以把懷疑寫下來，貼在教室各處，以鼓勵學生持續思考。如果學生有任何新想法，也可以隨時補充。

・運用與變化・

我們可以根據使用的圖像／物件，依序完成「看─想─疑」的每個步驟（如前所述），也可以同時運用「看、思考、懷疑」這三個提示。這表示學生會先講出他們「看到」的事物，接著陳述自己對該事物的想法（對觀察的解讀），最後提出問題。例如：「我在這幅畫中看到大量黑色，我想這代表夜晚。我想知道這樣的黑暗是不是也反映了畫家的情緒」。在比亞利克學院，卡梅娜斯基班上的一年級學生便在溝通課上採用了這種方式。卡梅娜斯基帶了許多象形文字、洞穴壁畫及古硬幣上的符號圖像到班上。學生每觀察到一個細節，就會開始思索，提出許多新的困惑與好奇。讓學生有機會表達好奇，就能找到新的研究角度，並帶動更豐富的探究。

同樣在比亞利克學院一堂二年級的自我認識課程中，姬布森給每名學生一張紙，上面印有他們的照片，並要求學生以「看─想─疑」的例程思考。學生全神貫注在「自己」這個主題上，也順利獨自完成了思考例程。姬布森的目的是讓學生提出之後或許能深入探索的疑問，而學生的回應也沒令人失望：「我在想，這在你眼中看起來像什麼？」「我在想，我的鼻子看起來像爸媽，還是爺爺奶奶？」「我在想，為什麼我爸媽的頭髮是深棕色，我的卻是淺棕色？」「舌頭是怎麼讓人說話的？」

另一位同事芙里曼則用這個例程來幫助幼兒園學生針對「公主」的概念進行長時間討論，希望協助學生打破廣告和性別的刻板印象。她發現，讓學生觀看、討論不同的公主圖像（許多是非傳統的公主圖像）可以達到這個目的。有一次，這群四歲的孩子竟然看著一張圖，討論了超過 40 分鐘。

有些老師會用「看—想—疑」的一種變型來觀摩課堂。位於澳洲墨爾本郊區的比亞利克學院是一所私立學校，涵蓋幼兒園到 12 年級。裡頭有一群老師組了專業學習小組，小組成員會觀摩彼此的課堂，列出看到及聽到的事項，而且會盡量避開「大家都很投入」或「學生不專心」這類解讀。這群老師都曾經在自己的課堂上使用「看—想—疑」的思考例程，因此都清楚了解，不帶評價或解讀的觀察非常重要。觀摩後，他們會在小組聚會上討論各自的觀察。首先，小組成員會分享自己的所見或所聞，做出幾種可能的解讀，接著提出相關問題。老師有了這個例程作為架構，可以確保彼此尊重，並將對話的焦點放在理解課堂的複雜性，而不是評斷課程的有效性。這樣一來，被觀摩的老師會覺得較受尊重，也更清楚這一切的目的是理解，而不是防衛自己的教學。

· 評量 ·

從學生對「看」的回應中，觀察學生注意細節的能力有無進步，這種能力能帶領他們看得更深入，而不是停留在立即可見的表面特徵。在「思索」的步驟中，當你給出「是什麼讓你這麼說？」的提示後，留意學生提供什麼樣的證據來支持他們的解讀。是依據觀察到的證據來建立合理的連結，或者只是基於自己的信念或意見來提出主張？在「懷疑」步驟中，注意那些較廣泛、開創的問題，而不是要求以特定事實來回應的問題。學生可能需要一些時間才有辦法做出這類回應。如果學生不習慣問自己開放式問題，或許有必要向他們示範什麼是懷疑。老師可以從問題的類型與深度看出學生對該主題的理解程度，提問越能切中爭論的核心，理解就越深入。

影片中有個片段能讓你了解學生如何獨立進行高等的「看—想—疑」。

阿姆斯特丹國際學校的老師薇克將一班五年級學生分成三人小組，她首先讓學生仔細觀看羅德‧布朗的畫作，接著閱讀朱利爾斯‧萊斯特為畫作撰寫的文字。薇克的學生已經在薇克的課堂及上學年大量使用「看—想—疑」例程思考，因此很習慣先花點時間仔細觀察，再提出有根據的解讀。

‧小提醒‧

務必給學生足夠的時間仔細觀察並留意細節。你可能會很想進入「思考」階段，請學生提出解讀，但是「觀看」不但能讓大家更清楚圖像的內容，也提供了基礎，幫助學生做出解讀。別害怕補充自己的看法，但記得這麼做時要把自己當成學生而不是老師。例如，你可以說：「我第一次看的時候沒注意到……」即便如此，學生一開始可能還是會不小心做出解讀，而不是觀察。不要讓學生覺得這是錯的，否則學生可能會卻步。你應該引導學生指出他們正在看圖片的哪個部分，或問學生是看到什麼讓他們這麼說。

雖然你可能會很想把這個思考例程改成讓學生各自完成的作業，但請不要這麼做。我們發現，如果把例程當成作業，學生會因為不想把所有觀察完整記錄下來，而只寫一些簡短的答案，而且不會留意細節。這個思考例程若要真的有助於學習，學生就必須傾聽並參照其他人的想法。因此，老師不該把這例程當成作業，而應利用「思考—配對—分享」來鼓勵學生發言。

◉教學實例◉

蕾德是中學歷史老師，任教於墨爾本郊區的衛理公會女子學校。她一直認為視覺分析是基本能力。然而，即使在這個高度視覺化的時代，她發現視覺分析對十年級學生來講仍有些難度。蕾德之所以注意到這個現象，是因為她發現班上學生無法解讀政治漫畫或古老藝術作品中的象徵或非寫實意象。除此之外，蕾德認為解讀會這麼困難還有一原因，她說：「問題在於學生能不能從畫作、漫畫、素描或照片等視覺影像中『看到』相關細節。事實上，應該說有兩個問題：『看到』細節，並判斷哪些算是『相關細節』」。蕾德決定在班上展開一項行動研究，了解「看—想—疑」例程能否改善學生的視覺分析能力。蕾德在進修及觀摩同事課堂時都曾使用這個例程，她發現「『看—想—疑』容易使用，又不複雜，這讓人低估了它刺激深度思考與反思的效力」。

蕾德的第一步是重新構思她教的那門課。她過去將課程重點放在中世紀時期的女性形象，利用簡報呈現一系列古老的文字與圖像，一步步引導學生，幫助學生了解當時的背景，並培養學生的分析能力。最後則以中世紀晚期的編織掛毯作為期末評量。然而，蕾德說：「我很快發現，若要使用『看—想—疑』例程，表示我得反轉原本的教學方式。我決定，在課程開始時先展示一件中世紀早期藝術家的畫作，進行『看—想—疑』，讓學生探索歷史背景的轉變，最後再進行編織掛毯的期末評量」。

蕾德選擇用黑白畫作《聖安東尼的誘惑》（圖4.1）來開場。她將這幅畫投影在大家都能看到的螢幕上，要求學生寫下自己看到的東西、認為圖像細節可能代表的意義，以及所產生的疑惑或問題。起初，學生的積極與踴躍書寫讓蕾德很興奮，但是當學生開始分享後，她的熱情很快就消失了。學生的「觀看」清單缺乏細節，而且經常穿插一些解讀。蕾德明白她必須協助學生區分看及解讀，也要更積極鼓勵學生找出畫中的細節及模擬兩可的部分，而不是以為「看」就是說出主要特徵。

圖 4.1《聖安東尼的誘惑》(Temptation of St. Anthony)

圖片來源：Courtesy of Sir John Soane Museum, London.

　　蕾德根據這次經驗，重新調整下一堂課的教學。「我更具體地說明每個階段要做的事，並要求學生盡量不要在第一道步驟就做出解讀，只要記下實際『看到』的東西就好」。她也在每道步驟的收尾花時間讓學生做口頭報告，然後再進入下一道步驟，如此一來，每個學生都能從其他人的想法獲益，而且比起獨自寫作業，團體討論能讓學生帶著更堅實的基礎進入下個階段。

　　學生分享「看」的內容時，發生一個相當有趣的事。學生一一說出各個細節，像是酒、聖經、女人的衣服、不同種類的樹、山丘的坡度、牧杖、鐘塔、茅草屋等等。接著有學生提到：「她衣服下面那些像樹枝一樣的怪東西是什麼？看起來好像雞腳。」另一個學生很快回答：「喔，我也有看到，但寫下這個好像有點蠢。」這引起班上其他同學的興趣，有人說：「我沒看到，那是什麼？」大家又興致勃勃地仔細看著

畫作。這時蕾德做了簡單的調查，發現約有三分之一的學生記錄了「樹枝」，另外三分之一有看到，但覺得不重要，就沒記錄下來，其餘三分之一則沒注意到這點。蕾德向大家坦承自己雖然看過這幅畫很多次，卻從來沒看到那些東西。

這個「樹枝」的觀察，巧妙地帶領大家進入例程中的「思考」階段。學生必須在這個階段做出解讀，說明自己認為這幅畫想要傳達什麼樣的故事。大家突然熱切地想搞清楚那些「樹枝」究竟是什麼。有個學生突發奇想地表示：「或許那根本就不是女人，那些樹枝可能是魔鬼的腳。」這刺激了大家的思考，另一個學生接著提出佐證：「看她的衣服，裙襬怎麼捲了起來？搞不好那是惡魔的尾巴」。第三個學生回應：「我覺得你說的對，我才在想衣服為什麼會那樣。我怎麼看都覺得奇怪，但又說不出原因。」學生當然不是毫無根據地進行天馬行空的想像，他們知道這是一幅宗教畫，而且就算大部分學生不認識聖安東尼，也大致知道這個關於誘惑的故事。

這次的經驗讓蕾德停下來反思，並體認到觀看的困難。上完課後她想著：「有沒有可能是我們『看』不到（或選擇忽視）自己不了解，或無法解釋的事物？『看』不到不存在我們的想法、信念、價值觀中的東西？」蕾德想要進一步探究這個疑惑，於是她在下一堂課中問學生「看」與「思考」有什麼不同。說得更明確一點，在「看」與「思考」時，他們的頭腦分別在做什麼？有名學生這樣總結：「當我們『思考』時，是在連結自己已知的事物。」這讓大家開始討論我們的信念會怎麼影響我們的觀看，以及真正不帶任何評價去仔細觀察事物有多困難。大家針對後設認知進行一番熱絡的討論，並反思自己的思考後，接著就想了解為什麼有這麼多人遺漏「樹枝」這個重要細節，而靜下心來觀看、不做任何解讀又為何如此困難。

蕾德反思這次經驗，把想法寫成短文〈思考與觀看之疑惑：超越後設認知〉[1]，她提到：

我在接下來的幾年，一直將「看—想—疑」用在十年級和十一年級的歷史課上，並且用這個例程討論各種主題。雖然選用的素材內容不見得都能像《聖安東尼的誘惑》那樣帶出深入的回應，但我通常能成功引導學生去探討「看」與「思考」的心智活動差異⋯⋯我是在清楚了解「看—想—疑」例程所牽涉的心智及認知活動後，才逐漸能靈活地做到這點。「看」指仔細觀察、辨識細節，暫時不做解讀及評斷；「思索」是連結已知事物來解讀細節；在「懷疑」階段，我們必須對各種可能性抱持開放的態度，圖像中可能包含我們無法形成連結的細節，而這些細節對不同時代及文化的人而言，可能具有重要意義。經過這個階段，我們才能對歷史背景進行更廣泛的探索。然而，學生也要知道過度解讀的危險。對藝術家而言，並非所有細節都隱含深層意義，某些視覺元素有時只是美感上的考量。仔細研究其他第一手資料及歷史背景可以幫助我們辨別哪些細節重要，哪些則不重要。有時候，「樹枝」就只是「樹枝」而已！

◉ 放大 ◉ Zoom In

仔細觀察露出的局部圖像。
- ◉ 你看到或注意到什麼？
- ◉ 對於你所看到的事物，你做出什麼推測或解讀？

揭露更多圖像。
- ◉ 你看到什麼新事物？
- ◉ 這對你的推測或解讀有什麼影響？新資訊解開了你的疑惑嗎？改變了你之前的想法嗎？
- ◉ 你有哪些新疑惑？

重複上述步驟，直到露出完整的圖像。
- ◉ 你對這張圖還有哪些未解的疑問？

　　這個例程最早由佩雷拉創造，他是維吉尼亞州費爾法克斯郡的中學老師。後來「第一手資料學習小組」（北維吉尼亞州致力於協助老師運用國會圖書館資源的組織）的邦蒂又加以修改運用。邦蒂希望能以有趣、有意義的方式協助學生運用第一手文件資料來學習歷史。她也替這個例程創造了幾個數位版本，取名為「裁剪它！」本書介紹的則是我們修改過的版本，稱為「放大」。「放大」跟「看—想—疑」一樣著重仔細觀察及解讀，差別在於「放大」是逐次揭開圖像。我們對歷史以及其他學科的解讀多來自手邊的資訊，因此是暫時且片面的，「放大」正是從這個概念發想而來。

· 目的 ·

　　這個例程要求學習者仔細觀察局部圖像，並提出推測。接著提供新的視覺訊息，讓學生再次仔細觀察，並根據新的訊息重新評估自己最初的解讀。

由於學生只能運用有限訊息，因此能夠了解所有解讀都是暫時的，而且可能因為新訊息而改變。反覆提出暫時性推測的過程將讓學生明白，我們不但可以改變自己對某件事的想法，更重要的是，當我們獲得新的，甚至是衝突的訊息，且原本的推測不再成立時，應該要抱持開放且彈性的心態。

每次只呈現一部分圖像的例程能讓學習者更投入選用的素材內容，這往往是直接呈現完整圖像做不到的。學習者必須像個偵探，既能獨自行動，也能與他人合作，以建立意義。

· 挑選適當素材 ·

挑選這個例程的素材時，記住圖像一次只會露出一部分，最後才會完整出現。這表示，只要好好決定一開始要露出哪些部分，你也可以選擇學生熟悉的圖像。無論你想用什麼圖像，都要問自己：「這些不同的部位，是否都傳達了不同的故事？單一區塊是否跟整體一樣有趣？」圖像內容可以是許多人同時進行不同的活動，但你一開始只露出其中一人或一種活動。你可以從複雜的畫作、地質遺跡的照片、資料表、圖表或甚至詩作上選擇要露出的部分。請選擇對你的學科有意義的圖像內容，並導引學生進入學習主題，以確保「放大」例程不只是遊戲。

選定圖像後，仔細考量你每次露出的部位分別傳達了什麼訊息。記住，每次露出的新部位都要為之前揭開的局部圖像增加更多意義，並刺激學生以新的方式思考。想想那些出人意料或是會激發新解讀的細節要在什麼時候露出。接著，利用簡報軟體製作「放大」素材，將各個部分放在不同的投影片上，或者放大圖像，並製作可以分次取下的遮罩，逐步揭開你要呈現的部分。

· 步驟 ·

1. **準備**。展示局部圖像，請學生注意觀看，給學生充分的時間仔細觀察。以「觀察」來展開這堂課，之後再請學生根據看到的訊息提出假設或解

讀。這個步驟可以個別、分成小組或全班一起進行。

2. **揭露**。揭開圖像的其他部分，請學生分享自己看到的新事物，並請他們思考新訊息對先前的解讀或假設有什麼影響。你可以依據選用的素材，問一些比較具體的問題，像是：「你認為這兩人是什麼關係？這段文字給你什麼樣的感覺？你能猜到接下來的資料會是什麼樣子嗎？」你也可以在這個階段詢問學生的疑惑。

3. **重複**。繼續揭露圖像，讓學生繼續解讀，直到圖像完整出現，接著請學生提出任何還沒有解開的疑惑。鼓勵學生針對不同解讀進行討論，並回想看看，新訊息出現後，他們的想法有什麼改變。

4. **分享想法**。跟學生一起討論剛才的過程。請學生分享在這個過程中，他們的解讀是怎麼轉變的。露出的部位越來越多時，對他們的想法有什麼影響？圖像的哪些部分傳遞了特別豐富的訊息，具有強大的影響力？哪些部分的意義比較不明確？如果以不同順序揭開圖像，會有什麼影響？

· 運用與變化 ·

卡維爾在比亞利克學院教授閱讀，他的目標是讓學生投入文本的世界。當他的六年級學生要開始閱讀李存信所寫的《毛澤東時代的最後舞者》時，卡維爾決定運用「放大」例程來協助學生了解小說的背景。他從書中選了一張斯普德薇拉絲的插畫，描繪的是李存信抵達北京火車站的場景。一開始，卡維爾將畫面侷限在男孩獨自站著的部分，不露出任何背景。卡維爾請學生站在男孩的立場仔細觀看圖像，接著他補充了幾個問題，問道：「你感覺到什麼？你看到、聞到、聽到什麼？你注意到什麼？」學生各自寫下自己的答案。卡維爾每揭露一次圖像，就重複這些問題，並要求學生將新訊息整合到自己逐漸勾畫出的場景中。

比亞利克學院的維勒曼希望他的四年級學生能更了解澳洲原住民語言的多元性，於是讓學生連續觀看一系列印在透明片上的澳洲地圖，每次疊上一張，每一張上都有新資訊，藉此引起學生的好奇。維勒曼所做的並不是「放

大」地圖，而是不斷增加地圖資訊，建構出一層層新訊息。他呈現的第一張地圖只有澳洲的輪廓，接著出現越來越多地區，最後才標上每種原住民語言的發源地，這個過程引發了學生的期待感、好奇心，也帶來驚喜。每當學生做出假設，試圖推測地圖內容時，就會出現新的資訊，挑戰他們原先的想法。維勒曼並沒有在一開始就告訴學生所有資訊，而是鼓勵他們在過程中提出假設，並以此營造出刺激感、神祕性。這次經驗讓班上同學了解如何根據有限資訊快速提出假設，而且假設是可以改變的。

・評量・

觀察學生在提出假設時是如何留意細節，以及他們如何用自己所看到、注意到的訊息來證實自己的論點。學生能夠整合新舊資訊來發展新的假設或調整原本的推論嗎？或者他們不願意摒棄原本的看法？學生會參考其他人的想法嗎？還是侷限在自己的思考，堅持己見？他們能反思整個過程中自己的想法是為何、如何改變的嗎？

・小提醒・

「放大」例程沒有限定「揭露」的次數，你可以先規劃好揭露順序，自己試一遍，每揭開一個局部畫面，就問自己看到什麼，畫面呈現出多少訊息、何種訊息。想想這樣做是否能刺激學生思考？本例程的主要目標是培養靈活的思考，因此當學生已漸漸掌握某個情境，或觀察到他們已經學過的東西時，老師應鼓勵學生試著連結到其他情境。接下來的「教學實例」中，老師運用互動式電子白板來呈現圖像及進行揭露。

◉ 教學實例 ◉

　　菲蔓是比亞利克學院的數學資源老師，她常在課堂上運用各種思考例程來協助學生。有些學生之前曾在卡維爾的英文及社會課上接觸過「放大」例程，菲蔓因此產生了興趣，好奇這個例程是否能運用在數學上。

　　菲蔓的其中一個目標，是讓課堂上的五年級學生用更宏觀的角度看待數學，了解數學其實就在生活周遭。她認為或許可以用艾雪的《白天與黑夜》（圖4.2）來嘗試「放大」例程，看看是否能帶動熱烈討論。菲蔓很好奇結果會如何，她說：「這幅圖完整呈現時肯定能吸引學生的目光，但他們能看到圖中的數學元素嗎？還是說，每次只看一小部分是不夠的？」

　　菲蔓首先呈現一隻飛翔中的鳥。她之所以選擇這個部分，是因為她希望學生一開始先接觸清楚且相對明確的物件，這樣才能讓學生專注於

圖 4.2 艾雪的《白天與黑夜》

圖片來源：© M.C. Escher's "Day and Night" 2018 The M.C. Escher Company-The Netherlands. All rights reserved. www.mcescher.com

建立數學連結。菲蔓請學生回想在卡維爾老師的課堂上使用「放大」例程的經驗，她要學生先仔細觀察，花幾分鐘思考，寫下自己看到或注意到的事項，但要記得現在上的是數學課。

學生馬上注意到鳥及矩形。菲蔓問他們認為這幅圖想要表達什麼，並提醒這只是最初的想法，即使只是假設或懷疑也沒關係。學生立刻接二連三地回應：「那可能是一隻被困住的鳥」「世界上大部分的籠子都是矩形」「我想那可能是一隻關在籠子裡的鳥」。約書亞提出一個更深入的看法：「我想這張圖最後會變成一個陣列，鳥的陣列，帶出乘法問題。」瑪恩則連結到形狀上，「我看到一隻鳥。我想老師是希望我們仔細觀察各種形狀，還有這些形狀的組合，因為我看到那隻鳥的頭是圓形，嘴巴是三角形……圖片在一個藍色的長方形中……我還看到一個橢圓形，也就是鳥的身體，另外還有一個不太一樣的三角形……」

每揭露一個新的部分，菲蔓就問學生看到了什麼、他們的想法和解讀有什麼轉變，以及新資訊對他們的假設有什麼影響，或引發了哪些新的疑惑。新的視覺訊息讓討論變得更豐富，觀察也從對鳥的評論轉向以數學語言為主的反應，像是從「那些鳥看起來像是在飛越海洋，因為牠們明顯是在飛，而且角落有一塊看起來像陸地的東西。可能是冬天……或鳥遷徙的季節」。變成「現在看起來比較像錐體（而不是陣列），兩個頂點從中間冒出來了」。

第三次揭露時，學生討論到列、欄、垂直線、水平線及對角線，也有學生提到了因數的概念：「要找出（一個數的）所有陣列，要先找出所有因數……1、2、4 和 8。1 列 8 和 8 列 1，2 列 4 和 4 列 2。」每次學生提出新的想法，都讓菲蔓有機會介紹或修正他們的數學概念。

菲蔓說：「學生竟然看到這麼多數學元素！我很驚訝他們的領悟力竟然這麼好。我們討論了對稱、變換、方向、三角形數、全等、反射、2D 與 3D 形狀等。學生的理解力和連結過去經驗的能力實在太驚人了，我真不想就此打住。」然而，畫還沒有揭露完，就下課了，菲蔓不得不

暫停。

隔天，菲蔓繼續未完成的部分。她先回顧學生之前的觀察，並鼓勵學生進一步思考：「如果我們從這邊看，這些形體會變成白鳥，而從那邊看，就會變成黑鳥。我們要怎麼描述鳥飛行的方向？又要如何以數學語言描述？」

接著，學生討論起垂直線、水平線、翻轉及圖形變換，而菲蔓注意到討論中出現一種學生還不知道名稱的數學概念，於是她介入解釋：「我們現在討論的東西在數學上稱為密鋪，意思是所有形狀緊密結合在一起，沒有一點空隙。這張圖的密鋪是什麼形狀呢？」

圖像完整揭開，學生也做了一番討論後，菲蔓總結這堂課。她問：「如果你是這幅畫的畫家，你會取什麼畫名？記住，我們是從數學的角度探索這幅畫，所以畫的名稱應該涵蓋這個觀點」。學生提出的答案包括「對稱線下的白天與黑夜」「鳥的對稱之眼」「對稱變換」「時光流逝」「鳥的3D深度」「對稱與陣列的把戲」。

「放大」討論總共持續了兩堂一小時的課程。回想這兩堂課時，菲蔓發現了學生對於畫中的祕密訊息感到非常興奮，她提到：「學生很願意去冒險、提出假設或猜測，而且也記得要找證據來證實自己的想法」。但菲蔓也面臨了一些問題，她主要的挑戰是：「我要在每個圖像上花多少時間？」不過菲蔓似乎已經找到答案：「只要足以讓學生發展出足夠的想法，達到我期望的思考程度就好，不要拖太長，以免學生厭倦，或排斥下一幅圖像。」

◉ 想想—疑惑—探索 ◉
Think-Puzzle-Explore

仔細考量剛才介紹的課程或主題。
- **想想**你認為自己對這個主題有什麼了解？
- 你對這個主題有什麼問題或**疑惑**？
- 你會如何**探索**這些疑惑？

　　我們希望設計出一種比「知道—想知道—學會」（最普遍的課堂思考例程）更著重探究及過程，而不那麼事實導向的例程。這個期望促成了「想想—疑惑—探索」的誕生。在「知道—想知道—學會」例程中，我們會問學生：「關於這個主題，你**知道**些什麼？你**想知道**什麼？課程結束後，你**學會**了什麼？」

　　不過，請學生針對某個主題列出他們「知道」的事項，通常會產生問題，學生常會給出錯誤的資訊，或說自己什麼都不知道。在「想想—疑惑—探索」例程中，老師藉由詢問「**想想**你認為自己知道什麼？」幫助學生了解，他們的想法只是暫時且片段的知識，或是有待探索的概念。此外，「你對這個主題有什麼疑惑？」比起「你想知道什麼？」更能推動學生進行更廣泛的思考，深入探究議題，而不僅僅是蒐集事實。例程中的「探索」步驟則接著將學生的注意力轉向探究疑惑的方法。

・目的・

　　這個例程鼓勵學生連結先備知識、保持好奇，並擬定計畫，展開獨立探究或小組探究。老師能藉由「想想—疑惑—探索」了解學生目前對學習主題的理解程度，進而調整接下來的教學形式及架構。這個例程為深入探究奠定了基礎，因此通常安排在課程剛開始的時候。然而，老師也可以在課程進行

4 | 介紹及探索想法的例程
Routines for Introducing and Exploring Ideas

中再次運用這個例程，以引發新的疑惑，並規劃更深入的探究。

這個例程也很適合用於課程的收尾階段。例程的第一個步驟可作為回顧的工具，讓學生看到自己在理解上的進步，並想清楚他們認為自己在當下知道了些什麼。重複「疑惑」步驟可以提醒學生，學習是持續的過程，即使花了相當多的時間及心思探索一個主題，也總是有更多事物尚待了解。

· **挑選適當素材** ·

由於例程本身的性質，學生針對主題提出的疑惑通常很具體。然而，若選擇比較複雜且豐富的主題，就能帶動學生提出沒有明顯答案的問題，並激發有待探索的多重解讀。素材的主題可以是重要的概念、特定的數學主題、當天報紙上的一則新聞，或任何與學生相關且值得更深入理解的事物。

· **步驟** ·

1. **準備**。這個例程有助於形塑未來的探究，常在課程一開始使用，並當作之後比較的基準點，也因此你需要先想好怎麼做紀錄。可以請學生分組記錄，或由你記錄在白板上，或利用便利貼收集學生的想法。

2. 問學生「**想想你認為自己對……有什麼了解？**」提出這個問題後，給學生一點時間去思考、彙整想法，並連結過去的記憶和經驗。你可以請學生分享或簡單記下自己的思考及想法。學生通常會參考其他人的看法，因此當大家開始分享時，就會激盪出新的想法。

3. 問學生「**你有哪些問題或疑惑？**」再進一步問「還有哪些地方值得探索或深入了解？你對什麼感到驚奇？這個主題的哪些事物令你好奇？」推動學生更深入思考眼前的主題。請學生說出，或在便利貼上完整寫下他們對這個主題的問題或**疑惑**。

4. 問學生「**我們可以怎麼探索這些疑惑？**」請學生各自鎖定清單上的某個疑惑，或者你也可以要求全班同學專注在其中幾個疑惑上，並詢問學生該如何進一步探索，你可以問：「你可以問誰？可以從哪裡獲得更深入的資

訊？你如何選擇搜尋的關鍵字？有哪些值得利用的資源？除了搜尋資訊外，你還可以怎麼探究疑惑？你要如何尋找解開疑惑的方法？」

5. 分享想法。若這個例程是團體活動，學生就能共享大部分的想法。若是以小組進行，則可以請各組上台報告，並將重點放在疑惑上。此外，你也可以請學生仔細研究大家的回應，將主題類似或關聯性強的疑惑彙整在一起。接著把學生分成兩兩一組或更多人的小組，請各組選擇最感興趣的問題或疑惑，並規劃探索的方式，最後再跟大家分享，接受回饋。

・運用與變化・

　　比亞利克學院一年級的老師喬吉兒和藝術暨科技老師歐蓓瑪決定在水資源課堂上運用「想想—疑惑—探索」例程中的「想想」與「疑惑」步驟協助學生觀察以水為主題的藝術品，並了解水的用途。在前往維多利亞國家美術館欣賞畫作、圖像與雕塑品之前，老師先花時間讓學生看一些藝術品的照片，並運用例程建立討論的架構。老師每展示一張照片，就問學生：「你認為自己對這有什麼了解？哪個部分讓你感到疑惑或好奇？」喬吉兒及歐蓓瑪也事先約了即將一起參加校外教學的家長，教家長使用這個例程，讓家長知道學生先前的回答，並鼓勵家長在美術館跟學生進一步討論。進入美術館後，老師發給每名同學一個板夾，上面的照片上有他們將看到的作品，以及能夠引導他們探索的問題。學生對例程已經相當熟悉，因此能熱烈討論自己的想法及疑惑。

　　同樣在比亞利克學院，格蘭絲與五年級學生針對領導力進行廣泛的探討之後，很想知道這些學生現在對於領導力有什麼想法。格蘭絲也很想讓學生了解，領導力不只是研究主題，即使課程「結束」了，還是有許多值得探索之處。她選擇「想想—疑惑—探索」例程來當作回顧工具，了解學生認為自己現在對領導力有哪些認識、出現什麼新的疑惑，並讓學生思考如何繼續學習。

・評量・

傾聽、閱讀及（或）記錄學生在例程第一部分「想想」的回應，這讓老師有機會了解學生對學習主題有哪些錯誤觀念。教學時若要讓學生形成理解，就必須先修正這些錯誤觀念。第二部分「疑惑」讓老師了解學生想要進一步探索哪些想法。請觀察學生能否提出值得探索的問題，並表現出對主題廣泛的好奇心，而不只是蒐集事實。這些通常需要一點時間去培養。不過這不表示我們應該阻止學生提出有確切答案的問題，只是學生需要透過更廣泛、更開創性的問題來增進理解。「探索」步驟則提供機會，讓老師了解學生安排探究計畫的能力。

・小提醒・

「想想—疑惑—探索」例程與「知道—想知道—學會」例程有類似的目標，看起來雖然只有細微的不同，然而，老師的用語會影響學生的思考。用詞的選擇雖然只有些微變化，卻會對學生的回應方式產生巨大的影響。詢問學生：「你對於……知道些什麼？」會立刻讓對這個主題較沒信心的學生卻步，然而「想想你認為自己對……知道些什麼？」卻能讓學生願意嘗試回應，知道自己不用提出絕對正確的回答，只要有一些相關的想法就可以。這種提問讓學生感到放心。同樣的，討論學生的疑惑及提問，可以鼓勵學生提出更開放的問題，並維持他們的好奇心。

老師一旦熟悉這個例程及其用語後，便能靈活運用。老師只使用其中一道步驟的情形並不罕見。例如，在新聞報導中讀到不熟悉的事物時，問學生：「想想你認為自己對……知道什麼？」可以帶動成效良好的討論。或者，老師也可以在教室內貼一張大海報，讓學生持續寫下他們對該主題的疑惑及好奇，這有助於更深入的探索，並進一步引發學生的興趣與好奇心。

有些老師對例程中的「探索」步驟比較沒把握，這可能是因為他們不習慣讓學生自行規劃並主導研究，但這正是學生應該在這個步驟做的事情。若要培養學生這方面的技能，你可以先讓全班同學一起擬定計畫去進行某項

探索，當作示範。這麼一來，規劃的過程就變得可見了。如果學生在「探索」步驟的唯一回應是「上網查資料」，你可以鼓勵他們進一步思考「哪些訊息來源是可信的？應該要用什麼關鍵字？要怎麼判斷報導的內容是否正確？除了網路，我們還可以問誰？」若要推動學生再進一步思考，你也可以問：「如果我們無法在書上或網路上找到可信的資訊，該如何靠自己找出答案？」

◉教學實例◉

當比亞利克學院的班薩爾準備向她的二年級學生介紹「時間」的概念時，她決定從這個問題開始：「想想你們認為自己對時間知道些什麼？」班薩爾說她之所以選擇「想想—疑惑—探索」這個例程，是為了「激發學生對時間概念的先備知識及好奇心。我希望這個例程能讓每個學生都敢於說出自己的想法及好奇」。

班薩爾接著說明她進行例程的方式：「我把學生分成四到五人的小組，在每張桌上放一大張紙和幾支筆。請學生花一點時間在紙上的『想想』欄位寫下他們對時間的概念及想法，接著跟全班同學分享。接下來我問學生對時間是否有任何好奇或疑惑，並請他們寫在『疑問』欄位的便條紙上。我在黑板上彙整學生的想法，好讓全班都可以看到，這有助於引發學生的回應。接著，我跟全班同學一起討論我們可以怎麼以小組或個人的形式進行探索。」表 4.1 為學生的回應。

無論在內容上、理解程度上或複雜度上，學生對於「時間」的想法及疑惑都有極大的差異。學生提出的主題包括鐘錶運作的機械原理、各種計算時間的方式、時間的角色及重要性等重要哲學問題，以及時間的本質這類大哉問。學生的回應遠超過「報時」的基本意義及方法。因此，班薩爾對即將教授的課程有了全然不同的想法。

班薩爾在傾聽、觀察學生的所有回應後，調整了她的課程規劃。除

表 4.1 二年級學生對於時間的想法與疑惑

·想想你認為自己對時間知道些什麼？·	·你對時間有什麼疑惑？·
<ul><li>時間就是白天和黑夜，或是早上和下午。你可以在時鐘上看到時間，一天有 24 小時。時間也是時間表。太陽升起的時候是早晨，月亮升起的時候是晚上。</li><li>有數字或指針。有睡覺時間、午餐時間、早餐時間。有白天與黑夜、日落、秒和分鐘。</li><li>時間可以走得很快，也可以走得很慢。沒有人知道時間是怎麼創造出來的。如果時間停止，連最細微的東西也不會動。</li><li>有電子時間。有秒。有白天，有黃昏。有小時和分鐘。</li><li>一天有 24 小時。睡覺時間、白天和遊戲時間。還有幾點鐘。</li><li>樹木長大需要時間。有晚餐時間。</li><li>我想到時間的時候，我想到自己怎麼長大、做乘法運算、覺得無聊、等待、睡覺時間、電腦、玩具，就像我長大了不喜歡小時候的玩具，想要新玩具、上學時間、小時和數字、日出和日落，還有歷史。</li></ul>	<ul><li>誰發明了時間？</li><li>時間是怎麼創造出來的？</li><li>你能讓時間倒退嗎？</li><li>沒有時間的話，我們要怎麼辦？</li><li>第一個時鐘是什麼時候創造出來的？</li><li>為什麼時間叫做「時間」？</li><li>什麼是類比時鐘？</li><li>一棵樹長大需要多久的時間？</li><li>時鐘怎麼知道什麼時候要響？</li><li>時間為什麼重要？</li><li>長針和短針是怎麼移動的？</li><li>是誰想到「時間」這個詞？</li><li>我想要了解數字、時間和時鐘。</li><li>我很困惑，我一點也不了解時間。</li><li>手錶是誰做的？</li><li>如果沒有時間，會怎麼樣？</li></ul>

了學會看時間這個基本的課程目標之外，新的課程還涵蓋學生提出的各種問題，包括時間的歷史、重要性及人類對時間的需求等，這堂課因此有了許多成果豐碩的討論。班薩爾決定讓學生以興趣分組去分別探索各小組的疑惑，其中一組研究鐘錶的內部，另一組則研究時光機的設計。學生一方面學會了基本的秒、分、時，以及看時間的方法，另一方面，全班同學對於時間的理解也豐富許多。

班薩爾回想這個例程對教學方法的影響，她說：「我過去在教時間的數學面時，總是以課前、課後測驗為主，這麼做只評量了學生達到課程目標的程度。當我自己在學習『想想—疑惑—探索』例程時，這整個過程很吸引我，這個例程讓我更了解孩子對主題的理解程度，以及學生可以怎麼更深入探索這個概念。」

班薩爾發現學生對課程的投入程度也跟以往大不相同，「我很驚訝有些學習困難的學生也很樂意分享他們的想法，這跟他們以往被動的學習態度很不一樣。在我們思考、探索及學習的過程中，孩子們都很踴躍且投入。讓學生的思考變得可見，孩子便能看到自己的學習軌跡，過程中也充滿各種經驗，像是讓孩子有機會聆聽、互動、期待、分享、提問、冒險以及尊重彼此的想法。」

◉ 筆談 ◉ Chalk Talk

仔細看寫在海報紙上的主題或問題：
◉當你在思索這個想法、疑問或問題時，腦海裡想到什麼？
◉你可以怎麼連結其他人的回應？
◉當你在思考這些觀點以及其他人的回應與意見時，你有什麼疑問？

我們身為老師，通常想要確保所有意見都有機會提出來，並讓所有學生投入學習。然而，讓團體中的每個人都有足夠的發言時間有時也是一種挑戰。狐火基金會的史密斯設計出筆談，幫助學生以非線性的方式探索想法，解決上述挑戰。這個例程是一種在紙上安靜進行的「對話」。筆談雖然有時候被視為**協約**，卻是讓思考變得可見的有效工具。這個例程的架構簡單，著重反應、連結及疑問，正好吻合思考例程的定義。

・目的・

這個例程要求學生靜靜寫下對於提示及他人想法的回應，藉此思考各種想法、疑問或問題。這種「安靜的對話」給學生時間去進行完整且不受干擾的思考，讓學生自己決定何時準備好要接觸他人想法並做出評論。這提供了更彈性的空間，讓學生以非線性的方式，從一個想法轉移到另一個想法，整理腦中浮現的疑問，並從容地思考大家提出的資訊。筆談強調透過彼此合作來形成理解，為了達到這一點，過程就包括提出想法、互相提問，並進一步發展想法。這種開放及探索讓學生很容易入門。此外，由於評論不具名，這種匿名性也讓一些學生更願意冒險並提出自己的想法。

・挑選適當素材・

老師可以選擇與學習主題相關的單字或句子當做筆談的提示，但問題通常能引發更豐富的討論及互動。單字或標題可能會讓學生提出他們對這個主

題的了解,但僅止於此,而問題則能激發更多想法與思考。構思問題時,選擇可以激發多元觀點與回應的問題。例如,復仇與和解之間有什麼關聯?我們如何了解目前的實際情況?我們應該接受基因複製嗎?別害怕提出有爭議的主題、問題或疑問。筆談提供了安全且平和的環境,讓我們得以討論那些較難當面討論的問題。你也可以選擇其他類型的提示,像是與主題相關的重要概念、先前討論提出的問題、文章的重要摘句。在大團體中,你可以選擇多個與主題相關的問題。

筆談也可以用來回顧。想想你希望學生進一步反思哪些問題、主題,或學習的片段。例如,這個單元中,最讓你驚訝的是什麼?這個主題中,哪個部分是你比較無法掌握的?你最希望進步的是哪個部分?針對這個主題,你有什麼技巧可以跟大家分享?你怎麼知道自己真的了解某個事物?

・步驟・

1. **準備**。在教室各處的桌上擺放大海報紙或壁報紙,並在每張紙上分別寫下不同提示。把筆放在桌上或發給學生。決定是要把學生分成小組,或讓學生在教室裡自由走動。若以小組方式進行,決定要給學生多少時間進行第一輪筆談。

2. **公布筆談的提示**。讓學生思考自己對提示的反應,並把各自的想法與疑問寫在紙上。鼓勵學生閱讀其他人的想法,並補充評論及疑問。

3. **傳閱**。讓學生花一些時間傳閱海報紙,閱讀上面的提示與回應,並加上各自的想法或評論。若以小組進行,請各組在每張海報紙上花 5 分鐘進行紙上對話。接著讓小組輪換海報紙,請學生安靜閱讀紙上的內容,並加入各自的回應及疑問。這樣的輪換方式,通常可以幫助那些無法突破思維的小組,將新的想法帶入「對話」中。

4. **啟發**。小組在閱讀時,你可能需要提示學生可以做什麼類型的回應,例如:連結各種概念、進一步闡述其他想法、回應他人寫的內容、請別人補充細節等。老師當然也可以示範如何回應他人的評論與疑問,或提出新

的見解與懷疑。活動快結束時，提醒學生還有多少時間可以回應。

5. 分享想法。若以小組方式進行，讓各組回到一開始的位置，並閱讀其他人在「他們」筆談的紙上所寫的內容。若同時進行多個筆談，給小組足夠的時間閱讀每一段談話的內容。問各組同學有沒有發現任何主題？有哪些相同的問題及回應？有哪些出乎意料的疑問？簡單討論整個過程，詢問小組的思考在筆談的例程中有什麼轉變。

・運用與變化・

瓦里杰克是密西根州法蘭肯慕斯城李斯特小學的體育老師，他運用筆談協助二年級學生回顧保齡球課程。瓦里杰克將學生分成四人小組，並在體育館設置幾個站。小組成員一人擔任保齡球員，一人擔任球瓶擺放員，一人負責拿回保齡球，最後一人則回應筆談的提示。每個學生都會輪流擔任不同角色，直到所有學生都輪過一次。接著整個小組輪換到另一站，除了筆談的提示不同，其餘設置都一樣。為了讓學生思考他們的學習，瓦里杰克選擇了下列提示：球員丟出保齡球之前，發生什麼事？你最擅長保齡球運動的哪個部分？你打保齡球的方式有什麼改變？你如何瞄準？

欣格是比亞利克學院七年級的英文老師，她在課程一開始的時候，跟全班同學一起討論「幽默」。討論過程中，她注意到學生提出一些重要問題，像是「如果你覺得某樣東西不有趣，你有幽默感嗎？」「性別、國籍、外表或殘疾適合拿來開玩笑嗎？」「幽默感是可以學習的嗎？」「為什麼幽默很重要？」接著她請學生分成幾個小組，每組針對一個疑問進行筆談。

詹寧斯任教於密西根州聖查爾斯小學，你可以在影片中看到她與二年級學生正在進行筆談（學生將「筆談」改名為鉛筆談話）。詹寧斯用這個例程幫助學生認識植物。詹寧斯也分享了她在學期間使用筆談及其他例程的經驗，這些思考例程改變了學生談論及探討想法的方式，而她的學生也經常運用他們從中學到的更精確的思考語言。

・評量・

　觀察學生有沒有針對筆談的提示做出適切的回應。學生的意見是否與主要概念相關，或者只有薄弱的連結？學生能不能提出自己的想法，展現原創思考，或者只是附和他人的回應，缺乏自信？他們提出的問題是否反映主題的核心與本質，或是偏離主題？學生如何回應其他人的想法？是否採納他人的觀點及懷疑來建立自己的理解，或是覺得很難整合別人的想法？

　如果學生的回應看起來很生硬、有限，想想這個提示對學生的思考可能會有什麼影響？提示的內容是否太過狹隘？是否較著重在已知事物，而不是鼓勵學生與他人的想法互動？

・小提醒・

　進行筆談時，學生可以用自己的筆，也可以在移動時拿起桌上的各色麥克筆。如果學生希望匿名，可以更換麥克筆的顏色。此外，如果你想追蹤特定的思路或特定學生的回應，可以由你來分發麥克筆，好讓每個學生在過程中都使用同一種顏色的筆。

　雖然筆談是圍坐在桌邊或站在黑板前進行（因此原文叫做「粉筆談話」），但也可以採取輪流的方式，讓學生在桌子周圍移動，讀完內容就離開。走動可以限制談話，或避免學生因為被要求站在或坐在某個地方而煩躁。此外，很多人發現，學生看完評論後就走開反倒有時間思考讀到的內容，再回來時，便能回應那則評論。

　時間是筆談的關鍵。老師必須控制並思考學生需要多少時間反思、閱讀及回應，但不至於無聊。例如，成人通常可以在 5 分鐘內進行效果不錯的筆談，接著最好再給他們 5 分鐘換位置、閱讀並回應另一組的想法。不過，較年輕的學生可能需要較長的閱讀及書寫時間。

　筆談使用的海報紙可以放在學生接下來幾週看得到的地方，以便學生複習那些想法，必要時也可以寫上新的回應。筆談也可以由一堂課開始，延續到下一堂課，給學生更多時間思考較複雜的主題及議題。

◉教學實例◉

比亞利克學院的卡普蘭讓她的四年級學生觀看一支影片,內容是1960年代第一枚太空火箭發射的片段,她藉此向學生介紹太空探索的概念。卡普蘭要求學生看過之後想一想紀錄片「有哪些特別之處」。討論很熱絡,太空探索有三方面非常吸引學生:(1)第一個上太空的生物是猴子。(2)國家間的太空競賽。(3)太空探索的花費。

卡普蘭認為這些主題都很值得深入探討,因此,她希望給學生多一點時間思考這些想法,以增進他們對太空探索的理解。卡普蘭表示:「我決定運用筆談例程,讓學生有機會釐清並思考討論中產生的『重要概念』」。她認為這個例程的無聲性質能讓學生不受干擾,並有足夠的時間想清楚他們的看法,也能退一步了解並思索其他人的想法。卡普蘭很清楚兒童需要走動,而這個例程的優點就是讓學生在寫上問題的海報紙之間遊走。

卡普蘭花了些時間思索要寫在海報紙上的提示。她發現自己對於太空探索的花費有非常強烈的主觀看法,因此決定要「留意任何可能不經意出現的偏見」。她在四年級老師的會議中與其他老師討論這個問題,參考了同事的建議,最後設定出一個概括性的提示:「你對……有什麼想法、看法、問題與疑惑?」然後附加三個子提示:(1)「在送太空人之前先送動物上太空?」(2)「政府花了這麼多錢?」(3)「太空競賽?」

卡普蘭把這些疑問寫在海報紙上,並將海報放在排好的桌子上,好讓學生能夠聚集在桌邊,自在地動筆記錄或閱讀回應。學生可以隨意在三張桌子間走動,思考每個疑問並提出意見。桌上也放了彩色奇異筆。

卡普蘭估計筆談將持續10–15分鐘,但她還是仔細觀察學生的投入程度,以決定是否要延長時間。她很驚訝學生對每個疑問都有很多話要說,而且學生對閱讀及回應他人的意見很感興趣,這個活動後來持續

了將近一小時。在這期間，學生一邊安靜在桌子周圍走動，一邊思考問題、寫下想法、形成連結、同意或反對同學的意見。學生都非常投入，沒有出現聊天或不當行為。卡普蘭說：「看到學生對這些重要問題如此感興趣，我真的很驚訝。」

筆談結束後，班上同學一起仔細閱讀海報紙上的各種想法（圖4.3及4.4）。這樣的檢視讓學生了解討論的核心主題，以及大家共同關心的問題與想法，這又引發另一場討論。卡普蘭說：「筆談可說是『機會平等時間』。這個例程讓平常因各種原因而不敢發言的學生有機會加入一場相當豐富但無聲的對話。我真喜歡例程的這個部分。」

圖4.3 四年級學生的筆談：太空競賽

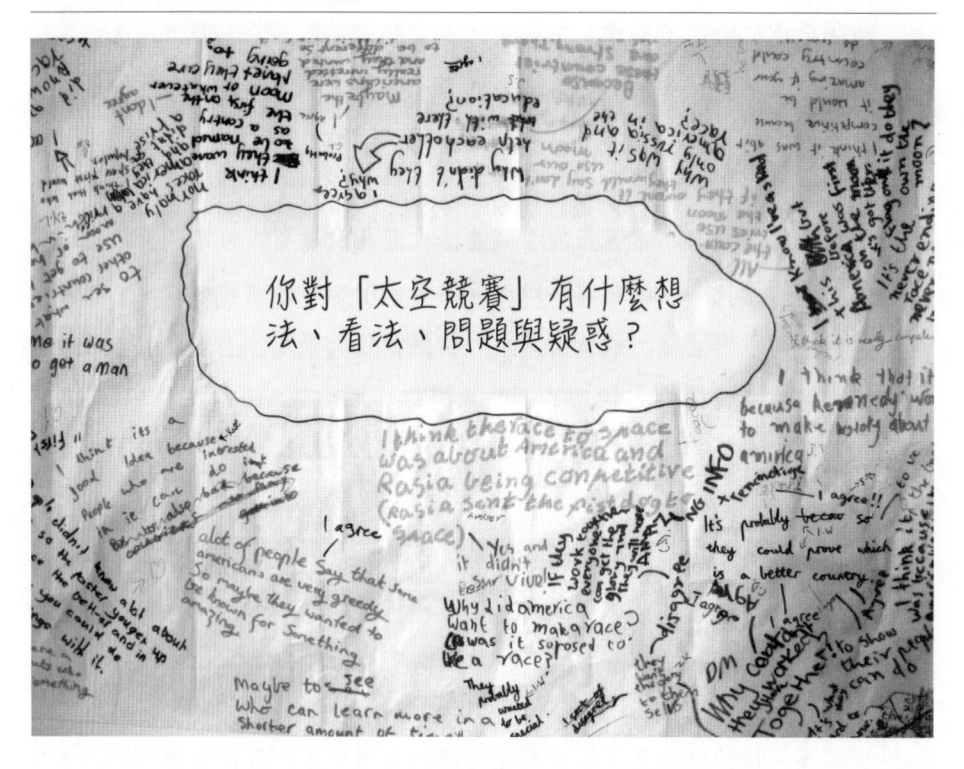

4 | 介紹及探索想法的例程

圖 4.4 四年級學生的筆談：在送太空人之前先送動物上太空

◉ 3–2–1 橋接 ◉ 3-2-1 Bridge

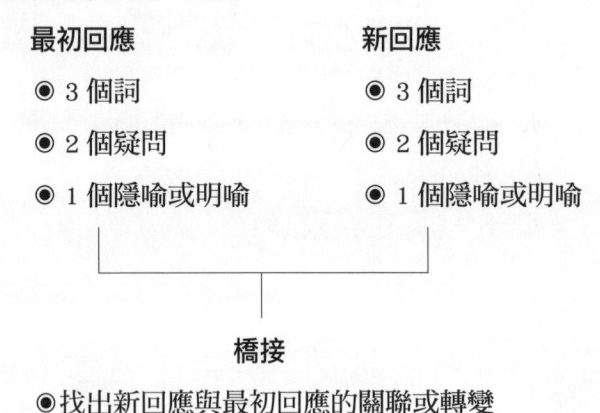

思考主要概念或主題，列出：

最初回應
- ◉ 3 個詞
- ◉ 2 個疑問
- ◉ 1 個隱喻或明喻

新回應
- ◉ 3 個詞
- ◉ 2 個疑問
- ◉ 1 個隱喻或明喻

橋接
- ◉ 找出新回應與最初回應的關聯或轉變

　　老師通常會藉由揭開學生對新主題的先備知識，來開啟對該主題的探索。我們就是想做到這點，才設計了這個例程。然而「3-2-1 橋接」的作用不只是了解學生可能已知的事實，更著重以用詞、疑問或連結來探討個人與主題的關係。例程中的「橋接」步驟，就是用來協助學生連結先備知識、疑問、理解，以及在上課期間形成的新想法。這樣的過程可以幫助學生感受到自己的學習。

・目的・

　　「3-2-1 橋接」例程第一步的目的是在學習開始之前，觸發學生原有的知識。透過三個詞，讓學生想起對主題的基本認識，兩個問題則進一步讓想法更深入。最後的隱喻或明喻則用來了解學生對主題或問題的理解及概念。

　　學生有了初步想法之後，先不做任何討論，把想法放在一旁，老師直接開始上課。一開始的學習活動可以很短，例如讀一段短文或看短片，也可以很長，像是為期一週的實驗或其他研究。經過最初階段的學習，學生對主題的想法應該已經更深入，且轉往新的方向。這時讓他們回到例程，重複3-2-1 的步驟。學生在這個階段最重要的思考活動是評估自己當下對主題

的想法與理解，並整理出新想法。

例程最後的「橋接」步驟，目的是幫助學生了解並講出自己新學會的事物和進步。這有助於學生發展後設認知的能力，也就是退一步檢視自己思考與學習的能力。在「橋接」步驟，學生會回顧最初的回應（有時以雙人小組進行），並反思這些第一印象與目前對主題的看法有何不同。

· **挑選適當素材** ·

這個例程適用於所有學生都對主題或概念有一些先備知識的情況。學校的許多課程單元都符合這樣的條件，例如：星球、棲息地、代數、保育、地圖、侵蝕、童話等。如果有部分學生完全不知道某個主題或沒有相關知識，就不適合選擇這個例程。

第一次「3-2-1」之後的教學活動相當關鍵，決定了這個例程能否發揮效用。想想你要怎麼引導學生朝全新且不同的方向思考，擴展他們的想法。如果想把這個例程應用在「分數」課程上，但教學期間卻只複習過去的知識與技能，這個例程可能不會產生效用，這麼做不會改變學生對主題的思考。如果例程期間沒有引入任何新想法，效果將非常有限。教學應具有啟發性、引入新資訊、呈現不同觀點、挑戰學生思考，才足以拓展及深化學生的理解。

· **步驟** ·

1. **準備**。決定你希望學生如何記錄他們的回應。學生完成第一輪「3-2-1」之後，要經過一段時間才進行回顧，因此你得確保他們不會忘記自己的回答。學生可以將回應寫在筆記本或由你保管的學習單上。盡量以簡單直白的用語向學生說明主題或概念。

2. **列出三個詞**。請學生列出他們想到該主題時，腦中最先浮現的三個詞。告訴學生不需要想太久，這不是考試，你只是想了解他們對這個主題有哪些立即的聯想。

3. **列出兩個疑問**。請學生針對主題寫下腦中最先浮現的兩個疑問。同樣的，提醒他們只要提出最淺顯的疑問就好，不需要太深入思考，你現在只是想了解他們最初、最表面的想法。

4. **請學生舉出一個隱喻或明喻**。請學生為這個主題想一個隱喻或明喻。你可能需要用這種修辭特有的語言簡單說明那是什麼，例如「星球是……」或「星球就像……」你可能也需要先做示範。提醒學生隱喻及明喻只是在連結、比較某些具有共同重要特徵的事物。

5. **教學**。你可以選擇影片、文本、圖像、故事或實驗，只要能夠傳達新資訊即可。這個步驟沒有時間限制。大原則是，你的教學必須有充足的內容，推動學生在原先的理解之外進行思考。

6. **進行第二次 3–2–1**。重複步驟 2–4。這次請學生根據教學過程所得到的啟發，選擇相關字詞、疑問及比喻。

7. **分享想法：橋接**。請學生跟同組的夥伴分享他們兩次 3–2–1 的回應。分享時，兩人應比較現在和過去的想法，討論有哪些轉變。向學生重申他們一開始的想法並沒有對或錯，只是一個起點。以班級或小組為單位，找出新的想法，或是想法上的轉變，試著捕捉重大的轉變或變化。某些情況下，針對比喻進行更詳盡的討論會很有收穫。

・**運用與變化**・

比亞利克學院的卡維爾把「3–2–1 橋接」當作六年級學生閱讀課的固定活動。卡維爾一開始請學生針對書名進行第一次的 3–2–1。學生最初的問題通常比較籠統，而且比較像是在提出懷疑，例如「我在想這本書會不會是懸疑小說？」相較於真正的隱喻，他們的比喻通常只是基本的連結或比較，例如「我想這本書應該會跟……很像」。接下來，卡維爾把書的每個章節當作教學內容，學生在每一章都會做一次 3–2–1，討論他們用該章節提供的訊息做出哪些連結，以及他們現在對這本小說的理解。

坎妲是比亞利克學院的猶太學老師，她每年都在教授同樣的宗教節慶時

遇到挑戰。她覺得學生沒有興趣而且總是想著「又來了」，坎妲發現「3-2-1 橋接」例程能作為某種形式的課前評量，展現學生當下對節慶的了解，並讓坎妲知道之前的教學。接著她挑選教學素材，素材內容不僅要提供新資訊，還要有挑戰性和吸引力，讓學生以新的角度思考。以這種方式運用「3-2-1 橋接」，讓坎妲不得不去尋找主題中的新事物。坎妲發現這麼做可以喚起學生的興趣及好奇心。學生在例程第二輪及橋接步驟的討論，不論是想法、疑問或比喻都有顯著的轉變。坎妲也發現學生的比喻可以當作評量的標準，讓她明白學生是否理解節慶的核心精神與意義，而不是只知道人們如何慶祝。

·評量·

　　課程開始時進行的第一次 3-2-1 是相當有效、簡單的課前評量，讓老師了解學生對主題的理解程度。有效的教學應以此為基礎展開，而不是重複既有知識。一位負責「職涯研究」課程的中學老師初次運用這個例程時，驚訝地發現學生一開始提出的疑問及比喻就非常豐富且進階，他原先的教學計畫似乎沒有涵蓋任何新資訊，這讓他決定重新思考過去規劃課程的方式。

　　運用 3-2-1 當作課前評量需要注意一件事。學生一開始必須快速回應，才能捕捉他們腦中最快浮現的想法，因此最好不要太深究那些較差或較表面的回應，特別是字詞及疑問的部分。「比喻」需要較多的時間及思考，因此通常可以看出學生的理解或誤解。布魯塞爾國際學校的弗里奇在教授消化系統的時候發現，她的五年級學生在第一輪做出的比喻都是長條狀，像是步道、馬路、河流等。她接著仔細觀察學生在上完三個禮拜的課後有什麼轉變，學生後來列出的比喻包括手錶、工廠、假期。這些新的比喻在本質上較具有互動性與系統性。經過一段時間的教學，再重複 3-2-1 步驟，讓老師了解學生是否能夠快速把新訊息整合到自己的想法中。

　　課程即將結束時，學生會認為自己對某個主題已有相當程度的了解，此時使用這個例程能引起學生更大的好奇。此外，透過老師的教學，學生會發

現每個主題都有新奇且令人驚訝的層面。觀察學生在例程第二或第三輪提出的新疑問是否反映出學生的好奇心及投入程度，這些疑問能不能繼續推動學習，並觸及更深層的問題，幫助理解學習的主題。

・小提醒・

雖然這個例程建議使用隱喻及明喻，但類比也有相同效果。然而，視學生的年齡及經驗，有時可能需要先教導學生怎麼類比。有些老師在教年紀非常小的學生時發現，提供大量範例且經常示範如何使用比喻及類比相當有用。有些老師則強調比喻修辭建立連結的特性，甚至會這樣引導學生：「寫下這個主題跟其他事物的關聯或比較。這讓你想到什麼？」

第一次 3-2-1 之後所選擇的教學內容是這個例程的關鍵。因此，老師應該問自己：「我要如何將學生的學習帶往嶄新且不同的方向？這個主題有什麼有趣的角度、層面或新發現值得我跟學生分享，並令他們感到驚奇？」你也可以考慮和同事討論教學內容，並一起從熟悉的主題找出新奇有趣的素材。

「橋接」或討論學生回應的變化及轉向都是這個例程很重要的部分。這讓學生有機會運用後設認知。為了更容易達到這一點，請學生跟自己的夥伴或小組討論彼此的回應。我們常因為當局者迷而忽略自己回應中的某些部分，需要旁觀者提醒。例如，這個例程第一個提到的詞通常是名詞，原因是人們通常會說出跟主題相關的事物名稱。在豐富的教學指引後，學生聯想到的詞往往變得較多元，而且會出現較多動詞或形容詞。

◉ 教學實例 ◉

比亞利克學院的三年級學生正在認識自己所在的城市。老師米勒希望學生能更了解墨爾本的文化多元性，以及移民在形塑這個城市的過去與現在時所扮演的角色。「墨爾本居民」便成了這堂課的主軸。米勒要求學生寫下跟「墨爾本居民」有關的三個詞、兩個疑問及一個比喻，在這之前，全班已經針對這座城市的地理及歷史進行了許多討論。許多學生回應自己的父母及祖父母就是澳洲移民。

當時，有許多難民在惡劣的條件下搭著小船抵達澳洲北岸，澳洲媒體也正在報導難民問題。米勒認為這個教學機會或許能讓學生更深入了解墨爾本居民，因此她決定探討這個複雜的問題。

米勒以閱讀阿富汗難民營的文章來展開新課程。許多學生立刻就連結到他們聽到的新聞報導，並提出很多有關難民的疑問。米勒也邀請同事朵爾薇琪到課堂上演講。朵爾薇琪每週都到難民庇護中心當義工，相當同情難民的遭遇。朵爾薇琪跟學生描述她在收容中心的經驗，以及難民的故事。學生全神貫注並提出許多疑問，像是「如果妳是澳洲的難民，妳有機會擺脫難民的身分嗎？」「那裡像旅館嗎？」「在那裡（收容中心）出生的嬰兒算澳洲公民嗎？」「妳說收容中心像監獄，如果他們沒做錯什麼，那裡為什麼會像監獄？」

這樣的討論持續了好幾週。學生帶來關於難民的剪報，也跟父母及祖父母聊了家族史以及墨爾本移民的社會處境。過程中，學生一直很想了解收容中心裡難民家庭的困境。

米勒請學生再一次寫下關於墨爾本居民的三個詞、兩個問題及一個比喻或類比。這次學生的回應（尤其是比喻部分）顯示出他們如何盡力理清難民問題的複雜性：

- 難民就像想要逃離狐狸的兔子。
- 難民就像想躲開牆上貓咪的小鳥。
- 難民就像風。
- 難民就像鳥。
- 我想難民很寂寞。難民就像嗷嗷待哺的狗。
- 總理有多富有,難民就有多貧窮。
- 難民是無家可歸的流浪漢。
- 難民為了尋求安全而逃離。
- 難民為了逃離生活,離開了家園。

學生的理解程度出乎米勒的意料之外,也很意外這個例程能夠以清楚且結構明確的方式協助學生專注於重要問題。學生的體悟及同理心清楚可見。這個例程提供架構,讓學生有效整理自己的想法。這也讓米勒思考自己過去教導學生認識墨爾本的方式跟這次的經驗有多麼不同,以及她多麼讚賞學生對這個主題的深度探索。

◉ 羅盤方位點 ◉ Compass Points

思考你眼前的想法、疑問或主張：

　　E 東方 = Excitements 興奮。你對這個想法或主張的哪個部分感到興奮？好的一面是什麼？

　　W 西方 = Worries 擔心。這個想法或主張的哪個部分令你擔憂？壞的一面是什麼？

　　N 北方 = Needs 需求。對於這個想法或主張，你還需要了解或挖掘什麼？

　　S 南方 = Stance 立場、Steps 步驟或 Suggestions 建議。對於這個想法或主張，你目前的立場或意見是什麼？在評估時，下一步應該做什麼？你現在有什麼建議？

　　當我們專注於做決策時，就會用到這個例程。這個例程的概念是，在我們為新的嘗試、政策或主張做出相關決定之前，必須先分析當下情況的優劣條件，找出需要進一步研究的部分。然而，這個例程不單是權衡利弊得失的清單，也要求「決策者」在一開始先確認提案的哪些部分讓他們興奮、哪些令他們擔心，接著找出需要進一步了解的部分，才能繼續前進。有了**興奮**、**擔心**、**需求**之後，我們就找出了羅盤上的東、西、北三個方位，因此將注意力轉向「南」。我們最初的目的是協助決策者專注於過程，而不只是結果，因此羅盤上的「南」就成了前進的最後一步，包括確認「立場、步驟或建議」。雖然這個例程很適合用於做決策及評估提案，但老師也發現這個例程還有更多用途，如以下說明。

‧ 目的 ‧

　　「羅盤方位點」能讓學習者從不同的角度考量一個想法或主張。以多元觀點探究問題，並找出需要更多資訊的部分，可避免我們倉促下判斷。當我

們非常熱中於某個想法時，思考自然會受個人反應影響，很容易專注在那些令人興奮的事物上，而無法看得更深。這個例程並不否定這樣的興奮，但也促使學生思考可能需要擔心的部分，讓思考較為平衡。接下來的步驟則是「召喚行動」，學生必須仔細想想他（她）需要知道些什麼，然後提出建議，以便繼續前進。

找出「你需要知道什麼」常是這個例程最複雜的步驟，這需要運用反思來思考自己已經知道什麼，並加以分析，找出不足的地方，然後提出疑問，找出答案來填補不足之處。某些情況下，比較好的作法是給小組多一點時間，讓成員好好思考從前三個提示得到的想法或答案，然後再請他們找出「立場、步驟或建議」。

・挑選適當素材・

「羅盤方位點」適合用於兩難的主題、想法、主張，或大家各持己見的時候。當一群人執著於自己的觀點，難以思考大局，需要某種架構協助時，也可以使用。「羅盤方位點」的功用是審視主張，而不是辯論問題（這有其他適用的例程），因此必須清楚界定各方立場，才能把爭論的問題或有待探索的事件攤開來。例子包括：「取消服裝規定」「即將舉辦的校外教學」或「進行獨立研究計畫」。

・步驟・

1. **準備**。擬定問題、事件或主張，並對學生公布。如果是新主張，開放學生提問，以確保他們對主題有一定了解。在教室牆壁上貼四張大海報，代表四個羅盤方位，在海報上分別標明 E、W、S、N 四個方位，以便記錄。或者也可以把主張寫在白板上，在主張周圍寫上四個方位點。發便利貼給學生，讓學生寫下自己的想法。

2. **找出興奮之處**。問學生：「這個想法或主張的哪個部分讓你興奮？有哪些優點？」給學生時間思考、書寫，並將便利貼黏在 E 的位置上。如果學

生困在自己的立場中，你可以問：「有什麼可能會令人們興奮？」

3. **找出擔憂之處**。問學生：「哪個部分讓你擔心？你有什麼顧慮？有什麼不利之處？」學生寫好後，請他們貼上自己的想法。

4. **找出需求**。問學生：「你還需要知道並蒐集哪方面的資訊，才能更了解這個問題，或為事件做好準備？」

5. **徵求立場、步驟或建議**。視問題或事件，給學生適當的指示，例如請學生選擇某個立場、整理接下來的行動步驟，或提出建議以改善現況。

6. **分享想法**。請學生閱讀其他人的意見，這可以每個階段都進行一次，或最後再進行。不過一般來說，必須等到大家都知道其他人贊同什麼、擔心什麼，才會出現較令人滿意的「需求」及「步驟、立場或建議」。請學生分享E、W、S、N各自的重點。大家的回應是否有共同之處？多花點時間在能夠幫助繼續前進的「建議」上，並至少依據其中一些建議擬出行動計畫。

・運用與變化・

上述步驟適用於全班一起進行的情況，讓團體的思考變得可見，並讓同學參考彼此的想法。然而，學生也可以獨自運用這個例程，思考自己的反應，接著再與其他人討論。比亞利克學院的貝倫霍姿就是以這種方式，在她的十年級學生讀完約翰・史坦貝克的《人鼠之間》後，利用「羅盤方位點」作為反思架構，引導學生思考文本內容並獨自完成例程。「建議」的步驟，則請學生替主角提出其他可能的情節。貝倫霍姿的同事卡普蘭以類似的方法運用這個例程，協助七年級學生在自然課認識層析法。你可以在影片中看到老師運用「探究學生思維」架構來檢視卡普蘭學生思考的成果。

艾絲克發現「羅盤方位點」可以作為討論青春期議題的管道。在一次比亞利克學院為六年級學生舉辦的母女座談會中，艾絲克分別與母親及女兒會面，並利用「羅盤方位點」的架構讓她們回應以下問題：「當妳的女兒進入青春期⋯⋯」「當妳進入青春期⋯⋯」母女的回應都很坦白，也透露許多擔憂與期望。這讓接下來的討論可以針對「擔憂」提出回應，找到方法將「興

奮」極大化，接著再進入「需求」及「建議」。

此外，在教務會議上討論新計畫時，「羅盤方位點」也能發揮效用，鼓勵在場的每個人在決策過程中提出有建設性的意見。

・評量・

「羅盤方位點」例程提供許多機會，讓老師觀察學生在思考同一問題的不同層面時靈不靈活。留意學生的思考能不能超越當下的反應與立場？他們是否能在每個關鍵時刻做出多重回應，還是只能提出一種？觀察學生如何進行「找出需求」的步驟，以了解學生如何分析已知訊息，並找出學生還需要哪些資訊才能增進個人或團體對主題的理解。

◉教學實例◉

新生入學對學生及家長而言都是重要時刻。比亞利克學院的學前預備班（5歲）老師克魯絲卡、喬吉兒及敏特合作制定計畫，協助學生適應新環境，也消除家長對新學年的疑慮。她們決定利用「羅盤方位點」例程來了解學生與家長的興趣及憂慮。克魯絲卡解釋她為何選擇這個例程：「我認為『羅盤方位點』能幫助我們看清孩子具體的想法與憂慮，也可以作為理解孩子的基礎，協助孩子適應校園。而且這個例程非常明確，能幫助孩子（及家長）破除、看清讓他們手足無措的想法與感受。對家長來說也一樣，例程讓我們更清楚父母的想法及擔憂，並知道可以如何提供最大的協助。」

老師討論了該如何讓這些還不會寫字的學生記下自己的想法，最後決定讓學生畫出上學令他們開心及擔心的事。克魯絲卡首先向學生介紹羅盤方位是什麼，接著拿出象徵羅盤的呼拉圈。她說明接下來的過程：「我們由 E 開始，讓學生分享接下來這一年有哪些事令他們興奮。每個學生都在紙上畫出自己想到的事物，一個老師負責在紙的背面記錄學

生的說明。這些圖放在大呼拉圈 E 的位置。幾天後，我們進行了『需求』。接下來依序完成『擔憂』及『建議』。」

　　三個班級的學生都很熱烈參與，而且無論是共同或個別的回應都有相當豐富的訊息（圖 4.5–4.8）。有些回答在意料之中，像是需要學習閱讀和寫字、交到新朋友會很開心等，但有些回答則讓人意外，例如擔心爸媽忘記來接他們回家、不知道什麼時候可以去哪裡找哥哥姊姊。老師發現學生會憂慮家長接送，於是向學生說明現行的放學程序，包括通知家長的相關流程以及與家長保持聯繫。此外，老師也提醒學生，家長知道學校和老師的電話號碼，如果有人會晚到，很快就能聯絡上。學生的回答也讓老師得以確保學校生活中有些事能令學生開心。

　　克魯絲卡課後跟同事分享：「我很驚訝學生的心思竟然這麼細膩。有個學生說他最大的擔心是其他孩子表現得比他好，這讓我很意外。在這種情況下，找到問題並加以討論會很有幫助。孩子在分享自己的想法時真的都很坦白、自在。我們在討論時不會提到名字，因此有機會聽到

圖 4.5 一個學生在「羅盤方位點」對「興奮」的回答

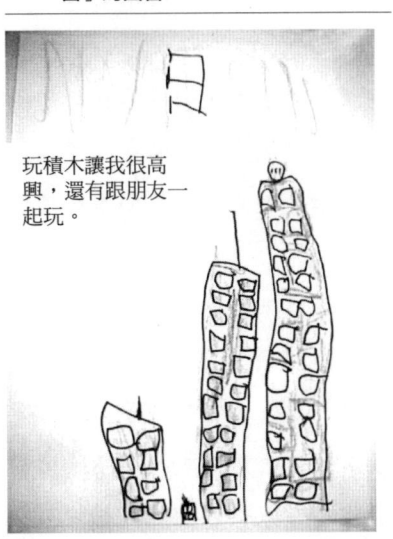

玩積木讓我很高興，還有跟朋友一起玩。

圖 4.6 一個學生在「羅盤方位點」對「擔憂」的回答

我什麼都不擔心。

圖 4.7 一個學生在「羅盤方位點」對「找到需求」的回答

我需要更知道怎麼讀和寫。

圖 4.8 一個學生在「羅盤方位點」對「建議」的回答

我需要更多安靜時間。

每個學生的想法,並讓他們都能放心討論。」克魯絲卡對於學生的建議也同樣印象深刻,她說:「孩子在『建議』步驟的表現也令人驚喜,他們回應其他同學提出的憂慮,並幫助彼此『找到需求』。這種同儕的互相扶持相當值得注意,也讓人難以置信,畢竟他們只是學齡前的孩子,而且才初次碰面。」

當這些學前預備班的學生完成例程的所有步驟後,老師聚在一起回顧整個過程,並選擇幾個片段,剪輯成數位相片故事。老師在挑選相片時,刻意呈現學生各式各樣的想法以及每個學生的意見。她們希望這份紀錄不只能幫助學生,也能幫助家長。

老師決定讓家長也在說明會晚上進行「羅盤方位點」例程。克魯絲卡如此描述當天的過程:「我們先簡單介紹這個例程,接著請家長針對各部分提出他們的想法。父母把想法寫在便利貼上,貼在孩子的想法旁邊。」便利貼的匿名性讓所有家長放心且自由地表達擔憂和建議。這個例程還有一個優點,那就是確保時間不會被少數家長占據,只討論某些

特定問題。最後，所有人觀賞老師製作的相片故事，播放完畢後，家長可以在自己的回應上補充新想法。

家長都踴躍參與，回應也清楚呈現父母的擔憂及想知道的資訊，大部分都跟孩子的社交、情緒健康有關，像是孩子是否開心且能交到朋友。也有些問題涉及孩子的學校生活，以及家長如何協助孩子的早期閱讀。令大部分家長興奮的是孩子要開始上學，展開新的獨立階段。

克魯絲卡希望透過這個例程了解孩子及家長的想法，好讓她能以此為基礎，建立彼此的社群關係。她希望學生知道「即使有擔心的事情，他們並不孤單，而且他們也從例程的『建議』步驟看到了，大家可以互相幫助──這點成效卓越」。

克魯絲卡回顧過去的經驗，細想這幾年跟學生進行這個例程，自己學到了什麼，她說：「我認為這個例程可以用在活動後期，當作反思的重要工具。我上一次使用『羅盤方位點』例程，是跟學生一起整理他們剛上二年級的感受。例程結束後，我和學生一起回顧他們剛上學前預備班時的回應（觀看相片故事）。學生的反思，以及對兩年前自己想法的回饋非常精采，過程相當豐富，也幫助學生用更輕鬆的心情面對升上二年級的轉變。如果學生現在能笑看自己剛入學時的擔憂，或許也能以這樣的心情看待二年級，明白一切都沒什麼好擔心的。家長也可以透過這個例程了解孩子的某個學習面向，也就是我們的教學方法，這也讓家長明白彼此的想法與顧慮，並減輕這些擔憂。另外，這個例程多少也有助於緩和說明會的緊張氣氛。」

◉解釋遊戲◉ The Explanation Game

仔細觀察你想了解的事物：
- ◉**指出**。指出你注意到的物件特徵或外觀。
- ◉**解釋**。那是什麼？可能有什麼作用或功能？為什麼會在那裡？
- ◉**提出理由**。是什麼讓你這麼說？或者你認為為什麼會那樣？
- ◉**提出其他解釋**。還有什麼別的可能？是什麼讓你這麼說？

　　理解通常包含認識事物的各個部分，了解各自的用處、作用的方式、扮演的角色及目的。這個思考例程的設計概念，是要讓學生仔細觀察物品或事件的特徵與細節，接著提出各種解釋，說明為什麼是這樣。也就是說，這個例程某種程度上是在解構事物，或透過檢視細部來了解整體。

・目的・

　　這個例程類似「看─想─疑」，步驟包含仔細觀察及提出說明與解讀。然而，「看─想─疑」通常要求學生仔細觀察、解讀某個模稜兩可的圖像或物件，以形成理解。相反的，在「解釋遊戲」中，學生對正在觀察的事物可能已經有一些認識，只是還沒完全掌握物件的運作方式、功能或作用。因此，學生運用這個例程時，通常著重細部而不是整體。例如，學生可能知道自己觀察的是望遠鏡，但藉由「解釋遊戲」，可深入了解這個科學儀器的構成零件。相同的，學生也可以檢視一幅數學圖表的特徵，以了解圖表的作用或目的。

　　「解釋遊戲」要求學習者提出因果解釋，說明某個事物為什麼會是那樣，並理解事物運作的目的或理由。這個例程著重細部觀察，並針對細部與整體的關係提出可能或甚至是另類的理論及解釋，因此對發展理解非常有幫助。

·挑選適當素材·

「解釋遊戲」適用的素材內容必須具有豐富的細節及特徵，值得仔細觀察，好讓學生提出解讀及論據。老師可以從科學現象、歷史事件、地理圖像、數學模型中選擇，這些領域都適合學生仔細觀察，並提出解釋，說明事物為什麼是那樣。

就跟「看—想—疑」一樣，你也可以針對自己所選的素材進行「解釋遊戲」，這會很有幫助。想想素材上有哪些獨特且稍微模稜兩可的細部或特徵？你能提出合理解釋，闡述這些細部可能有什麼目的或功能嗎？了解並解釋這些細部有助於你理解整體嗎？

·步驟·

1. **準備**。把學生的注意力引導到你希望他們深入了解的物件上。如果學生無法一眼看出物件是什麼，別強求，請他們仔細觀察，盡量說出他們看到的東西。這麼一來，學生就能推測出特徵之間的關聯。

2. **指出**。現在，請學生跟自己的夥伴分享他們注意到的特徵或外觀。這個階段必須請學生把觀察記錄下來，可以寫在便利貼上。以兩人或多人小組進行，能讓學生有機會看到自己可能遺漏的特徵。

3. **解釋**。學生完成特徵清單後，請他們進一步解釋。此時必須強調這個例程的名稱是「解釋遊戲」。你要讓學生專注於「提出解釋」這個動作，說明這個步驟的目的是要盡量提出各種解釋。請學生記下他們的回答。

4. **提出理由**。請學生提出理由，說明他們的解釋為什麼合理。這個步驟是要鼓勵學生提出證據，請他明確指出自己是因為看到什麼才做出這樣的回應。

5. **提出其他解釋**。要求學生盡量提出別的解釋。此步驟是要讓學生專注於各個特徵之間的關係，以及為什麼會有這些特徵，而不是一下就做出最終解釋。對於每個解釋，學生應該反問彼此：「是什麼讓你這麼說？」

・運用與變化・

歐黑爾是阿姆斯特丹國際學校的幼兒園老師，她在學齡前學生的課堂上運用「解釋遊戲」已有多年。你可以在影片中看到她的學生利用「解釋遊戲」來探索藝術品，了解藝術家如何用畫面溝通。歐黑爾最近也用這個例程來向學生介紹郵政系統，這門課程就包括協助學生認識所住的社區。歐黑爾在「神祕箱」裡放滿各種郵政道具，請每組學生輪流拿出一樣，猜猜那可能是什麼。箱子裡的所有物品都拿出來放在盤子上後，各組同學開始思考物品之間的連結。歐黑爾的用意不只是要學生仔細觀察每一件物品，還要他們檢視特徵，並提出理論說明這些物品之間的關聯。

蘇黎世社區學校的四年級老師在古文明課程中運用「解釋遊戲」。當地有許多考古遺址，大部分可追溯至羅馬時代，老師想用這些遺址來當學習素材。此外，老師也希望學生了解考古的過程並不那麼直接簡單，想了解某件文物，進而了解文明，就必須建立解釋。參觀考古遺址之前，老師向博物館借了一些遺址的文物複製品，展示給同學看。老師運用「解釋遊戲」來幫助學生像考古學家那樣思考。

・評量・

聆聽學生觀察物件時所提出的解釋，留意學生的理論品質，而不是正確性。學生是否只能舉出明顯又表面的關聯，或是能夠深入探究，發展出不同的連結及可能的關係？學生的解釋是否籠統、空泛、不夠詳細，或是細節豐富、細緻入微、啟發聯想、畫面豐富？學生的解釋是否掌握了重要特徵、主題或元素，或是一直圍繞在無關緊要的細節或想法上？全班同學可以根據每種解釋最有力的證據評斷不同觀點。這有助於學生明白重點不在猜到正確答案，而是找出證實想法的證據。

・小提醒・

學生進行「解釋遊戲」時往往喜歡直接說出物件名稱，然後看看自己是

否答對。老師應該盡量克制學生這樣做的衝動,讓他們專注於仔細觀察特徵,並解釋每個部分的關聯或用途。若學生堅持說出物件的名字,請他們提出證據,轉移學生的注意力,問他們:「是什麼讓你這麼說?」接著給學生一個挑戰,詢問:「如果不是你想的那樣,那還有什麼可能?」我們的目標是培養學生根據重要特徵提出解釋的思維模式。你可以在影片中觀察歐黑爾與學生的互動。

雖然這個例程的步驟很明確(指出、解釋、提出理由、提出其他解釋),但也很容易相互重疊。這不是太大的問題,重要的是,授課和記錄時,必須確實區分各步驟。若提出解釋卻沒有說明理由,或是缺少其他解釋,這個例程就會變成「猜猜這是什麼」的活動,無法達成預設目標,也就是建立可以自由提出推測與假設的環境。

◉教學實例◉

中學生老師格雷戈里(化名,這位老師不想具名)在開學當天使用了「解釋遊戲」,他希望這個例程能為本學年的學習奠定基礎。他認為「解釋遊戲」不只是活動,更是他期望這些剛升上六年級的學生能養成的思考模式。另外,他知道所有六年級老師都要上地理課,而這個例程能夠幫助老師切入某個重要的地理問題,為接下來的學年建立共同的經驗。「解釋遊戲」可協助學生透過仔細觀察、提出理由和解釋來了解地理關係,這恰好是學生接下來一整年要做的事。最後,格雷戈里希望能運用這個例程建立學生持續對話、質疑、辯證及反覆思考的基礎。他說:「我們規劃課程時,最大的關鍵是思考哪些認知行為是理解社會科學重大概念的基礎。一旦我們清楚想要促成什麼樣的思考,決定要使用哪種例程就容易多了。」

對格雷戈里及六年級教學團隊的其他成員而言,地理不只是知道國際現況,還要了解並有辦法解釋自然與人類的互動,以及這些互動對世

界的影響。這些思考模式對地理學家非常重要，也讓老師開始回顧自己在其他領域對學生的要求：仔細觀察事物的表面及較深入的層面、提出解釋及理論，說明事物為什麼會是那樣、提出主張及論據、針對證據提出問題以推動更深入的探討。格雷戈里立刻發現「解釋遊戲」是展開這個學年的最佳方式。

格雷戈里及同事開始著手規劃，他們在雜誌及網路上搜尋，找到許多能夠傳達人、地及環境多元性的圖片。他們移除圖片的標題，然後放大，把照片貼在教室四周並標上編號。開學第一天，這群剛升上六年級的學生走進教室坐下後，老師歡迎他們進入新的學年，接著格雷戈里問有誰想用遊戲來展開這一年？所有人都立刻舉手並熱烈叫喊：「要！」「我！」擔任六年級教學團隊組長的格雷戈里告訴學生，遊戲開始前，他們需要先知道一些規則。格雷戈里說：「我們今天要玩的遊戲叫做『解釋遊戲』，你們覺得這個遊戲要做些什麼？」有個學生嘗試回答：「要做很多解釋？」格雷戈里回應：「說得好！你們的社會老師聽了一定很開心！你們要像地理學家一樣，做很多解釋！」

格雷戈里繼續說明：「你們會在教室各處看到老師花一整個暑假蒐集的圖片。有些很酷、很有趣，有些看起來不太妙，甚至有點可怕。請大家找一個夥伴，去看看所有的圖片。認真花時間跟你的夥伴一起找出所有你們看到的東西，兩雙眼睛好過一雙眼睛。」他還告訴那些迫不及待的學生：「當你們跟夥伴互相幫忙找出各種東西後，把你們的發現寫在社會科筆記本上」。

格雷戈里接著公布「解釋遊戲」的步驟：「請你們像地理學家一樣，記錄你們注意到的所有事物。也就是說，指出你們看到的特徵，然後說明。只要說明你覺得那可能是什麼、可能出現在哪裡。同時附上理由，是什麼原因讓你做出這樣的解釋。如果你注意到其他東西，因此改變了原先的想法，也把那些寫下來！」格雷戈里在黑板上寫下這四個步驟來提醒學生。他決定不要在開學第一天就派作業。他想藉這個機會看

看學生平常如何整理筆記及想法。老師也可以從這些訊息判斷怎樣的安排對未來的教學才有幫助。

學生各自找好夥伴,並開始觀看貼在教室四周的圖片。格雷戈里快速繞了一圈,觀察是否有組別需要更明確的指導。他也趁機聆聽學生的談話,所有老師都非常重視這個部分。格雷戈里事後回想:「我過去認為自己的工作是指導學生,接著四處看看,掌握他們寫作業的情況。但我漸漸發現,聆聽學生的談話相當有幫助,能讓我更了解學生的思考。」他又說:「孩子一了解『解釋遊戲』的步驟,我就能四處走動,聽聽他們的對話。即使當天是開學第一天,孩子的想法就已經讓我跌破眼鏡了。」圖4.9是一個學生在「解釋遊戲」中做的紀錄。

45分鐘後,格雷戈里請學生找位置坐下,以便進行班級討論。他刻意以「解釋遊戲」的步驟作為學生的討論架構。格雷戈里代表全體老師說:「我們知道大家剛才有許多精采的討論,其中肯定有許多很棒的想法。有沒有人願意先跟大家分享最吸引你們的圖片,告訴大家那是什麼,說得更清楚一點,你跟你的夥伴認為你們看到的是什麼?發生在什麼地方?是什麼原因讓你們這麼說?」

第一位學生分享了她跟夥伴的想法,其他學生也立刻舉手,急著要跟大家解釋他們認為圖片發生的地點和內容。格雷戈里仔細聆聽,並請大家稍微放慢,讓他在黑板上寫下每一組的想法,整理出大家的思路。

一位老師負責將學生的想法以樹枝狀加在前一位學生的解釋上。如果學生只是分享自己的判斷,像是「那是阿拉斯加」,格雷戈里會溫和地用例程語言深入探究學生的想法:「你認為那可能是阿拉斯加,你看到或注意到什麼讓你這麼說?」學生解釋之後,他會問:「了解這名同學的解釋後,有人能根據這張圖片上的其他東西,提出不同解釋嗎?」

六年級學生的想法很多元,格雷戈里知道做紀錄可以強化思考模式,整個學年都派得上用場。格雷戈里說:「我們很高興看到『解釋遊戲』在開學第一天所達到的效果。這個例程是一種定錨活動,我們之後

在不同課程都會回顧。重點不是那些圖片，而是過程中提出的問題：你看到或注意到什麼？那是什麼？是什麼讓你這麼說？那還可能是什麼？還有什麼原因讓你這麼說？『解釋遊戲』不僅僅是一個活動，也是我們一再使用的思考模式。」

圖 4.9 六年級學生的「解釋遊戲」紀錄

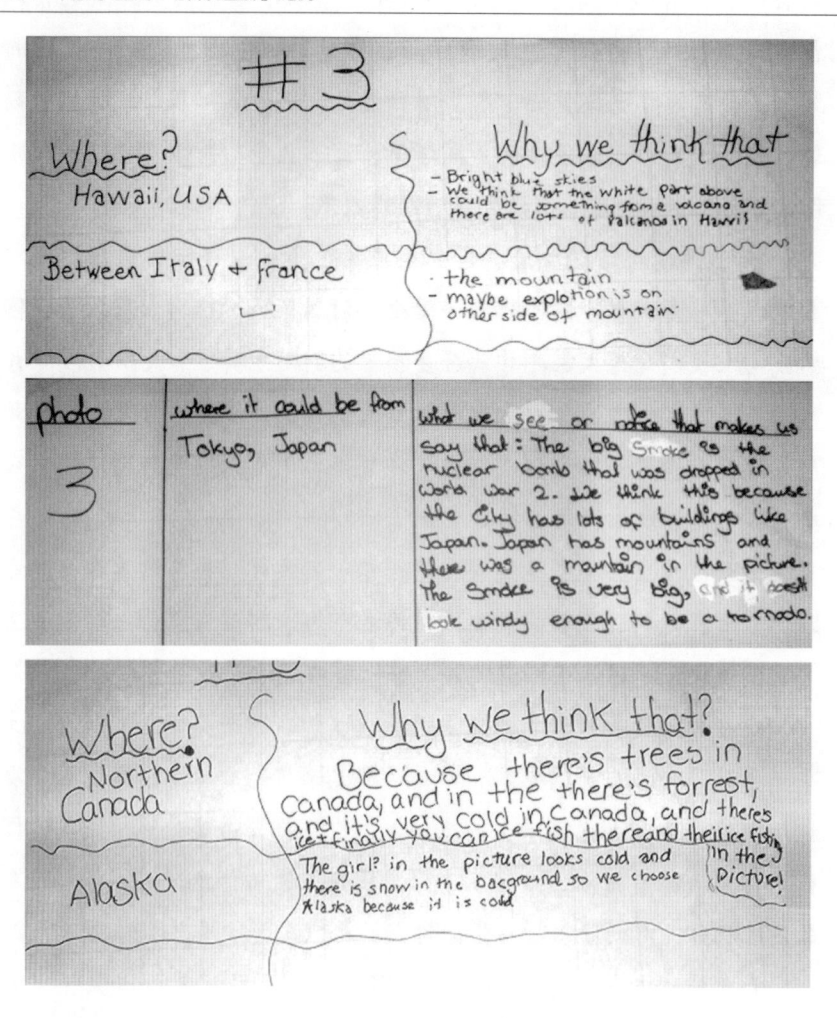

> #3
> Where? Hawaii, USA
> Between Italy + France
>
> Why we think that
> - Bright blue skies
> - We think that the white part above could be something from a volcano and there are lots of volcanos in Hawii
> - the mountain
> - maybe explotion is on other side of mountain

> photo 3
> where it could be from Tokyo, Japan
>
> what we see or notice that makes us say that: The big smoke is the nuclear bomb that was dropped in World War 2. We think this because the city has lots of buildings like Japan. Japan has mountains and there was a mountain in the picture. The smoke is very big, and it doesn't look windy enough to be a tornado.

> Where? Northern Canada
> Alaska
>
> Why we think that?
> Because there's trees in Canada, and in the there's forrest, and it's very cold in Canada, and there's ice + finally you can ice fish there and their ice fish in the picture! The girl in the picture looks cold and there is snow in the bacground so we choose Alaska because it is cold

---

1 Ryder, 2010, p.5

Making Thinking Visible

CHAPTER 5

第五章

Routines for Synthesizing and Organizing Ideas

統整想法的例程

PART II

第二部　用思考例程讓思考變得可見

◉ 頭條標題 ◉ Headlines

◉ 想想你正在學習的內容有哪些重大觀念或主題？
◉ 為這個主題或問題下標，總結、歸納出你認為有意義且重要的關鍵。

這個例程是在「哈佛零點計畫」的會議中自然而然浮現的。我們在討論某個問題或總結討論時，經常希望所有成員的發言都言簡意賅，不用再延伸討論。會議主持人會請大家各自提出「頭條標題」，這標題要能描述個人對主題的想法、印象或主要意見。這個例程促使大家快速統整，並展現成員對主題的了解程度。我們調整了這個基本觀念，以利課堂使用，請見以下說明。

·目的·

「頭條標題」例程要求學生回顧學習並加以統整，找出事件或學習的重點或核心。有時，我們只顧著進行課堂活動，而忘記要給學生機會去思考學習的重心或要點。然而，若學生無法掌握事物的本質，就很難理解重要的觀念或核心原則。學生很可能見樹而不見林。若學生無法掌握目前的學習重點，將來就很難針對這些觀念建立有意義的連結。

請學生運用「頭條標題」來總結自己對課程或某個概念的看法，這個要求告訴學生一件事：找出事件核心是理解的關鍵。記錄小組成員提出的頭條標題，某種程度上能幫助學生從多元的角度思考，並創造出豐富的心像，讓學生清楚了解什麼才是思考的重點。

·挑選適當素材·

「頭條標題」例程會用到整合訊息的能力，因此通常用在學習進行的當下，協助學生了解，主題的核心背後可能還有許多層面或細微差異。若只是要求學生根據六種簡單機械裝置的定義下標題，他們可能無法將思考連結到

重要的物理觀念，回答可能一點也不突出。他們可能只會提出某些常見的名詞，像是槓桿、滑輪、楔子等，這樣的回答是「條列導向」，而不是掌握核心。然而，若要求學生以頭條標題來展現自己對簡單機械裝置（機械效益）的理解，以及這些理解與觀念之間的連結，效果會更好。在這個例子中，「頭條標題」例程創造了一個機會，讓學生能夠掌握物理學的基本觀念。校外教學、閱讀、電影欣賞等學習活動結束後也可以使用「頭條標題」例程。在這樣的情況下，「頭條標題」可以幫助學生回想這段經驗有何重要或獨特之處。對老師來說，掌握學生所認為的重點，有助於規劃未來的教學。

・步驟・

1. **準備**。學生有一定的學習經驗後，請他們想想其中的核心觀念是什麼。

2. **下標**。請學生「針對主題或討論的問題下標，描述他們希望記得的重要面向或核心觀念」。老師可以自行決定讓學生各自進行，或與夥伴合作。

3. **分享觀念**。學生擬出頭條標題後，請他們跟周圍的同學分享。注意，學生除了分享標題外，也要分享選擇的理由及背後的故事，並向其他同學拆解自己的頭條標題。這個步驟不是要學生比較誰的標題最好，而是要開啟討論，讓不同的觀點和差異顯露出來。

4. **進一步分享**。讓所有同學都有機會分享自己的頭條標題並說明理由，接著你可以蒐集所有的頭條標題，這些標題記錄了全班同學的思考。探討這些頭條標題，鼓勵同學從中找出共同的主題或元素。

・運用與變化・

澳洲塔斯曼尼亞州布萊頓小學的米雀兒及她的同事發現，「頭條標題」例程很適合用來幫助學生處理遊戲場上的衝突。米雀兒認為「頭條標題」例程中所用到的整合思考對經歷社交衝突的學生來說很有用。她注意到衝突發生時，學生通常會找老師解決衝突、告狀或重述事件經過。米雀兒會請學生

先停下來，用頭條標題的形式來描述衝突。她鼓勵六年級學生去思考這次衝突或事件的核心問題是什麼。這樣的過程使學生冷靜下來，想想自己為什麼生氣。米雀兒及同事發現，統整加上傾聽通常能化解緊繃，需要老師仲裁的事件也會減少。當學生比較熟悉這個程序後，米雀兒請衝突的學生試著從對方的觀點來下標。她要求學生從另一方的角度來看這次事件，這不僅平息了糾紛，也協助學生練習自己解決問題。

塔格蘿爾是密西根州特拉弗斯城東方中學的老師，她帶領八年級學生在語言藝術課上利用調整過的「頭條標題」例程來探索文學。塔格蘿爾請學生先讀完班・麥可森的作品《遇見靈熊》，接著請學生從自己的 mp3 歌單中，找出最能描述小說核心主題的歌曲，並請學生說明為什麼選擇這首歌。這個活動把重點放在文本的不同主題上，讓學生有機會回頭思考讀過的內容。學生選擇的歌曲就像是頭條標題，闡明書中值得記住的核心觀念。以聆聽班上同學為《遇見靈熊》所選的歌曲來結束這堂課，也是難忘的經驗。

康德是阿姆斯特丹國際學校的幼兒園老師，她將「頭條標題」例程改成「故事標題」，在三、四歲孩子的課堂上使用。康德先請學生分享自己的週末活動，接著便帶入例程。聽完學生的分享，她問大家：「我們可以為卡拉的故事下什麼標題？」學生回應後，她又提出問題鼓勵孩子進一步思考，她問：「除此之外，我們還可以下什麼標題？」她以這種方式讓小小學生認識了總結的觀念。

・評量・

仔細聽每個學生的回答，以及選擇這個頭條標題背後的原因。學生是否看到或注意到哪些容易忽略的觀念？學生的標題是否點出值得全班注意的問題？是否總結並摘出事件的核心，或著重枝微末節？根據標題，學生對主題有哪些了解？

當然，我們不可能期望靠單一大標總結所有細節及複雜面。因此你可以評估同學提出的所有頭條標題，以清楚看出是哪些重要觀念引發了班上學

生的共鳴。此外，蒐集全班的標題也有助於找出適合進一步探索的疑惑或問題。

・小提醒・

「頭條標題」例程看似簡單直白，然而，雖然有些老師確實透過例程鼓勵學生找出學習的重點，但也有老師只是讓學生提出響亮的口號或頭條標題，這之間有很細微的差異。記住一個原則：這個例程不是要學生提出淺顯但響亮的標語，而是要鼓勵學習者將個人或小組思考轉向主題的核心、重要觀念及元素。

例如，有個學生的頭條標題是「指數增長的研究」，這個標題所傳達的訊息就有別於另一個學生的頭條標題「指數模式：可預測嗎？」前者只是學生正在學習的主題名稱，後者則透露出學生已經開始理解數字的變化與增長（圖5.1）。如果學生的頭條標題只顯得聳動、巧妙，而沒有什麼觀念，那麼老師應該帶領學生進行更深入的研究，這樣才能知道學生認為在學習中最

圖 5.1 八年級學生在指數增長單元中提出的標題

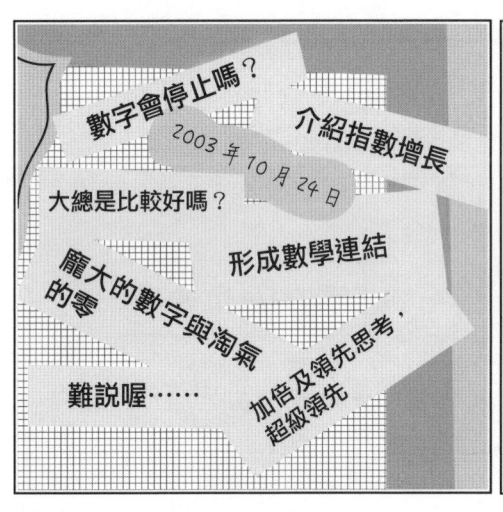

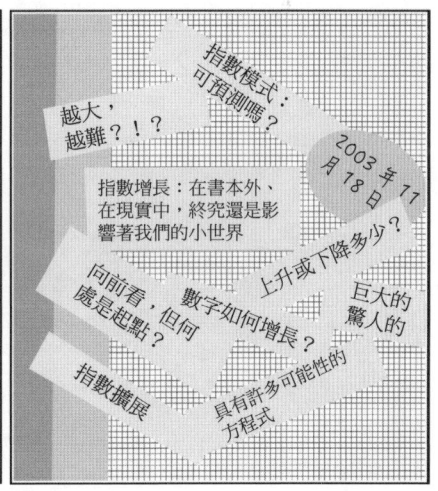

重要的觀念是什麼。

「頭條標題」例程包含「概述主題」的過程,因此,如果老師難以從頭條標題看出學生下標的理由,可以請學生說說「背後的故事」。或者也可以先請全班一起猜猜看,再請學生說明理由,這應該會相當有趣。

◉教學實例◉

　　塔芙絲在密西根州的特拉弗斯城公立學校擔任五、六年級老師,這是她第一次在數學課上運用「頭條標題」例程,她很好奇學生會有什麼樣的表現。塔芙絲介紹完分數的觀念後,她問學生:「你們認為今天的課程應該下什麼大標?」雖然有些學生的頭條標題只是單純點出他們學到的東西,但也有學生的回答令塔芙絲大為意外,不但具有深度,也耐人尋味(圖 5.2)。

　　塔芙絲對「頭條標題」例程越來越熟悉,因此希望能鼓勵學生進行反思,從標題延伸更多的資訊,而不是只看到字面意思。塔芙絲認為學

圖 5.2 五、六年級生對「分數」所下的頭條標題

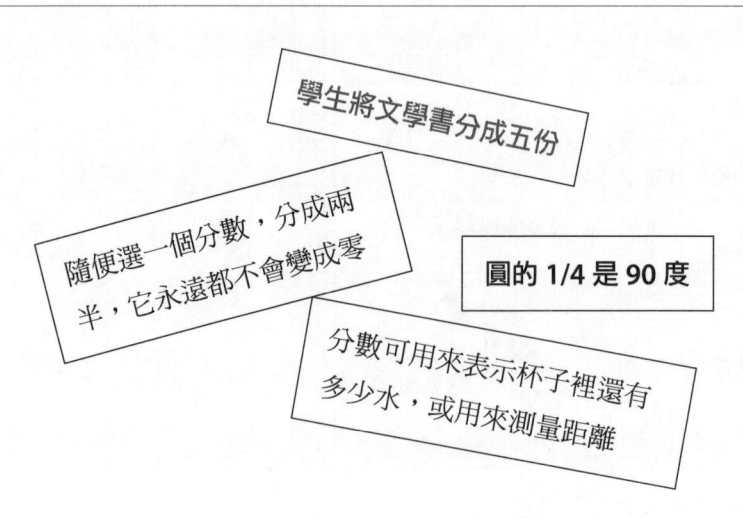

學生將文學書分成五份

隨便選一個分數,分成兩半,它永遠都不會變成零

圓的 1/4 是 90 度

分數可用來表示杯子裡還有多少水,或用來測量距離

生提出的頭條標題都很好，不過她得做很多「解讀」才能讀懂標題。學生在課堂上學了幾種數學主題，塔芙絲不清楚學生在解釋這些主題運作的原理時，整合了哪些理論或觀念。所以她決定，除了請學生寫下頭條標題，也請他們在紙的背面寫幾句話，透露「更多故事」。塔芙絲不希望這個作業變成學生的負擔，而且她也發現，學生只要用幾句話簡單說明選擇的理由，她就更能了解學生的思考。她也注意到，這樣的補充說明能幫助某些學生更清楚地表達他們無法用標題確切傳達的觀念。

「頭條標題」例程成為塔芙絲課堂的一部分後，她決定做一些微調。塔芙絲原本請學生各自提出標題，以理解課程背後的重要觀念，後來，她請學生找同學合作，一起想出更多標題。塔芙絲把學生分成兩人一組，她發現學生交流、討論的效果很好。她希望藉此讓學生明白，互相激盪可以帶來非常驚人的學習效果。

各組提出的暫定標題看起來已經掌握學習核心後，塔芙絲進一步請學生挑出一個標題進行修改，並彙整到所有標題中。接著，塔芙絲請各組討論出最強的標題，並說明為何某個標題勝出，其他標題則否。她發現這個過程相當有趣，她說：「每組同學的迷你研討會都讓我得到很多有用的訊息，學生的討論讓我知道他們的理解程度，以及他們認為特別重要的事物。」各組最後都提出一個最終的頭條標題，交給塔芙絲貼在教室裡展示。塔芙絲希望各班同學都能在數學科教室裡看到並分享這些成果。

塔芙絲發現她可以透過「頭條標題」例程初步了解學生如何連結，或無法連結到她所認為的重要觀念。一旦明白學生的思考，塔芙絲在規劃課程時便有充分的參考資料。她說：「知道學生今天怎麼下標，能幫助我決定明天的教學要如何進行。」她也從學生的頭條標題觀察到誤解或過度概化的現象。塔芙絲建立了有安全感的學習環境，讓她能夠說明同學對數學的誤解，而說明的方式又能挑戰或刺激學生思考，而不是很快地解決學生的誤解。

塔芙絲經常在數學課上舉行實作活動。思考例程提供學生一個管道，讓他們更有意識地覺察自己在課堂活動中學到了什麼，而不是任憑這樣的覺察偶然發生。塔芙絲注意到，即使是有學習障礙的學生，所下的頭條標題也或多或少都能捕捉到主題的某些層面。她也發現學生在表達自己的觀念時，常會提到其他同學的頭條標題（有時候他們提到的標題已經在教室牆上掛好幾天了）。這些作法確保所有學生都能吸收課程內容。一段時間後，所有學生都能自在地運用頭條標題參與團體思考。

　　塔芙絲讓五、六年級學生的思考變得可見之後，也好奇學生在新學年會運用哪些思考。於是一年後，塔芙絲再次跟以前的學生見面，問學生持續使用的例程有哪些。幾個學生特別提到「頭條標題」例程，而且通常不是在老師的帶領下使用。例如，有個學生提到，他在全學區評量中遇到特別困難的題目時，通常會問自己「這個題目的頭條標題會是什麼？」看看這麼做能否幫他解開問題、找出答案。另一個學生則表示，當她的足球教練在解釋新戰術或技巧時，她常會思索「這裡的頭條標題是什麼？」以此去揣摩指令的核心。如果她仍有疑惑，也會在心裡用頭條標題例程建構要向教練提出的疑問。

◉ CSI：顏色、符號、圖像 ◉
CSI: Color, Symbol, Image

想一想，在你剛讀到、看到或聽到的內容中，有什麼重大觀念及重要主題。
- ◉ 選出一種你認為最能展現這個觀念的本質的**顏色**。..................
- ◉ 創造一個你認為最能展現這個觀念的本質的**符號**。..................
- ◉ 描繪一幅你認為最能掌握這個觀念的本質的**圖像**。..................

我們希望讓學生的思考變得可見，但不希望他們太過依賴文字或口語，因此設計出「CSI：顏色、符號、圖像」例程。我們常與國際學校合作，由於國際學校的學生經常要用新語言來學習新事物，因此那裡的老師向我們提出這樣的需求。同樣的，幼齡學生的老師也發現學生有時會因語言能力不足，無法確切表達觀念。顏色、符號、圖像的使用能激發孩子與生俱來的創意及表達欲望，而且也鼓勵學生建立連結，以比喻的方式來思考。

・目的・

這個例程要求學生從閱讀、觀看或聆聽的內容中，辨識並擷取核心觀念，然後以顏色、符號、圖像來表達看法，而不是口頭分享。這些步驟能推動學生進行比喻式思考。比喻是理解各種觀念的主要媒介，我們尋找並比較事物的相似之處，將新事物連結到已知的事物。簡單來說，比喻就是找出事物的關聯，例如「這兩個東西很像，因為……」「這個觀念讓我想起，或讓我想到……，因為……」

CSI 是增進學生理解及發展比喻式思考的絕佳方式，但除非是較高年級的學生，否則老師可以不用特別介紹隱喻或明喻等術語。另外要記住一點，學生的連結可能相當個人化，有賴當事人的說明，其他人才能理解。例如，某個學生可能會選擇黑色來代表一個觀念，因為他覺得黑色象徵可能性與未

知。但另一個學生卻可能以藍色來代表同樣的觀念,因為藍色讓他想起天空的開闊及無限的自由與可能。

・挑選適當素材・

選擇具有多重解讀及意義的素材。別因為內容太複雜、太模糊或細節太多而避開不用。素材應具備值得解讀及討論的細節,可以是一篇短文、文學作品的一個章節、一首詩、一場具啟發性的演講、一段廣播或一支短片,不過內容不宜太長或涵蓋太多相互牴觸的觀念。也就是說,單一章節或段落通常比完整的文本更合適。選擇你希望學生進一步解讀的事物,而學生的解讀應該要能幫助你評量他們對內容的理解程度。

・步驟・

1. **準備**。學生讀完一段文字、聽完一場演講,或看完一段影片後,請他們思考其中的重大觀念,並記下有趣、重要、具深刻見解的地方。學生可以獨自進行這個步驟,或者,如果這是學生第一次進行這個例程,也可以將大家提出的觀念整理成團體清單。

2. **選擇一種顏色**。請學生為正在探索的內容,選出最能代表核心觀念的顏色。通常,我們會請每個同學選一種顏色,請他們記下自己的選擇。如果學生年紀夠大,可以請他們一併寫下選擇的理由和說明。

3. **創造一個符號**。請學生為正在探索的內容,創造最能展現核心觀念的符號。符號是能夠代表另一樣東西的事物。例如,鴿子代表和平,「＝」代表相等的概念。你可以在電腦的工具列看到各種圖示,分別代表不同的程式或功能。請學生記下自己創造的符號。如果學生年紀夠大,可以請他們一併寫下理由和說明。

4. **描繪一幅圖像**。請學生為正在探索的內容描繪出最能展現主題核心的圖像。圖像的意思是某個場景的照片或圖畫。學生不需要擔心自己不會畫畫,在這個階段,他們只需要畫出簡單的草圖,帶到主要觀念即可。請

學生記下自己繪製的圖像。如果學生年紀夠大，可以請他們一併寫下理由和說明。

5. **分享觀念**。將學生分成兩人或多人小組。請所有同學分享自己選擇的顏色，並說明理由。這個顏色跟課堂的主題有什麼關聯？跟他們剛剛讀完、聽完或看完的大觀念又有什麼關聯？重複這個步驟，直到每個人都分享了自己的顏色、符號及圖像，也都說明了理由。

·運用與變化·

比亞利克學院的芙爾蔓決定在她的二年級課堂上使用「CSI」例程，協助學生思考即將展開的學年。她請學生想一想升上二年級對自己來說有什麼意義，他們會用什麼顏色來代表「二年級」。接著，她要學生想想可以用什麼符號來代表這個學年，跟一年級或三年級有什麼不一樣？二年級有什麼不同？最後她請學生畫一張圖，表現他們對新學年的期望。

塔斯曼尼亞州荷伯特市的瓊安打算為她的五年級學生朗讀一本新的兒童小說，她決定以班級為單位進行「CSI」例程，不過她做了些調整，只著重在顏色的選擇。瓊安把點名單做成表格，學生的名字寫成一列，然後畫出12欄，代表這本書的每個章節。每讀完一章，瓊安就把表格發給學生，讓每個同學選擇一個顏色，並塗在對應的欄位上。接著，瓊安和全班同學進行簡短的討論，每個學生都向大家分享自己的選擇並說明理由。討論結束後，瓊安把表貼在公布欄上，下次上課再繼續。表格完成後，就像是拼布作品，展現了每個章節的特點及學生的獨特性。

你可以在影片中觀摩密西根州切瑟林聯合高中的蕾儂如何在化學課上運用「CSI」例程，幫助學生認識化學計量。化學計量是化學的一支，用來呈現化學反應中反應物與生成物的定量關係。蕾儂花了許多時間幫學生釐清這些關係，並利用 CSI 例程將學生的注意力拉向更廣的概念。

・評量・

　從學生選擇的顏色、符號及圖像中，觀察他們是否掌握學習主題的核心。雖然這可以從學生的選擇中略知一二，但他們的解釋才是重要訊息真正的來源。學生為什麼選擇某種顏色？為什麼畫出那樣的圖？跟核心觀念有什麼關係？你也可以透過檢視學生比喻的深度，來促進學生思考。學生一開始的回答可能比較直觀，像是黑色代表傷心、太陽代表快樂，或只是按字面內容畫出圖像。你應該鼓勵學生提出更有深度的比喻，這樣才能對主題有更深刻的理解。你可以在以下「教學實例」中看到阿姆斯壯使用這個例程的實際情況。

・小提醒・

　雖然這個例程的名稱是顏色、符號、圖像，但不一定要按照這個順序進行。老師可以視課堂主題與學生狀況調整。有些學生可能覺得從圖像開始比較容易，有些則可能最先想到符號。這個例程的重點是鼓勵比喻式思考、建立連結、擷取要點，因此不用太注重圖像描繪的精確度。年紀較小的學生可能會很著迷於畫畫，但若畫畫成了重點，學生可能會分心，無法專注思考。對年紀較大的學生來說，比起繪圖，他們可能比較喜歡用文字來描述圖像。學生也可以用電腦進行這個例程，像是從色版挑選顏色「填滿」格子，用「插入符號」功能選擇符號，並利用「Google 圖片」來搜尋圖像。

◉教學實例◉

　阿姆斯壯是墨爾本威斯理學校的老師，他決定在七年級學生的英文課上運用「CSI」例程，這是他第一次嘗試將例程納入教學。阿姆斯壯選擇的閱讀素材是《安妮日記》。他先在課堂上介紹這本書，然後請學生在放假的時候閱讀。為了確保學生有認真閱讀，並在之後展開豐富的討論，阿姆斯壯決定使用「CSI」例程。

他讓學生挑選五則日記，並用電腦製作一個簡單的橫式表格。表格分成三欄，分別代表顏色、符號及圖像。阿姆斯壯請學生在網路上搜尋圖像，以「插入符號」功能挑選符號，然後用「填滿色彩」功能在框框裡填入顏色。最後，學生還必須在每個欄位下簡單說明自己的選擇（圖5.3）。

假期結束，學生回到學校，教室變成了他們的展覽館，貼滿大家做的「CSI」例程表格。學生按照章節順序排放表格，最後，全書內容都完成視覺化，按照時間順序排列在牆壁上。由於阿姆斯壯讓學生自己挑選想要深入解讀的日記，因此有幾則日記下貼了好幾張 CSI 表格。大家很快就展開討論，話題包括他們對內容的各種解讀，以及大家所選擇的顏色、符號、圖像有什麼相似及相異之處。

阿姆斯壯選擇 CSI 例程的目的是讓學生有機會深入了解文本。他認為學生會在選擇及解釋的過程中做到這件事。此外，他也能透過學生的回應了解學生的理解程度。阿姆斯壯在閱讀學生的作業時，注意到有些

圖 5.3 阿姆斯壯針對《安妮日記》進行的 CSI 例程

顏色	符號	圖像
安妮對於她跟彼得的未來毫無把握。黑色，就像黑板，代表兩人未來的各種可能。	安妮在這則日記中認為自己忍不住想要接近彼得。她必須等待其中一方打破沉默，並以真實的樣貌面對彼此。	安妮在這個段落談到她跟彼得並沒有表面看起來那麼不同，就像這些蘋果，外表雖然不一樣，但吃起來味道很像。

學生的比喻特別巧妙，這讓班上同學開始討論什麼是好的比喻。有些學生的比喻淺顯易懂，幾乎是字面釋義，例如以小路來象徵旅程，或以樹木來代表成長。不過也有學生提出了較為複雜的比喻，像是以水滴描述既分離又一體的心境，因為水滴本身具有獨特性，但與其他水滴結合時，又會消失不見。

等同學討論過比喻的複雜及巧妙程度之後，阿姆斯壯決定進一步訓練學生的比喻式思考。進行到下一則日記時，他隨機畫了幾個物品，請學生將他畫的圖連結到適當的文本內容，他問：「這些圖像可以怎麼搭配我們剛讀過的內容，成為那部分的 CSI 圖像？」學生一邊找出文本與圖像的特性，一邊討論兩者的關聯，這個過程正是在培養學生比喻式思考的能力。

阿姆斯壯在這堂課中不但運用了「CSI」例程，也帶領學生深入思考比喻修辭。有了這次經驗，他設計出一套評分系統，用來評量學生的比喻品質。這個「比喻階層」是從 1（最低）到 10（最高）的連續量表。學生在接下來一年持續運用「CSI」例程時，就是用這個量表評估自己及同學的表現。阿姆斯壯不斷修改例程，以符合他的教學需求，並推動學生思考。他有時會把學生分成小組，讓學生討論、回應彼此選擇的顏色、符號及圖像。為了進一步擴展學生的思考，阿姆斯壯有時會要求學生從文本中摘錄一句話來搭配他們的選擇。這麼一來，學生就必須提出理由去解釋他們認定的重大觀念或主題。

◉列舉─排序─連結─闡述：概念圖◉
Generate-Sort-Connect-Elaborate: Concept Maps

選擇一個你想要繪製理解地圖的主題、概念或問題。

◉**列舉**清單，當你思考這個主題或問題時，…………………………
最先浮上腦海的觀念或最初想法是什麼？…………………………

◉**排序**，根據觀念切中核心及離題的程度，…………………………
將核心觀念放在中間的位置，較不重要的觀念則放在頁面邊緣。……

◉**連結**，把具有共同點的觀念用線連起來，…………………………
在線條上簡單寫一句話，說明這些觀念的關聯。……………………

◉**闡述**你剛才寫下的觀念或想法，…………………………………
從最初的看法出發，進一步延伸或補充。……………………………

多年來，我們一共研究了數千張世界各地學生所畫的概念圖。我們注意到，整體而言，無論主題為何，學生都無法畫出理想的成品。這讓我們不禁思索，我們究竟需要具備何種思考能力，才能畫出完善的概念圖，幫助我們組織思緒與觀念，並展現學生對特定概念的理解？答案就是「列舉—排序—連結—闡述」例程。

· 目的 ·

概念圖以非線性的方式呈現學生的心智模型，活化學生對主題的認識，並讓他們以有意義的方式連結這些觀念。學生經常發現自己可以透過繪製概念圖整理思緒、了解觀念之間的關係。這不僅幫助學生釐清自己的觀念與思考，也協助他們表達這些看法。當然，教育家及研究者長期以來都是為了達到這個目的而使用概念圖，但若希望這種工具能確實呈現一個人的心智模型或對概念的理解，我們就得建立繪製過程的架構。這麼做不會限制學生思

考，反倒能積極培養更豐富、更適切的思考模式。「列舉—排序—連結—闡述」例程強調過程中的心智活動，且充分利用地圖的圖解特質，製作出豐富且能揭露細節的概念圖。

・挑選適當素材・

這個例程通常用於較大的主題或概念，例如民主、生物棲息地、簡報技巧、幾何學等等。這類主題包含許多層面及元素，能夠引發各種回應。你選擇的重大觀念或學習目標應該要讓學生有機會提出多元的想法。隨後請學生斟酌、判斷觀念的重要程度，這個過程展現了學生對主題的理解深度與廣度。你可以選擇的素材內容包括自由、權力、電學等概念或觀念，或是各種程序、步驟，像是設計科學實驗、製作動畫影片，或準備辯論。這個例程可以在課程剛開始的時候使用，讓老師了解學生對學習主題的認識，並開啟討論。另外也可在課程進行一段時間後使用，評量學生對觀念的了解。對學生來說，在課程結束後繪製概念圖也是很棒的複習方法，可以幫助他們準備考試或撰寫報告。

・步驟・

1. **準備**。確認學生是否知道什麼是概念圖。如果學生不熟悉這個工具，向他們解釋，概念圖可以幫助他們呈現自己對某個主題的想法。若學生對概念圖已經很熟悉，簡短介紹例程就可以，讓學生知道他們將依照架構繪製概念圖。

2. **列舉**。請學生列出跟主題相關的字詞、觀念或特點。你可以說：「請針對主題列出主要的層面或元素。」或「為了完成目標或達成任務，有哪些必要的元素、程序，或必須做的事情？請把答案統統列出來。」你可以視主題調整問法。「列舉」步驟是為了整理出初步的觀念。學生可以隨時新增項目，重要的是，在進行下一步之前，清單上至少要有五、六個要點。

3. **分類**。請學生根據觀念切中主題的程度來分類。核心觀念放在中

5 | 統整想法的例程　　　　　　　　　137
　　　Routines for Synthesizing and Organizing Ideas

間，較不重要的則放在邊緣。必要的話，這個階段可以讓學生兩兩一組或分小組進行，這通常能開啟學生對排序的熱烈討論。

　　4. **連結**。請學生把相關的觀念用線連起來，並在線條上簡短寫下這個連結的重點。例如，這個觀念會引出那個觀念，或這兩個觀念會一前一後相繼出現。

　　5. **闡述**。請學生選出幾個核心觀念並加以說明，在核心觀念下建立子類別，把觀念拆解開來。

　　6. **分享觀念**。將學生分成兩人或多人小組，請他們分享各自的概念圖。討論的重點放在繪製過程所做的選擇，以及學生在擺放觀念、尋找連結時遇到的難處和疑惑。

・運用與變化・

　　分類時，不一定要依據「重要―不重要」原則，也可以選擇其他的分類方式。例如，最先出現，或需要先注意的觀念，與後來才出現的觀念。或者所有人都熟悉的觀念，與只有少數人熟悉的觀念。有些學生會以同心圓來幫助分類，根據影響力分出內外圈。

　　蘿西是密西根州布盧姆菲爾德希斯市威氏小學的三年級老師，她用概念圖例程來評量學生幾何學課的學習成果。她請全班同學合作舉出學到的所有東西。學生有了初步觀念後，蘿西發下索引卡，讓學生把觀念寫在上面。她接著將這些卡片攤開，請學生分類，但不是依據重要性，而是將有共同點的觀念放在一起。這讓蘿西了解學生所認為的重要特性有哪些。例如，分類形狀時，學生著重在邊的數量，並且把對稱和直線、射線歸在同一類，因為他們曾在課堂上學過「對稱線」。把觀念寫在索引卡上，代表學生可以隨時調整分類，並視需要更改分類方式。接著，蘿西請學生談談這些類別的關聯，並將討論結果記錄在連結線上。在「闡述」步驟，蘿西告訴學生，接下來他們會先學習角錐和角柱，然後再回到概念圖，補上這些新資訊。

　　比亞利克學院的歷史老師布璐姆決定運用「列舉―排序―連結―闡述」

的步驟，幫助九年級學生準備考試。一開始，她讓所有同學在教室外等待，每次只讓兩、三人進教室。第一組學生進教室後，她請學生針對「中世紀的猶太生活」在黑板上寫下一個想法，較重要、核心的想法寫在中間。接著，各組同學陸續進入教室，補充各自的想法，寫下他們知道的事件、主題或觀念。更多組別進入教室後，布璐姆更改了指示，她請後來進教室的學生先閱讀黑板上已列出的項目，然後畫線說明這些事件、主題或觀念的關聯。所有學生都進到教室後，布璐姆請大家補充想法、連結線或說明。之後她用這張概念圖來幫學生複習，請大家觀察還有沒有漏掉的細節，或不同意項目的擺放位置。當布璐姆請學生提問時，學生的討論相當有趣。有個學生注意到所有悲劇事件都放在靠近中間的位置，於是他問：「為什麼我們總認為悲劇和災難比快樂、和平更重要？」大家針對這個回應展開討論，發現重要的歷史轉捩點往往由災難引發。學生也說這就是人性，我們總是關注生活中的負面事件，而將正面事件視為理所當然。

· 評量 ·

運用「列舉―排序―連結―闡述」做出的概念圖蘊藏豐富的訊息，能幫助老師評量學生知道什麼，以及他們認為這些知識與整體有何關聯。留意學生列舉的各種想法，及這些想法在地圖上的擺放位置。學生是否能區分想法的重要性？是否掌握最核心的想法？學生闡述想法的方式則透露他們的理解程度。學生做了何種連結？仔細觀察，這些連結是否太過表面？或是能展現出學生的深度理解？如果選擇的主題大家都很熟悉，可以將「列舉―排序―連結―闡述」例程當作非正式的課前評量，並在課程結束後再進行一次，以了解學生的思考有何進展。

· 小提醒 ·

要做出一張好的概念圖，要先有一份好的想法清單。為了確保這一點，可以讓學生先各自列出初步清單，再讓他們跟夥伴或小組討論，如此就能結

合多份清單來進行「分類」。雖然「列舉」是獨立的步驟，但學生隨時可以補充新的想法。實際操作的時候，應使用較大的紙張，方便學生書寫。大尺寸紙張會讓人更關注項目的擺放位置，並提供更多的可能性。此外，紙張夠大，學生也比較容易記錄想法，並畫出項目間的關係。

◉教學實例◉

提姆・歐布萊恩的《鬱林湖失蹤紀事》是比亞利克學院的英文老師葛沃指派給十二年級學生的閱讀書目。書中主角韋德是情緒不穩的越戰老兵。這部劇情複雜的小說讓學生有機會磨練角色分析的技巧，這是該州畢業資格考試的測驗內容之一。

葛沃希望學生在閱讀及討論之後，進一步分析韋德精神崩潰的原因。她不想要只是指導學生寫分析報告，於是決定運用「列舉—排序—連結—闡述」例程協助學生建構想法並進行分析。她也認為這個例程能帶起熱絡的討論，鼓勵學生重新檢視自己的想法。她說：「我希望創造一個空間，讓學生不害怕犯錯，能夠自由表達觀點、建立連結並得出結論。我也希望他們能主動參與討論，而不是由老師主導。」

這是葛沃第一次在班上使用「列舉—排序—連結—闡述」例程，因此她詳細說明例程步驟：「請每個人各自列出想法。思考所有可能影響韋德的因素，並把這些因素整理成清單」。學生完成這道步驟後，她給出下一道指示：「根據想法的重要性來排放，越重要的放在越中間，比較不重要的則放在外圍。」葛沃接著請學生把互補或互相影響的因素用線連起來，然後，她請學生說明各自的想法，並加上一些細節，以加深理解（參考圖5.4，一個學生針對韋德性格所做的概念圖）。

學生完成各自的概念圖後，葛沃把全班分成小組，請學生以同樣的步驟繪製小組概念圖。葛沃說：「學生在『分類』時必須先達成共識，才能把某個想法放在特定的位置，這引起了激烈的討論，因為每個人都

圖 5.4 泰隆針對《鬱林湖失蹤紀事》中韋德性格所做的概念圖

列舉—排序—連結—闡述：概念圖

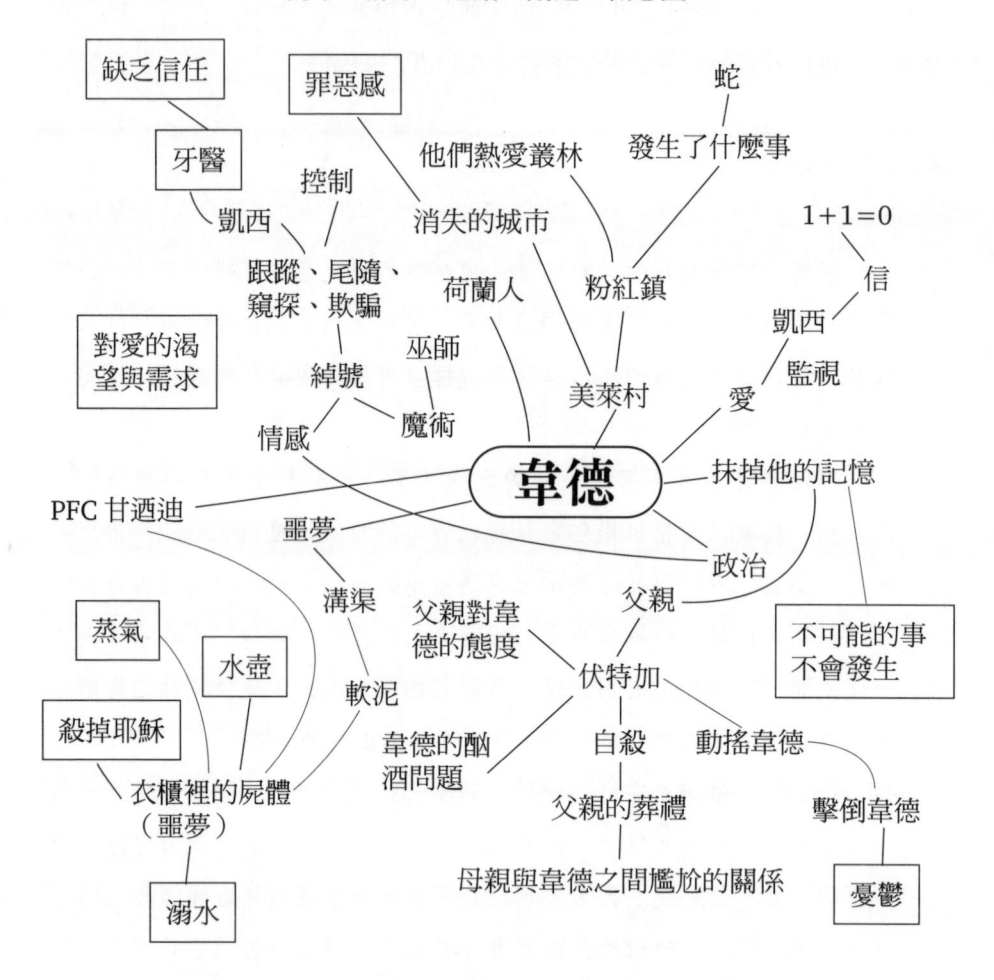

```
缺乏信任      罪惡感                    蛇
   │           │      他們熱愛叢林    發生了什麼事
  牙醫       控制   
   │         消失的城市                   1+1＝0
   凱西        │     荷蘭人   粉紅鎮        │
          跟蹤、尾隨、                      信
          窺探、欺騙    巫師                │
對愛的渴                              凱西
望與需求     綽號         美萊村           監視
              │  魔術          愛
            情感                      
                         ┌─────┐    抹掉他的記憶
PFC 甘迺迪      噩夢      │ 韋德 │
                         └─────┘        政治
               溝渠    父親對韋                          不可能的事
 蒸氣   水壺          德的態度   父親                    不會發生
                軟泥           伏特加
殺掉耶穌                                  動搖韋德
                    韋德的酗    自殺
         衣櫃裡的屍體  酒問題                 擊倒韋德
         （噩夢）           父親的葬禮
                                                憂鬱
     溺水       母親與韋德之間尷尬的關係
```

堅持自己放的地方才『正確』。我就是想看到這樣的辯論。」

葛沃對學生分組討論的對話品質特別印象深刻，她說：「學生繪製小組概念圖時，必須以各自的概念圖為基礎，因此會引起爭論。這些爭論促使學生去討論不同想法的相對重要性，進而幫助自己釐清觀點。學生在『分類』步驟的討論最豐富，效果也最好。『連結』的成效也很不

錯,這個步驟讓學生看到許多新的想法,他們很驚訝,原來還有這麼多自己沒注意到的層面。」

有個問題引發了學生特別激烈的辯論:韋德之所以精神崩潰,是越戰所致,還是童年受父親虐待的結果?學生接著討論,如果韋德的父親沒有在韋德小時候虐待韋德,傷害他的自尊,那他長大之後是否就有夠強的心理素質,足以抵擋越戰的創傷?大家莫衷一是,有些學生認為美萊村屠殺慘劇所留下創傷,無人能免疫。

葛沃回顧學生的想法時發現:「學生的結論是,所有因素都很重要,韋德對所有逆境的反應都很類似,他把童年期磨練得爐火純青的應對方式運用在往後的每一道關卡。這正是我希望學生掌握的重點。我不希望他們只把韋德看作傷痕累累的退伍老兵,或活在父親家暴陰影中的男子。而學生真的領悟了這點!他們的結論是,在那樣的環境下,所有人都可能犯下韋德所犯的錯誤。學生的結論告訴我,他們已經理解這本書的核心議題。」

90分鐘的課程到了尾聲(你可以在影片中看到部分片段),葛沃要求學生寫一份報告,探討「韋德是怪物嗎?或者他唯一的錯誤在於他是人?」學生在課程結束的隔天寫這份報告。葛沃從中看到例程的結構化流程和後續的討論如何反映在學生的報告中,她說:「學生探討了許多因素,最後了解到,任何個體都是經驗累積的結果。我們不能任意指控某人為怪物,反倒要了解,只要是人都有缺陷,只是這些缺陷會因為某些經驗而變得比較明顯。」

葛沃回顧學生第一次使用例程的經驗,她說:「我發現例程讓學生比較願意投入討論和傾聽,在各自做作業的時候,也比較願意去尋找讓他們做出某個決定的理由。這代表,即使他們看到了不同的觀點,仍可以堅持自己的看法。我比較驚訝的是學生在思辨時的理性,當他們認為別人的觀點合理時,竟然願意接受。我很滿意這個例程所提供的架構,學生也清楚了解概念圖能夠反映他們思考時的心智活動,也就是列舉、

分類、連結、闡述！」

　　葛沃從更宏觀的角度反思自己的例程運用，她說：「思考例程讓我知道該如何規劃課程，提醒我把希望學生做的『思考』放在心上，也提供了教學的架構，同時鼓勵學生在沒有老師指導的情況下，自行用這些『心智活動』進行各種形式的文學分析。例程讓學生逐漸發展獨立思考，學生現在可以向自己的『大腦』發出『信號』，指示大腦去建立『連結』或『分類』，或者問自己『是什麼讓你這麼說？』挖掘想法背後的理由。」

◉ 連結—延伸—挑戰 ◉
Connect-Extend-Challenge

思考你剛才讀到、看到或聽到的內容，接著問自己：
- ◉ 這些觀念及資訊如何**連結**到已知事物？
- ◉ 你有哪些新觀念，能夠**延伸**或拓展思考的方向？
- ◉ 學習這些新觀念及資訊時，你遇到哪些**挑戰**或疑問？

當我們絞盡腦汁，想要突破教學困境時，我們的團隊赫然發現，學生之所以學習失敗（特別是在學校），通常是因為老師在給了學生資訊後，沒有要求他們針對這些新訊息動腦筋。「聽」課不會帶來學習，被動吸收來的資訊無法使用。然而，閱讀、觀察及聆聽確實能讓學生學到許多。一旦了解主動傾聽與被動聽到的差別，新例程便隨之產生。「連結—延伸—挑戰」可在各種情境下使用，幫助學生主動處理新的資訊。學生透過這個例程連結新資訊及既有知識、尋找有助於深入思考的新觀念，並探討這些新觀念如何挑戰舊有思維或原先的假設。

· **目的** ·

學生在課堂上的學習通常是一點一點漸漸發生的，因此容易以為每個觀念都互不相關。我們可以將「連結—延伸—挑戰」例程當作工具，協助學生連結不同觀念，找出值得進一步探討的疑惑。這個例程提供了架構及空間，讓新的思考（受學習經驗啟發的新觀念）變得可見。

在這個例程中，學生將學到的新觀念連結到已知事物，同時反思剛才讀到、看到或聽到的內容如何延伸他們的思考。鼓勵學生建立連結並深入思考，老師傳達了幾個重要訊息：觀念與思考都是動態的，會持續深化及成長。此外，在學習的時候，處理接收到的新訊息非常重要。除了連結及延伸，這個例程也要求學生說明，在他們探索某個問題或觀念時，最重要的挑

戰及疑惑是什麼。請學生特別留意並指出主題的潛在難題，學生將更能注意到那些發展深度理解所需的重要觀念。

· 挑選適當素材 ·

　　本例程的目的是協助學生成為主動的訊息處理者。因此，包含大量資訊的課程結束後，非常適合用這個例程來統整資訊，無論是課堂尾聲、讀完文本後，甚至整個單元結束之後，都可以使用。我們的團隊也經常在研討會收尾時用這個例程來回顧過去一週的會議重點。由於此例程強調「連結」，因此適用在各式各樣的主題上。問問自己，新的內容是否能連結到學生之前學過，或已經知道的知識？學生能夠注意到新的資訊嗎？這個新資訊是否帶來任何疑惑及挑戰？

· 步驟 ·

　　1. **準備**。在學生開始聽故事、閱讀文章、看影片、參觀展覽，或進行其他訊息豐富的活動之前，請他們特別留意新的課程跟自己已知的事物有什麼關聯。也請學生想一想，新的資訊如何推動他們以不同的角度思考。聽到、讀到、看到或體驗到的訊息中，有哪些新的挑戰或疑惑？

　　2. **連結**。活動結束後，請學生記下剛才學到的內容跟曾經探索過或思考過的觀念有什麼關聯。問學生：「你剛才聽到的觀念和資訊，跟你想過或已經知道的觀念有什麼關聯？」記住，進行任何小組討論之前，務必讓學生有足夠的時間寫下自己的想法。

　　3. **延伸**。現在請學生分享，他們的觀念在課程結束之後，有哪些進展、加深或延伸。問學生：「你的思考如何轉變？有哪些新的、更進一步或更深層的觀念？」一樣請學生寫下自己的回答。

　　4. **挑戰**。最後，請學生想想這個主題有哪些觀念極具挑戰性。「學了這些新的觀念及資訊後，你有什麼疑惑？遇到了什麼挑戰？」你也可以在這個階段請學生提出問題或意見。

| 5 | 統整想法的例程 | 145 |
| | Routines for Synthesizing and Organizing Ideas | |

5. 分享觀念。當學生各自完成「連結─延伸─挑戰」的步驟後,請學生找一名夥伴或與小組成員分享自己的看法。記得請學生說明各個回答背後的理由或考量。每組同學都要針對例程的三道步驟充分討論。你也可以將各組提出的關聯、延伸及挑戰展示在大海報紙上,讓全班的思考更清楚可見。

・運用與變化・

密西根州特拉弗斯城的林賽爾在六年級社會課上帶領學生認識不同地區的原住民文化。林賽爾向學生展示許多描繪部落文化的原住民藝術品,加強學生對該文化的了解。他將「連結─延伸─挑戰」例程用在課程剛開始的階段,請學生仔細觀察這些藝術品,並請學生說說自己看到的細節跟之前讀過的部落事蹟有什麼**關聯**。接著,林賽爾請學生想一想,這次看到的內容如何**延伸**他們的學習,他們認識了哪些課本以外的部落文化。最後,他鼓勵學生提出自己有哪些有趣的疑問或不解之處。林賽爾的學生持續將討論出來的連結、延伸及疑問記錄下來,並進一步利用這些筆記探討氣候及地理環境對文化的影響。

阿姆斯特丹國際學校的六年級數學老師邱奇在講解面積與周長時,要求學生在五週的課程期間持續記錄每次上完課後產生的連結及延伸。邱奇從學生的回應中整理出幾種重複的連結和延伸,以及少數獨特且具啟發性的想法。接著,邱奇依課程主題將學生的想法貼在教室的布告欄上,完整呈現學生在這個單元做出的連結及延伸。邱奇希望學生從這樣的具體展示及課堂互動中看到並感受到數學能力的動態成長。邱奇不斷在公布欄上增加連結與延伸,如此一來,學生就能一邊思考面積與周長的關係,一邊找出值得記住的共通點與重要觀念。邱奇的學生也在社會課中利用本例程觀看並討論遠古人類露西的考古影片,了解人類的起源。你可以在影片中看到這段過程。

・評量・

試著了解,學生是如何透過他們分享的這些連結與延伸,去掌握那些對

了解某個主題至關重要的共同觀念。學生是否能找出特定主旨或細節，整合不同觀念？或是將每個觀念都當作全新的事件，跟先前的經驗沒有關聯，無法產生新的觀念？學生能不能看出他們在這堂課上學到的觀念及概念跟其他科目或更大的概念有什麼關係？

對老師來說，重要的是對學生提出的連結與延伸保持開放的態度，這樣才能看到或聽到某些容易被省略或忽略的觀念。另外，學生提出的某些連結或延伸可能比其他回答更好或更有深度。把全班同學提出的連結與延伸整理成清單，讓大家都能讀到並共享，接著，老師可以請學生想想哪些連結及延伸看起來更重要。老師可以利用這種記錄方式以及小組討論，示範如何連結學過的知識或新領域。

・小提醒・

學生必須花時間熟悉這個例程所使用的語言，因此不會那麼快上手。老師可能必須向學生示範，讓學生知道什麼才是有意義的連結、豐富的延伸或有價值的挑戰。你可以翻到第八章，閱讀邱奇與學生使用本例程的過程，進而了解此例程在引導學習上的效用。

熟悉「連結─延伸─挑戰」例程後，老師也會更清楚該如何請學生分享自己的想法。有時適合以班級為單位，由老師詢問學生為何這麼回答。有時，可以先請學生或小組上台分享，然後由老師要求學生提出他們認為對主題來說最重要的兩至三個連結及延伸，並進一步詢問是什麼原因讓他們這麼說。

接下來可以帶領全班一起進入「挑戰」的步驟，或展開「連結與延伸」的初次討論。挑戰步驟可以用「標題」例程進行，以掌握某個複雜觀念的精華（參見第120頁的「頭條標題」例程）。重點是，老師要知道自己不用回答或解釋學生提出的所有挑戰，反倒應該善用大家的疑惑，引導學生更深入了解學習主題，而不是幫學生解開所有疑惑。

等所有人都熟悉這個例程，學生可以自在使用例程語言，也看過、聽過

老師的示範，知道什麼是有意義的連結、延伸及挑戰後，老師可以請學生開始整理「連結」「延伸」「挑戰」標題下的筆記。然而，若學生還沒熟悉這個例程，這麼做的效果可能比較不好。

◉ 教學實例 ◉

海斯勒是紐約先鋒高中的老師，他發現有些思考例程非常適合用在人文學科，他說：「在我的人文課上，班上同學要探討的一個觀念是種族與社會身分。我們在這個單元深入研究美國早期的帝國主義、美國人在各個時期如何看待外國人，以及早期美國人與非美國人的接觸，例如世界博覽會。我們甚至討論了某些複雜且有爭議的主題，像是優生運動。我在這些主題中看到許多模式，也就是說，我觀察到不同單元之間有許多關聯。於是我開始思考，為學生尋找方法，讓學生也能辨識並建立這些重要的連結。」海斯勒決定以各種方式將「連結—延伸—挑戰」例程運用在不同的課堂主題上，實際進行時，他也按例程步驟與學生一起依序進行。

海斯勒選在學生閱讀霍爾德‧法斯特的《自由之路》（Freedom Road）時第一次使用「連結—延伸—挑戰」例程。這本歷史小說的故事背景設定在美國南北戰爭結束後（即重建時期）的南卡羅萊納州。主角吉迪恩原本是奴隸，為了追求自主與獨立而買下一塊地。這在當時是相當激進的作法，掌握權勢的人後來也粉碎了吉迪恩的夢想。學生讀了小說的一部分之後，海斯勒發下學習單，上面寫著「連結—延伸—挑戰」。海斯勒請學生依照這幾個標題，稍微回顧讀過的內容。海斯勒說：「孩子的確建立了一些巧妙、耐人尋味的連結，有些我甚至都沒想過。我沒有預期到學生會做得這麼棒，明確地將思考延伸到社會的種族及階層問題。」初次使用「連結—延伸—挑戰」，就看到學生在這例程的協助下清楚說出自己如何理解重要觀念，令海斯勒又驚又喜。

一段時間後，海斯勒開始思索他還能提供什麼協助，讓學生的思考更豐富。他說：「我決定在『連結—延伸—挑戰』步驟中插入引導句。希望這麼做能幫助學生在建立連結時一併提出論據，並使用豐富的思考語言。」海斯勒發現，這些「鷹架支持[i]」讓更多學生有能力建立令人讚賞的連結（表 5.1）。

雖然海斯勒很滿意首次運用「連結—延伸—挑戰」的成效，但他知道，如果希望學生建立更深層的連結，他必須協助學生了解什麼是深層連結。將近兩年後，海斯勒請學生（其中有些曾經上過他的課）仔細審視自己寫下的連結，他說：「我們在這幾個學年經常運用這個例程，我認為學生已經準備好評估自己的思考品質。」學生一邊閱讀《人猿泰山》，一邊探討書中有關社會達爾文主義的複雜觀念，海斯勒則在教室前方貼上兩張海報，一張的標題是「還算可以的連結」，另一張則是「較理想的連結：值得進一步探索的連結」。接著，海斯勒請同學看看自己的筆記，把觀念分成兩類。學生分享時，海斯勒將學生提出的例子分別寫在對應的標題下，並請學生說明「還算可以的連結」與「較理想的連結」分別有哪些特性，這麼做能讓學生了解「好的連結」的標準。海斯勒希望藉由大家共同決定、檢視連結的特性，鼓勵學生在未來的學習中建立更深層的連結（表 5.2）。

海斯勒說：「過去我總認為學生只選擇輕鬆的方式，不願花太多心力。當我要他們深入思考一個觀念時，他們只會給我相當表面的回應。後來我開始思考，或許他們根本不知道如何更深入地表達想法。也就是因為這樣，跟學生一起留意並判斷『好的連結』才這麼重要。我希望學生建立連結的能力會越來越進步。」海斯勒在這期間漸漸體悟，讓學生自行評估並掌握思考，能帶來相當大的學習功效。

---

[i] 編注：scaffolding，指提供兒童學習所需的協助與支持。

表 5.1 高中生依照「連結—延伸—挑戰」步驟所做的閱讀筆記

從你閱讀的內容中，選出讓你形成**連結**、**延伸**思考或覺得有**挑戰或疑問**的句子，至少四句。	任選一個句型來開場： **連結**：「這段文字讓我想到⋯」 **延伸**：「這段文字讓我有新的想法，因為⋯」或者「以前我認為⋯，現在我覺得⋯」 **挑戰**：「這段文字讓我猜想⋯？」
「要是他們拒絕下田，就必須搬走。」	這讓我想到印第安人遷移法案。美國原住民不是被同化，就是被趕出他們的土地。
「擁奴派白人看到非裔美國人拿著武器，覺得很可怕。」	這讓我想到傑弗遜「揪著狼耳朵[i]」的比喻，因為擁奴派白人害怕黑人會集結起來叛變。
「我們現在只有一個主人，那就是耶穌基督，祂絕不會向我們課稅，或把我們趕走。」	這句話讓我想到奈特・杜納把信仰上帝當作通往自由的鑰匙。
「前奴隸擁有土地的渴望跟擁槍非裔美國軍人一結合起來，事件就爆發了。」	這讓我有新的想法，以前我認為非裔美國人會被迫離開，但現在我明白，他們不會讓自己被人趕走。
「黑人手持武器，宣告這片土地不准白人入侵。」	這讓我很意外，吉迪恩竟然買通萊特（白人佃農）幫他買土地。

---

[i] 譯注：傑弗遜說：「我們就像揪著狼的耳朵，既無法永遠抓著，也無法安心放手。天秤的一端是正義，另一端則是自保。」描述當時黑奴問題的兩難，一方面想要落實正義，一方面卻又擔心黑奴的報復。

表 5.2 高中生認為「好的連結」的標準

・還算可以的連結・	・較理想（值得進一步探討）的連結・
《人猿泰山》讓我想到電影《森林泰山》，因為他們都會爬樹。 　　泰山讓我想到「我們和他們」。	泰山的學習讓他不同於人猿及非洲人，就像「我們和他們」的關係。這強化了「我們和他們」的觀念。 　　泰山自學閱讀，讓我想到靠智慧取勝的斐德立克・道格拉斯，他告訴我「教育就是權力」。 　　泰山將自己與他人（例如船員、非洲部落的族人）區別開來。這就像社會達爾文主義的主張，窮人弱者無法存活，富人強者才能生存。泰山血統高貴，是適者生存的實例。
・性質或特性……	・性質或特性……
乏味、死板、沒有細節、簡單。只是陳述，沒有任何解釋，也沒有經過分析。很容易就想得到，比較一般。 　　不太能提供證據及線索去了解事件。簡單，沒有任何作用，無法促進更深入的思考。	較有深度的連結、細節、主旨延伸的觀念、涵蓋不同觀點的思索——嶄新、有趣的資訊，可以啟發新的觀念。 　　讓你注意到某些事情、更了解狀況，或啟發新的觀念。也讓你從一個觀念連結到另一個觀念，引起注意並幫助你拓展思考、激發想像力。

◉ 4C 例程 ◉ The 4C's

讀完文本後：
- ◉ **連結**（Connection）。文本內容跟你的生活或其他學習有哪些**連結**？
- ◉ **挑戰**（Challenge）。文本涵蓋哪些讓你想要**挑戰**或質疑的觀念、立場或假設？
- ◉ **概念**（Concepts）。文本中有哪些關鍵**概念**或想法是你覺得很重要且值得記錄的？
- ◉ **改變**（Changes）。文本讓你想要**改變**哪些態度、思考或行動？

　　無論學科領域或學生年齡，老師經常選用各種紀實作品當教學素材。我們很容易理所當然地以為，這些文本只是內容資訊的來源。不過，雖然紀實作品的確提供了相當豐富的資訊，但這些文本也可以用來開啟熱絡的討論，進一步培養深度思考。「4C」例程提供了一系列問題，鼓勵學習者有目的、有架構地學習，盡力了解文本所提供的資訊。

・目的・

　　這個例程提供了一個架構，讓學生能夠針對文本進行討論。討論的核心包括建立連結、提出問題、找出重點，以及思考訊息的應用方式。此例程也鼓勵學生在閱讀及省思文本內容時，應該要有重點和目的，這樣才能深入核心，拋開先入為主的印象。4C 例程一開始的設計是要用來探討紀實文本，但只要稍微調整，也可以應用在虛構作品上。

　　學生會在每個步驟進行不同的思維活動，這些活動反映出老師希望所有學生都能做到的一件事：主動且深入地閱讀。雖然這裡描述的例程步驟有先後順序，維持這樣的順序可以幫助學生討論，但從閱讀理解的實際狀況來看，這些思維活動並不是線性關係。請學生**連結**文本內容與自身經驗，這不但使內容變成學生自己的，也是一種延伸，因為每次連結都會為文本增加

新的面向。找出**挑戰**可以促進批判思考，讓學生了解，閱讀紀實作品時，應該要質疑文本的真實性與準確性。若要找出重要**概念**，學生必須比較不同概念，並依重要性排出順序，以了解文本的主題及想要傳遞的訊息。請學生找出個人的行為或態度可能有什麼**改變**，則是為了讓學生知道資訊可以怎麼使用，並鼓勵他們深入思考訊息所蘊含的意義，而不是只看到字面意思。這同時需要分析與整合思考的能力。

・挑選適當素材・

　　閱讀觀念、概念複雜的文本時，最適合使用「4C」例程。只有夠飽滿的內容，才能激勵學生去理解其中的觀念，並推動討論及思辨。老師可以從各種來源摘取素材，例如個人評論、新聞、研究報告、學術期刊、個人隨筆等。你也可以選用教科書內容，但教科書通常不會表明立場或意見，只會以粗體字標示重要概念，因此學生通常沒什麼興致討論。雖然這個例程常用來回顧文本，不過也可以選擇影片或從 TED（www.ted.com）上挑選具啟發性的演講來當素材。

　　只要在挑選素材時牢記例程步驟，虛構作品也是不錯的素材來源，必要時可以稍微調整用詞，例如：「挑戰」步驟可以請學生著重在他們不認同的角色行為，「概念」可以改成主題，「改變」可以著重在角色的發展、轉變和成長，請學生想一想造成這些轉變的原因是什麼。不過，有些故事比較適合這麼問：「這個故事為什麼**改變**了你的想法？你從中學到什麼教訓或重要的事？」

・步驟・

　　1. **準備**。請學生閱讀你選擇的文本。若內容較長，可以請學生在上課前先讀完，或是在課堂一開始先給學生足夠的時間閱讀。學生了解這個例程之後，可以事先告訴他們，這四個思維活動（4C）就是今天的討論架構，這會很有幫助。將 4C 寫在所有學生都能清楚看到的地方，以此為架構展開

討論。

　　2. **建立連結**。讀完文本之後，請學生找一找，哪些段落跟自己的個人經歷或學習經驗有關？接著進行小組討論，請學生分享自己選擇的段落，並解釋關聯性。

　　3. **提出挑戰**。請學生找出自己在閱讀文本時，出於各種原因認為有問題的觀念或立場，可以是他們不同意且想要挑戰的觀念，也可以是他們覺得現有訊息不夠充足、無法下結論的觀念。如果素材是虛構類文本，可以著重在角色的行動上。討論時可以讓學生先唸出有問題的段落，接著說明自己在閱讀時腦中浮現的問題。

　　4. **記下概念**。請學生快速回顧文本，記下重要的概念、主題或觀念，也就是他們想跟還沒讀過書的人討論文本要點及重大觀念時，想要分享的元素。此步驟與前一步不同，並不著重文本內容，不過還是可以針對學生的回應進一步詢問：「是什麼讓你這麼說？」以引導學生說明概念背後的根據。

　　5. **找出改變**。請學生回顧整個文本，思考其中的意涵。如果我們認真看待文本，它代表或支持什麼樣的行動或立場？讀完文本之後，可能會改變哪些想法或行為？若選擇虛構文本，則著重角色的轉變及造成轉變的原因。這些觀念不一定要有明確的文本基礎，但要請學生說明提出這些回應的理由及根據。

　　6. **分享想法**。在這之前，學生已經在各個步驟中分享自己的想法。不過，還有另一種進行方式：一開始先給學生足夠的時間找出 4C，然後再依序討論每一個 C。無論使用哪種方式，都要在討論的尾聲花一點時間總結。這個架構如何協助學生發展對文本的深度理解？在尋找對應 4C 的內容時，有沒有哪一項特別困難？討論時有出現任何讓學生感到意外的事情嗎？

・運用與變化・

　　比亞利克學院的一年級老師瑪克絲首次使用這個例程時，把學生分成五人一組，請學生在導讀課上閱讀一本小說，並且發下一張列出四個欄位的學

習單。接著，瑪克絲向學生解釋這個例程，並適時改用簡單的詞彙來說明。她要學生畫出自己建立的連結、不同意的故事內容、認為最重要的故事內容，還要學生想一想自己是否從這個故事學到任何新的或重要的東西。

另一次，瑪克絲在帶領小組同學討論「兒童經典讀物計畫」中「費羅傑與魯特琴」（Feraj and the Lute）的故事時，隨興帶入了 4C 的觀念。她以淺顯的語言問學生：「故事內容跟你從生活中學到的事有什麼關係？故事裡有哪些東西是你想要挑戰或不同意的？你認為故事中的哪個想法最重要，是什麼讓你這麼說？聽完這個故事以後，你對事物的看法有改變嗎？」小組回答完這些問題後，瑪克絲在海報上記錄學生的回答。

蘭德芙特每個月都在伊薩卡計畫（Ithaka Project）的研討會上用 4C 例程來討論他們閱讀的專業文章。每位參加者事先都知道他們將以這個架構進行討論，所以都有所準備。會議非常緊湊，主持人（輪流擔綱）必須讓大家在 40 分鐘內討論完 4C，討論內容則由專門的記錄員負責。會議結束後，這些紀錄會發布到維基百科上（關於這個團體運用 4C 例程的方式，可參考第七章）。

· **評量** ·

學生提出的連結、挑戰、概念及改變能讓我們了解學生對文本的理解程度，以及學生是否有能力在更大的脈絡下看到文本的主題。學生做出的連結是否只與個人經驗有關，或者能連結到他們在其他課堂上學習的東西？他們能看到更深層的東西嗎？學生在挑戰觀念或概念時，提出什麼類型的疑問？他們能展現良好的懷疑精神，看出文本的偏見或以偏概全的地方嗎？他們能找出重要的主題或概念嗎？能區分重要及不重要的概念嗎？當學生在說明「改變」及背後的原因時，注意聽他們提出的理由。

· **小提醒** ·

雖然這個例程有四道步驟，而且這個順序是最有效的討論方式，但是在

閱讀或回顧文本時，這些步驟可能沒有線性關係。如果這是學生第一次接觸 4C 例程，你可以按照上述順序逐步完成。不過，一旦熟悉了這個例程，學生可能會不想按順序來做筆記或整理討論內容。你可以先介紹例程，再發下文本，讓學生邊閱讀邊回應。或者，你也可以先讓學生讀完文本，再一次提出例程問題。學生熟悉例程及目標後，也可以把這個例程當成架構，讓學生主導討論。

我們可以利用 4C 例程展開豐富且完整的文本探討，但每道步驟也都可以獨立出來討論。例如在閱讀結束時，你可以問：「在這份文本中，你可以連結到哪些之前學過的東西？我們可以從角色身上看到什麼樣的轉變？」等等。

學生可能不熟悉文本討論，不過這是很棒的訓練。討論文本時，一開始通常會直接引用文本的內容，這麼做可以讓討論聚焦，不至於偏題。然而，老師或指導員必須記得請學生提供引文的出處。若要做到這一點，務必讓學生在討論前有足夠的時間找出想要引用的段落是在文本的哪個位置。討論時，請發言者先說明現在討論的句子是在第幾頁、第幾段，以方便大家跟著閱讀。

◉ **教學實例** ◉

比亞利克學院的五年級學生正在閱讀路易斯・薩奇爾的小說《洞》，他們的老師辛認為這本小說有許多值得學生思考的問題。辛設定好目標，接著開始規劃該如何介紹並與學生討論這本書。她認為「4C」例程可以讓學生獲得更深刻的理解，也能延伸他們的思考。辛說：「我認為這個故事的情節夠豐富，讓我可以嘗試使用這個我從沒用過的例程。而且當我讀到關於 4C 的介紹時，我一邊讀，就一邊想著可以在何時、何地用上這個例程。」

4C 例程提供辛一個架構和幾個問題，她認為，班上同學讀完這本書

後，這些元素將有助於學生彙整書中的深層意義。不過，這本書對五年級學生來說有點厚，辛認為應該要在學生閱讀之前先向他們介紹這個例程，這樣學生才會特別留意故事情節之外的細節。

辛跟學生說明了 4C 的意思，並解釋這些都是閱讀時自然會用上的思維活動。她以自己閱讀晨報作為示範，向學生說明她的思考，讓學生看見她如何建立連結、挑戰書中觀點、找出故事核心、思考意義及改變。她告訴學生，閱讀時最好能把 4C 放在心上，一邊讀，一邊在書的空白處寫下自己的想法。

辛發現，同學在每章最後的討論越來越認真。學生在更大的世界中尋找相似的情況，並將書的內容連結到種族隔離、偏見、種族歧視等問題。學生越接近小說的尾聲，討論的內容就越深入也越透澈。學生不需要辛提醒，就自動熱烈討論某段文字適合哪一個 C。她很高興看到一些平常沉默不語或惜字如金的學生開始願意參與討論，也能夠清楚表達自己的立場或想法。

讀完故事那天，辛在教室牆壁貼上四張大海報，每張海報頂端都寫了一個 C。辛請學生回想自己在閱讀的過程中做了哪些思考及筆記，然後，辛要學生專心看著教室牆上的四張海報，她說：「現在我希望你們以整本書的角度來思考，你印象最深刻的是什麼？你認為這本書的核心觀念是什麼？你做了哪些連結？你想挑戰哪些行動或事件？角色的態度或行為有哪些改變？」接著，辛發下便利貼，讓學生寫下對每個問題的想法，並貼在對應的海報上（關於學生的回應，請參見表 5.3）。

學生貼好自己的想法後，全班依序討論各張海報的內容。他們仔細閱讀每一張海報，討論貼在上面的想法，尋找這些回應的共通點及浮現的重要想法。有趣的是，這個例程對辛的影響也很大。她一邊回想，一邊說：「我的思考也延伸了，身為人生經歷較豐富的成人，我看待角色或事件的角度跟學生不同，但是學生的回應的確讓我思考得更深，也挑戰並擴展了我原先的想法。」

表 5.3 五年級學生對《洞》所做的 4C 例程紀錄

・連結・	・挑戰・
• 我在家常常被罵，但那件事根本不是我做的，而且我通常也沒有機會為自己解釋，就像史丹利一樣。我總是在錯誤的時間出現在錯誤的地方！ • 我正在讀《爬上巔峰》，一本關於希拉瑞爵士的書，描述人們在攀登聖母峰時，如何利用非常有限的資源生存。史丹利和零蛋在山上時也只能靠洋蔥活下去。 • 書中提到「我們總是喜歡責怪別人」。我有時候也喜歡把自己做的事怪到弟弟身上。 • 相對應的文本：《天使》和《洞》。《洞》只要提到過去的事件，就會用不同的字體，《天使》也是。 • 潘丹斯基先生說零蛋的腦袋空空，我也常被說是「笨蛋」。	• 史丹利明明有麻煩了，為什麼會以為自己是要去一個好玩的營隊？ • 大家都認為零蛋「沒有用」，但是他從來沒有向史丹利以外的人展示他真實的樣子。 • 綠湖營中的人為什麼認為努力工作可以培養人格？ • 為什麼「那不是女童軍的營地」這句話出現這麼多次？女生並沒有比較差！！！！！

・概念・

- 絕對不要放棄嘗試！嘗試、嘗試，再嘗試，你就會成功。
- 如果一輩子都活在洞裡，唯一能做的就是向上爬。
- 友誼
- 毅力
- 相信自己
- 領導力
- 決心
- 向朋友伸出援手
- 勇敢
- 種瓜得瓜
- 千萬不要從封面來判斷一本書

・改變・

- 故事清楚描述了過去人們對有色人種的偏見（現在也有，只是可能比較少）。
- 凱蒂本來是很棒的女人，但山姆過世後，整個人都變了。有些意外可能會永遠改變你思考的方式。
- 我本來覺得史丹利的爸爸實在很蠢，才會那樣處理球鞋，但看完這本書後，我對他改觀了。
- 史丹利撿到一雙天上「掉下來」的鞋子，一切就都改變了。他被逮捕，送到綠湖營，過了一段相當難過的日子。即使這樣，他還是認為所有事情都是「幸運」的！！！
- 我讀到一半才發現原來零蛋不是白人。

◉ 微型實驗室架構 ◉ The Micro Lab Protocol

先獨自反思正在研究的問題或主題，接著三人一組進行：

◉ 分享：請各組第一位同學在規定的時間內分享（通常是 1 - 2 分鐘），其他組員認真聽，不要評論，也不要打斷。

◉ 暫停：安靜 20 - 30 秒，讓大家吸收剛才聽到的內容。

◉ 重複：第二與第三位同學依序進行同樣的步驟，每輪結束後都安靜片刻。

◉ 小組討論：花 5 - 10 分鐘討論，參考其他同學的意見，並從小組成員的回應中找出連結。

「微型實驗室架構」原本是韋斯格拉斯為美國國家平等教育聯盟（National Coalition for Equity in Education）設計的討論架構。本書介紹的版本則包含布萊絲所做的修改。微型實驗室是一個簡單的架構，確保在討論重點問題之前，每個人都能表達意見、提出想法。雖然微型實驗室不會促進特定的思維活動，不能算是思考例程，但有老師發現，這是讓學生的思考變得可見的重要工具，也是引導小組討論的實用架構。因此，微型實驗室已成為許多課堂及會議用來建立思考文化的例程。

・目的・

老師經常請學生在課堂上進行分組討論，但未必能獲得預期成果。各組同學經常會偏離主題且（或）由一人主導，其他人則袖手旁觀。微型實驗室的目的是要確保大家都平等參與，且每個人都有貢獻。老師或主持人會掌控大家分享的時間，讓所有組別都能按部就班、保持專注。「暫停」讓大家沉思前一位發言者的觀點，並讓小組「再次沉澱」。三人一組能產生最好的互動，不至於讓大家沉默太久。

每個人都分享過自己的想法後，小組就能進行開放式的討論。這時可以將各個想法連結起來、釐清疑問、找出主旨，並深入探討。老師發現，經常使用這個架構能幫助學生成為更好的聆聽者，並學習怎麼參考、連結其他人的觀點。也有學生因此學會更有自信地表達、談論自己的想法，而不再只是附和其他人。

・挑選適當素材・

無論哪種討論，內容都很重要。有意義的討論來自有意義的內容。若內容可能包含不同的觀點，也能增加討論的豐富性。微型實驗室可以用來討論及探索時事與政治議題、回顧及分享現階段的學習收穫、探討及檢視某個計畫、討論可能的解決辦法等。另外也可以用來回顧自己的學習：你的閱讀和寫作技巧有哪些進步？還有哪方面是你希望可以更進步的？無論如何，如果討論的目的不只是分享，那你必須思考，怎樣的討論才能幫助小組成員學習。

準備討論的一個重點是預先設想。就某些層面而言，你可以把這樣的準備工作想成是學生要「奉獻」的東西。如果小組成員無法提供內容，就無法成就討論的盛宴。為了幫助同學提出值得討論的內容，你可以將微型實驗室與另一個思考例程結合，作為學生反思的架構。例如，老師可以在校外教學後利用「連結—延伸—挑戰」或「以前我認為……，現在我認為……」例程，請學生寫下各自的想法。

・步驟・

1. **準備**。讓學生充分理解你希望他們討論的內容，以及希望他們能從中獲得的東西。依據你要學生統整的內容量決定要給學生多少時間反思，通常 5–10 分鐘就夠了（通常以書寫方式進行）。向學生說明架構、目的、規則，以及每輪分享、暫停的時間長度。把學生分成三人一組，讓大家報數，記下自己分享的順序。別忘了告訴同學你會負責計時。

2. **分享**。請每組的 1 號開始分享，在你指定的時間內（告訴學生一個確切的時間，約 1–2 分鐘），只有發言者可以說話。其他成員要保持安靜，認真聽，如果覺得某個想法有用，可以做筆記。可以的話，用響鈴提醒大家時間已到。接著要各組安靜下來。

3. **暫停**。安靜 20–30 秒，讓大家消化剛才聽到的內容。有些人可能無法忍受沉默，覺得不自在，但一段時間後，他們就能領會到平靜與定心的效果。一開始，你可以請大家安靜回想剛才聽到的內容。

4. **輪流進行步驟 2 及 3**。重複步驟 2、3，直到每個成員都分享了他（她）的想法。注意，如果發言者在時間結束前就完成分享，請該組同學安靜回想。

5. **開始討論**。宣布現在是開放式討論時間（通常進行 5–10 分鐘）。鼓勵大家針對其他人的分享內容建立連結，或者提出問題以釐清疑問。用響鈴提醒時間。

6. **分享觀念**。以班級為單位，請全班同學針對架構進行反思，這個架構怎麼啟發他們對問題或主題的思考？

・運用與變化・

一般人或許不認為討論架構能在數學課上發揮多大的效用。然而，大墨爾本地區曼通文法學校的芭登，及衛理公會女子學校的莎德洛都發現，討論架構在國高中數學課上其實有很多用途。芭登發現微型實驗室讓學生變得更獨立。她請班上的七年級學生完成一份幾何學作業，並給學生 5 分鐘思考、翻閱課本、寫下想到的所有疑問或困惑。接著請學生用微型實驗室來深入了解這項作業，學生在每一輪都分享 1 分鐘、暫停 20 秒，最後討論 5 分鐘。芭登發現，相較於前幾年，學生現在不需要太多指導就能完成這項作業，也變得比較有自信。

莎德洛在十二年級的數學課上用微型實驗室建構學生的集體解題能力，並推動更豐富的數學討論。莎德洛曾經用這個架構去讓所有學生一起解開同

一道難題，因此她認為若學生可以將不同但相關的想法貢獻出來，微型實驗室的效果會更好。於是她把學生分成三人一組，每組都拿到一系列函數問題。問題是事先分配好的。微型實驗室開始之前，學生有 10 分鐘可以準備。接著，學生依序說明他們做了什麼、為什麼那樣做、在哪裡卡住或產生疑惑，並在暫停時間做筆記。莎德洛發現，接下來的討論相當豐富，學生對於彼此的問題都能提出很好的見解，也能找出其中的關聯。結束後，一個女高中生說：「我必須認真思考自己做了什麼，而不是隨意抄下筆記。而且，我以為自己沒有自信向別人解釋自己的思考方式，但其實我是有自信的。這讓我覺得自己很棒。」

身為教學指導員、培訓者，我們經常運用微型實驗室幫助團體反思他們的學習。我們告訴老師許多精進專業能力的方法，也常詢問學員：「這些作法對你的課堂有什麼影響？」這個問題讓學員把重點放在這些措施所帶來的成效。在討論這個問題的時候，也能引發許多回饋、疑問及說明，幫助我們繼續前進。

・評量・

現階段的微型實驗室提供老師評量的機會，但也讓評量變成一種挑戰。一方面，個人分享及隨後的討論都讓思考變得可見。但另一方面，我們能觀察到的其實只有一點點，尤其當你還要負責控制流程的時候，聽到的就更少了。因此，最好先設定好你想要的討論成果，像是一個計畫、更深入理解某個主題、掌握重要想法等，並在討論結束時，請學生把這些記錄下來。大致就像以下「教學實例」中畢利斯的使用方式。

即使如此，還是要盡可能去聆聽同學的討論。你可以選擇一個小組，站在旁邊聽。這可以讓你了解討論的進行方式，以及想法是怎麼形成的。學生的想法能連結到其他人的想法嗎？學生是否能針對需要釐清的地方提出問題，請求進一步說明？學生是否能參考其他人的想法，深化自己的理解？學生是否能比較自己與他人想法的異同？

・小提醒・

微型實驗室的使用非常簡單，只要提出一個問題，並讓學生在發言前有時間思考即可。但是如果在開始之前先給學生充足的時間書寫及思考，他們通常可以提出更好的觀點。這也可以當做紀錄，讓你之後可以回顧每個人的觀念。一開始使用這個架構的時候，先縮短發言、暫停、討論的時間，等學生熟練後再加長。老師必須確實執行不可插話及安靜的規則。同學一旦不遵守，就無法專心聆聽並參考其他人的想法。最後，不要害怕沉默。我們身為老師，總是習慣填滿所有空白時間，很少讓課堂陷入沉默。告訴學生，暫停不只是安靜不說話，這個步驟的目的是要讓大家吸收剛才聽到的內容，並讓自己安定下來，準備聆聽下一位發言者。務必要向學生說明暫停時間有什麼作用。

◉教學實例◉

墨爾本文法學校的畢利斯與同事從新學年開始，為八年級學生開了一門跨學科課程，涵蓋歷史、科學及地理。這是一門為期九週的課程，主題是「亞特蘭提斯」，更明確地說，是要探討「聖托里尼島是亞特蘭提斯嗎？」畢利斯這樣介紹這門課：「首先，我們以共同且不分學科的方式具體介紹這門課，接著分別在三個學科領域探討不同的問題。課程結束後，再請學生結合三個領域的知識，回答上述的關鍵問題。」

雖然這種課程總是很成功，對這所男校的學生很有吸引力，但畢利斯發現「我們從過去幾年的經驗注意到，學生面臨的問題是，他們不知道該如何連結各個學科的知識」。此外，這種專題導向的長期課程也讓老師遇到一個麻煩：「我們要怎麼做才能有效建立一個情境，讓我們看見學生發展理解的過程，並加以評量？」

畢利斯以學習者身分在專業研習營中親身參與過微型實驗室，他說：「微型實驗室的架構似乎非常理想，可以讓這群男孩闡述當下的思

考，也讓學生有機會看到自己的理解與誤解。這個架構或許也很適合用來鼓勵學生向同學分享自己的觀點、參考彼此的想法，以發展自己的理解與知識，有效增加學生在學習過程的發言。」

微型實驗室也幫助畢利斯達成另一個較大的目標：培養國中生獨立討論的能力。畢利斯在〈讓課堂討論更有效〉[1]的文章中寫道：「過去五年的經驗讓我清楚了解，若希望學生能發展並檢視自己的理解，課堂討論就是關鍵。身為老師，課堂討論則讓我得以確認學生是否理解或誤解課程內容。」

畢利斯熱中發展新思維及獲得新觀點，所以他決定嘗試將兩個班合在一起進行微型實驗室。他將學生分成四人一組，兩兩來自同一個班級。然而，這也表示每堂課都必須在圖書館這種容納得下 60 名學生的地方進行。畢利斯一開始先給學生 5 分鐘，讓他們各自寫下「聖托里尼島可能是亞特蘭提斯嗎？」的答案。接著每名成員輪流在 1 分鐘內報告自己的想法及理由，然後安靜 20 秒。每個人都分享完後，進行 5 分鐘的討論。討論結束後，畢利斯又給學生 5 分鐘，讓他們針對關鍵問題進行反思寫作。

然而，由於人數實在太多，學生又是第一次接觸這個例程，所以畢利斯無法如自己所預期的那樣四處走動、聽每一組同學的討論。為了更了解學生學到了什麼，畢利斯請學生將自己的想法發布到班級的維基頁面（表 5.4 為本次線上討論的摘錄）。畢利斯看了這些討論後發現，「學生發表在維基上的內容顯示已經有同學在這三個領域內發展出很好的學科思考，可以用來理解課程主題。更意外的是，有些學生說，透過這個架構，他看到其他同學的分享，自己的思考也變得更加深入。」

畢利斯很高興初次使用這個例程就看到學生變得更投入。因此，他每兩週就在課堂上運用這個架構，並逐漸增加書寫及發言的時間，要求學生從學科知識中汲取更多想法，再加以整合。

畢利斯回顧整個過程，說：「整體而言，我很滿意架構在課堂上的

表 5.4 八年級學生在維基上針對亞特蘭提斯的討論

卡特（5月19日11:28）：聖托里尼「可能」真的是亞特蘭提斯，但這不表示它就是亞特蘭提斯。

艾立克（5月19日11:30）：對，我認為聖托里尼可能是亞特蘭提斯，原因很多：
- 地理位置靠近利比亞、埃及
- 有很多東西一樣，像是冷熱水、公牛、北方的屏障
- 還有一點很重要：這座島是圓形
- 都曾經發生火山爆發引發的海嘯和地震

所以聖托里尼可能是亞特蘭提斯。

馬爾甘（5月19日11:31）：聖托里尼可能是亞特蘭提斯嗎？是的證據：
1. 從海克力斯柱可能的地點來看，這是正確的位置
2. 中央的火山大約在亞特蘭提斯時期爆發，可以證明亞特蘭提斯毀於火山爆發的理論。火山也可以證明亞特蘭提斯有熱水管線的理論：水在溫泉裡加熱，然後被抽到需要的地方
3. 從和埃及與利比亞的相對位置來看，這是正確的位置。故事是從這個位置傳出去的，柏拉圖對話錄中提到的大象，可能也來自這裡
4. 離雅典很近，證明雅典人很可能真的跟亞特蘭提斯人打過仗
5. 這座島是圓形的，山坡一直往上延伸到山頂，而且基底岩石很快就被侵蝕了，表示這座島以前應該大很多
6. 因為有火山，所以這座島的土壤非常肥沃，食物因此很豐盛，讓文明蓬勃發展
7. 對話錄提到一層無法穿越的泥漿，那可能是火山爆發留下來的

> 克里斯（5月19日11:31）：我不認為聖托里尼是亞特蘭提斯，兩座島只有一個共同點：都是圓形。但想想看，如果你從船上看克里特島的最高處，看起來就像圓形，不是嗎？
>
> 畢利斯博士（5月19日14:43）：我很欣賞艾立克及馬爾甘經過仔細思考後的回答，他們都提出證據支持自己的看法，但這不表示他們一定是對的，只是他們的回應方式很合邏輯。
>
> 德許（5月24日14:06）：艾立克，我想你說聖托里尼位在利比亞與亞洲之間是對的。但聽聽這個說法，如果利比亞和亞洲都跟聖托里尼差不多大呢。我知道現在不是這樣，除非柏拉圖住在利比亞而且亞洲小很多，才會跟亞特蘭提斯差不多大。

運作方式。雖然學生比較難嚴格遵守**不要插話**，但每個小組大致上都能好好合作。在例程的最後階段，我只能偶爾聆聽學生的討論，這指出這個階段可能需要加入更多架構，提醒有些事可能值得順著個人的發言討論下去，或者要學生在面對爭論或釐清疑問時要更堅持不分心。」

畢利斯常在班上使用各種例程，微型實驗室只是其中之一。他說：「過去幾年使用各種例程的經驗，似乎已經讓學生知道，他們在某些時候需要思考、仔細考量、提出論據，而不是被動接收訊息。我也希望學生就算無法說出自己的思考，也能把例程當成一種讓思考專注的方法。因此，當學生問：『我們在用微型實驗室嗎？』就表示他可能知道這個過程很重要，可以幫助他發展理解。」

◉以前我認為……，現在我認為……◉
I Used to Think..., Now I Think...

回顧你目前對這個主題的了解，完成下列句子：
- ◉以前我認為……
- ◉現在我認為……

老師經常在單元結束後要求學生回顧課程。然而，學生的回答大部分是他們進行了哪些活動，以及他們在活動中的表現。若問學生最自豪的是什麼，下一次怎麼做可以有更好的表現，則會激發出很有意思的討論。因此，我們想要創造一個反思性例程，讓學生更專注在課堂活動帶領他們進行的思考上，而不是只關注活動的內容。我們也希望學生了解，所謂發展理解，不只是累積新資訊，通常還必須改變思考的方式。這讓我們創造出「以前我認為……，現在我認為……」例程。

· 目的 ·

這個例程協助學生反思他們對某個主題或問題的想法，並探討想法改變的方式和原因。讓學生看清自己有什麼新的理解、意見及看法，可以加強學習。學生可以透過檢視、說明自己的想法為何改變、如何改變，發展出推論能力，並且看出事件的因果關係。這個例程也能幫助學生發展後設認知技巧，也就是看清與表達自身思考的能力。

· 挑選適當素材 ·

這個例程適用於各種學科領域，條件是學生原先的想法、意見或看法可能因學習或活動而改變。吸收完新資訊、看完影片、聽完演講、體驗過新事物、討論完某個主題，或結束課程時，都是老師運用這個例程的最佳時機。如果想帶出更深刻的見解，反思的主題必須是概念導向或過程導向，不能只

是新資訊的累積。你可以問自己,學生是否有機會正視自己的錯誤觀念,或能根據這次經驗,從根本改變原先的思考?

・步驟・

1. **準備**。向學生說明這個例程的目的是協助他們回顧對主題的思考,並找出過程中想法有什麼改變。學生手邊若有之前的筆記,或是可以運用的班級紀錄,及(或)集結他們近期作業的學習檔案,都會很有幫助。

2. **鼓勵個人反思**。告訴學生:「我們開始這次的課程時,你們都有一些初步的想法及理解。花點時間回想那個時候,當時的你有什麼樣的想法?用『以前我認為……』開頭,寫下你之前對這個主題的想法」。學生寫完之後,告訴他們:「現在,請你們想想,經過課堂上的學習、實作和討論之後,你們對這個主題的想法有什麼改變。用『現在我認為……』作為開頭,簡單寫下你現在的想法」。

3. **分享觀念**。請學生分享並說明自己的思考有什麼轉變。一開始最好讓全班一起進行,這樣你可以探究學生的想法,並鼓勵他們提出解釋,對那些認為這有點困難的學生來說,這也是一種示範。一旦學生比較習慣說明自己的想法,你就可以在班級討論之前,先把學生分成小組,或請學生找個夥伴互相分享。

・運用與變化・

比亞利克學院的卡蔓奈絲姬在上完一年級溝通課後,把全班聚在一起,請學生回想剛開始他們是怎麼探索溝通一事,並和老師分享當時的想法。卡蔓奈絲姬將學生的回答寫在白板上,讓大家都能看到。學生的回答包括「我以前覺得溝通是一種訊息和手語」「說話的另一種說法」「講電話和展示照片」「溝通的英文很長」「要好心,要幫助人」。接著卡蔓奈絲姬請學生說說,他們現在的想法有哪些改變,學生的回答包括「我現在覺得溝通的意思是,當你不知道要往哪裡走的時候,路標會告訴我們方向」「你可以在臉上

5 統整想法的例程
Routines for Synthesizing and Organizing Ideas

做個表情告訴別人你想要什麼」「不能講話的人可以用電腦告訴其他人他想要說的話」「化石和圖畫也可以和人類溝通」。

紐約市先鋒中學人文課的老師也運用「以前我認為……，現在我認為……」例程來協助高年級學生準備成果展。說得更明確一點，這群老師要求學生思考課程中提到的「什麼是民主？民主為什麼重要？自由究竟是什麼？」並解釋他們思考的成長、轉變及變化。完成回顧後，老師要學生整理一份報告，記錄這一年對於「民主與自由」這個主題影響最大的課堂活動。學生整理報告時，必須以思考為中心，而不是最喜歡的專題或得分最高的作業。老師認為這份作品集代表了學生在人文課上最重要的學習。

・評量・

由於這個例程相當開放，因此對於從學生的反思中蒐集到的任何資訊，老師都應保持彈性。特別留意學生自認為的觀點轉變，跟一開始比起來，學生現在對主題的認識有什麼不同？這可以幫助老師發現之前沒注意到的誤解。雖然每名同學的回答可能都是獨一無二的，但是你也可以從中尋找回答的模式，並從中了解學生主要學習到什麼。學生是否提到關鍵觀點的轉變，或者只分享了他們獲得的各種新技能？學生提出的轉變是老師希望他們仔細思考的重要觀念嗎？或者他們提到的是老師沒想到，但他們認為重要的觀點？學生對一些潛在主題的反思，可以幫助老師了解學生在課堂上學習時的真實情況。

・小提醒・

記住，這個例程的重點是讓學生知道，老師是真的想了解學生在課堂上做了這些事之後，思考有什麼進展、深化、轉向或改變。有時候學生會以為這個例程是要他們說出之前有哪些「錯誤」認知現在變「正確」了。如果學生覺得自己必須在回答時討好老師，而不是內省，就無法真正反思自己的觀念。這個例程具有開放性，某些期待看到學生說出特定答案的老師可能會感

到焦慮。然而，即使學生的回答不完全如老師所預期，但只要以開放的態度看待學生的反思，老師通常都能獲得啟發，知道該如何調整接下來的教學。

有時候大家會以為在進入課程單元前，先進行「以前我認為……」是很好的主意。然而，人若沒有正面直視自己的誤解及刻板印象，很難發現這些。因此，這類反思只有在學習發生後才能發揮效用。這個例程著重學生做了什麼而改變了思考的因果關係，只要持續使用，就能讓學生培養出覺察自己想法的能力。學生在學過這個例程之後，常會在突然省悟時大喊：「以前我認為……，但現在我認為……」。

◉ 教學實例 ◉

紐約市先鋒中學的朵兒將思考例程融入九年級閱讀寫作工作坊之前，想起某次和學生的對談，那次的對談內容是學生剛寫完的自傳，當時的氣氛有些緊張。朵兒說：「我針對那位學生所寫的內容追問一些細節，問她記不記得某些事情可能是怎樣，以及能不能增加其他細節，讓文章更完整」。這些追問似乎讓那名同學很挫折，她說：「妳為什麼不乾脆告訴我應該寫什麼？」朵兒對此非常震驚。學生又繼續說：「顯然妳希望我寫出某些東西，那就乾脆告訴我要怎麼寫！」朵兒那一刻才意識到，她的學生已經不把學校看作重視她思考的地方，而是複製成人思想的地方。朵兒回憶道：「我之前從未想過這點，這女孩是第一個敢直接跟我說這些的學生。因此，我開始好奇要如何營造新的課堂文化，讓學生的思考變得重要。我開始問自己該如何確保**我們**的閱讀寫作工作坊把焦點放在**我們**的思考，讓**我們**的所有想法，而不是只有我的想法，都能得到認同與重視。」

朵兒知道工作坊的許多學生都認為自己不擅長閱讀或寫作，但朵兒認為，「這是他們先入為主的看法，認為只有少數人才具備閱讀及寫作能力，多數人沒有。所以我開始思考要如何改變這種心態，如何挑戰

他們對『好的閱讀及寫作者』的看法。而關鍵似乎是找出方法來幫助學生看到自己的成長。當我開始接觸思考例程後，我發現『以前我認為……，現在我認為……』似乎非常完美，可以協助學生留意自己的心智在學年間的成長。」

朵兒盡可能保持例程的開放性，她先請學生寫下他們先前如何看待自己的閱讀與寫作能力，課程結束後又是如何看待。朵兒回想道：「我很快就發現，學生所寫下的回應，遠比他們用口頭告訴我的還要多。」

朵兒第一次使用這個例程時，學生的回答包括「以前我認為我不會喜歡這本書，因為我不喜歡這個類型，但現在我認為我其實很喜歡」、「以前我認為我在學校不會有好的表現，因為我國中國小的表現都不好，但現在我認為自己應該可以畢業」。朵兒沒有預期到學生會有這些反應，但她很快就了解，這確實是學生內心的想法。朵兒說：「起初我認為他們不是很了解這個例程，後來才發現，這些回應其實提供了很棒的資訊，讓我了解學生認為自己是什麼樣的學習者。這是他們『最原始』的想法。我也可以從這裡出發，挑戰學生的思維，讓他們為『有能力的學習者』下新的定義。」

朵兒沒有放棄這個例程，反而決定要更常使用。她說：「為了讓思考變得可見，我希望這個例程能成為工作坊的日常工具。因此，我固定在課堂結束時，請學生用這個例程剖析自己的社交、情緒以及學習，這麼做有助於營造安心的文化，這正是我希望達到的目標。」

最後，朵兒請學生把思考的方向稍微移向閱讀的內容，她說：「我告訴學生『好，現在你們都使用過『以前我認為……』例程，請你們想一想，從開始閱讀蘇珊‧柯林斯的《飢餓遊戲》到現在，你的想法有什麼改變？你對書裡的角色、情節或故事背景有什麼想法？還是你原本猜想故事會這樣發展，最後卻不是如此？今天，我希望你們專注在這些問題上，寫下心裡的想法。』」由於學生已經熟悉這個例程，加上朵兒的小提醒，學生都能專注在文本上，並做出以下反思：

- 以前我認為凱妮斯是膽小鬼,因為比賽剛開始時,她根本不敢大聲說話。但現在我認為她並不懦弱,因為她對裁判射了一箭。
- 以前我認為凱妮斯會讓小櫻出戰,因為凱妮斯並不善良。但現在我認為她很為別人著想,因為她犧牲了自己。
- 以前我認為羅馬競技場跟英雄有關,就像電影「神鬼戰士」那樣。但現在我認為那很可怕,因為競技場的規則跟《飢餓遊戲》一樣。

之前說自己**不擅長**閱讀,也**不擅長**寫作的學生,現在表現得反倒像是真正的閱讀者和寫作者,願意跟朵兒及其他同學分享深刻的見解。朵兒對此非常高興。

除了讓學生放心說出自己的想法,朵兒知道還有一件很重要的事,那就是讓學生了解獨立思考的價值。她說:「我決定要刻意使用學生在『以前我認為⋯⋯,現在我認為⋯⋯』例程中提出的想法。因此,隔天上課時,我會問:『我發現昨天有很多同學在反思時提到主角凱妮斯,所以今天再繼續談談這個角色,好不好?』或者『我發現很多同學在反思時提到主角的性格,但是我很好奇大家對於象徵及象徵意義有什麼想法?你從中觀察到什麼?你的想法有什麼改變?』」朵兒不希望學生覺得他們寫的「以前我認為⋯⋯,現在我認為⋯⋯」只是老師桌上的一疊紙,沒人會再去看,她希望用這些反思來引導接下來的學習,讓學生的思考具有價值。

朵兒認為,請學生關注自己思考的發展,在很多層面都對學生產生很大的影響。朵兒在接下來一整學年,持續請學生反思自己身為閱讀者及寫作者的轉變與進步,並蒐集、彙整學生的回答。如此一來,她就能看出固定出現的思考模式(表5.5)。這為她提供了寶貴的線索,讓她能了解這堂課如何影響學生成為獨立、積極的學習者。

表 5.5 學生針對自己的閱讀、寫作、學習所做的反思：朵兒的分類

| 自我監控

以前我認為自己可以邊說話邊做事、一心多用，但現在我認為自己應該跟我不喜歡的人坐在一起，因為我話太多了。（安德莉亞，2010/4/26）

以前我認為我做不到，因為我不是很懂，但現在我認為我可以做到。（喬斯，2010/5）

| 情緒

以前我認為自己沒有什麼壓力，但現在我不這麼認為了。我腦中塞了許多事情：家庭、生活、失敗、學校。很多事情都帶來壓力，因為每件事都很花時間。我很清楚這點，因為我老是有心事。（尼可拉斯，2009/10/26）

以前我認為自己的個性很糟糕，因為大家都說我很壞，還說一些很難聽的話，但現在我認為我還好，因為貓草（我們一起讀的《飢餓遊戲》書中女主角的綽號）也很實際，跟我一樣。（艾拉薇斯，2010/3/9）

| 社交

以前我認為自己在這所學校絕對找不到朋友，因為我以前就幾乎沒有朋友。但現在我認為自己可以跟很多高中同學好好相處，因為現在我有很多朋友。（狄歐，2010/3/23）

我今天發現薩琳是很善良、很聰明的朋友。以前我認為這個專題很遜，因為我不知道該怎麼做。但現在我認為這很棒，因為薩琳幫了我。（艾莉克絲，2010/4/22）

| 學校──成績

以前我認為自己上學期會被當掉，因為我的成績很差。但現在我認為我不會被當了，因為我看到成績了，比我想像的還要高。（狄歐娜，2010/3/22）

| 寫作過程──一般看法

以前我認為寫作真的很無聊，因為那很花時間，而且還需要創造力，但現在我認為寫作很有趣，因為你可以說任何你想說的，而且不一定要寫某個主題，可以自由發揮。（帕米拉，2009/10/26）

以前我認為寫作大概兩句話就結束了，因為我不喜歡寫作，我實在太懶了，但現在我認為我可以補充好多細節，因為寫作開啟了一個全然不同的世界。（路易斯，2009/10/26）

以前我認為寫作很無聊，因為那很花心力、很麻煩，但現在我認為寫作很好玩，因為你可以從自己的文章中學到許多東西。（胡安，2010/4/27）

以前我認為文法根本沒什麼大不了，因為我只要應付學校的書面報告，讓老師檢查我的作業，他們沒有真的教我什麼文法。但現在我認為文法真的很重要，而且我真的需要在這上面多花點心思，因為那很重要，我必須努力讓我的表達更清楚。（查克斯亞，2010/5）

| 5 | 統整想法的例程　　　　　　　　　　175
Routines for Synthesizing and Organizing Ideas

> 以前我認為文章的開頭不過是一個句子，但現在我認為那可以吸引讀者閱讀我的文章，因為那可以引起讀者的興趣。（潔西卡，2010/4）
>
> 以前我認為寫文章就是對某個主題做摘要整理，因為我總是依照老師告訴我的方式寫。但現在我認為寫作不只如此，寫作還可以幫助你了解文法，也能讓你成為更好的讀者。（艾斯堤文，2010/4/27）

　　持續蒐集學生的反思，讓朵兒得到重要的訊息，讓她了解對學生真正有幫助的東西，以及她忽略掉而必須在接下來的課程補充的細節。朵兒說：「這個思考例程幫助我了解學生真正的想法。無論學生告訴我什麼，他們提供的一切都讓我更了解我的學生。這些都是重要的資訊，我可以用來幫助學生成為更好的閱讀者、寫作者，以及更好的人。」

1　Bliss, 2010, p.1

Making Thinking Visible

CHAPTER 6

第六章

Routines for Digging Deeper into Ideas

深究想法的例程

PART II

第二部 用思考例程讓思考變得可見

◉是什麼讓你這麼說？◉
What Makes You Say That?

針對某人提出的言論、主張或意見，進一步詢問：
◉是什麼讓你這麼說？

「是什麼讓你這麼說？」例程是從豪森與葉拿溫[1]設計的「視覺思考策略」（Visual Thinking Strategies）中取一個問句加以修改而成。學生採用「視覺思考策略」欣賞藝術品時，老師會問一個開放式問題，像是：「這幅畫裡有什麼？」學生回答之後，老師再繼續提問：「你看到什麼讓你這麼說？」這個問題稍加修改之後就能應用於教室內、外的各種情境。「是什麼讓你這麼說？」既是討論的例程，也是思考的例程。

・目的・

「是什麼讓你這麼說？」例程要求學生詳細說明回答背後的想法，協助學生了解自己思考的基礎。這個例程看似簡單，但如果經常在課堂討論時使用，則非常有助於培養學生的實證精神。請學生分享自己的解讀背後有哪些證據支持，讓其他人也有機會了解某個主題或概念有哪些不同的見解及觀點。這麼一來，討論就更加深入，超越了表淺的答案或個人意見。透過這個例程，老師不再將自己視為所有答案的守護者，而是讓整個學習群體去檢視每種可能的解釋背後有哪些理由與證據，然後再決定這個解讀是否具有價值。這傳遞了一個訊息：答案的正確性並非由單一的外在權威決定，而是取決於證據。

・挑選適當素材・

我們常常在生活中遇到需要仔細觀察並做出推論的情形。學生對事物的運作、演變及成因通常會有一些潛在的想法。為了讓這些想法背後的思考變

得可見，老師必須協助學生找出證實這些推論的證據及理由。唯有如此，才能以有意義的方式來討論、辨論、質疑、推展理論或想法。因此，「是什麼讓你這麼說？」適用於鑑賞藝術品或歷史文物、探討詩作、進行科學觀察及提出假設、預測故事內容發展，或探究更大的議題，例如種族主義或公平性。這個例程相當具有彈性，幾乎能用在所有學科上。特別是剛開始接觸新主題時，老師可以用這個例程來了解學生初步的想法。另外，這個例程也可以在課程進行到一半時使用，持續要求學生仔細觀察、提出解釋並以明確的證據進行論證。

老師在建立課堂上的思考文化時，會發現有件事很重要，那就是了解學生在各種情況下的想法。在影片中，來自密西根的化學老師蕾儂便談到自己教學上的轉變。了解學生的不同想法不僅有助於老師尋找合適的教學內容，也讓老師了解如何在適當的時機問學生：「是什麼讓你這麼說？」當老師想要進一步挖掘，並鼓勵學生說明回答背後的理由時，便適合使用這個例程。一段時間後，這個提問就會自然融為課堂的一部分。

・步驟・

1. **準備**。「是什麼讓你這麼說？」不像其他例程需要事先準備。老師在回應學生的說明或解讀時，這個提問會自然出現。把握學生提出主張、說明、解讀或意見的時刻。

2. **鼓勵學生提出證據加以說明**。學生分享完自己的想法及解讀後，問他們這個關鍵的問題：「是什麼讓你這麼說？」這裡的目標是引導並鼓勵學生提出證據，因此或許也有必要問：「你看到什麼讓你這麼說？」或者「你知道什麼讓你這麼說？」

3. **分享想法**。這個例程主要出現在老師與學生的互動中，你可以記下學生的想法，光是讓更多學生有機會一起分享，問他們這個例程啟發了哪些思考，都足以讓討論更豐富。

・運用與變化・

　　我們最先施行「顯現思考」計畫的地方是瑞典的列索夏學院，那裡的老師提到這個例程時，都說「是什麼讓你這麼說？」是個「神奇的提問」，他們都很驚訝這個例程竟能揭露這麼多學生潛藏的想法。此外，他們也發現，在跟學生互動時，若經常這樣問，就能讓學生的思考變得可見。「是什麼讓你這麼說？」這個問句可以稍微調整，變成「你這麼說的根據是什麼？」或者「你可以找到什麼證據來證實這個想法？」

　　在分享階段，「是什麼讓你這麼說？」可以和數種例程合併使用。在影片中可以看到阿姆斯特丹國際學校的薇克和歐哈蕾分別用「看—想—疑」和「解釋遊戲」來搭配這個例程。觀看影片時，注意觀察歐哈蕾如何在幼兒園班上運用這個例程引出更深入的回答及更詳細的說明，進而提升學生的參與。除了上面提到的兩個班級，也注意看其他老師和學生互動時，如何用這個例程推動學生繼續思考。最後，仔細想想你可以怎麼利用這個提問來表達你對學生想法的興趣，或營造課堂的思考文化。

・評量・

　　當「是什麼讓你這麼說？」成為老師與學生，以及學生之間固定的討論模式後，就必須特別留意學生的回答。「是什麼讓你這麼說？」不是要學生解釋他們下判斷的程序或提出簡短的回答，而是要鼓勵他們根據看到及注意到的細節、過去的經驗，或從脈絡找出證據來進一步說明。目標是協助學生培養適當的能力與素養，讓他們在提出解釋、理論時一併提供有根據的理由。一段時間後，留意學生的回應是否更深入？是否不再一味堅持自己是正確的，或是依賴外在權威？是否還需要他人提醒才知道要提出證據？是否能為其他人的觀點提供論據，以強化其他同學的論述？

・小提醒・

　　這個例程的主要問題「是什麼讓你這麼說？」是刻意設計過的。如果我

們以真誠、尊重的語氣提問，對方就會感受到我們的興趣。提問時不應帶有挑釁或考驗的意味，而應表現出好奇心，想要理解學生是怎麼看待這個複雜的概念或令人困惑的現象。如果老師對學生的想法不是真的感興趣，學生很快就會發現，然後回答就會變得很簡短，不願多加說明。因此，重點在於「是什麼讓你這麼說？」必須在真誠的脈絡下提出，這樣老師才能藉著學生的回答推動同學持續學習。

◉ 教學實例 ◉

雅契是密西根州北部特拉弗斯城公立學校的小學老師及數學專家。她說：「在接觸思考例程之前，我一直很有興趣向學生提問。我總是希望能用問題了解學生的理解深度，因此『是什麼讓你這麼說？』這個看似簡單，實際卻極為複雜巧妙的例程立刻吸引了我。」雅契在幼兒園課堂上運用思考例程已經超過20年了。雖然她一下就能看出「想想─疑惑─探索」及「看─想─疑」例程可以怎麼用在年幼的學習者身上，但「是什麼讓你這麼說？」例程以提問和探究來驅動學習，似乎更契合她的專業興趣。

雅契解釋：「我在參加學區舉辦的專業研習營時第一次見識『是什麼讓你這麼說？』例程的效果。雖然我不太記得當時的情形，不過我記得這個簡單的問題的確讓我做出比以往更深入的思考與論證。」這次經驗讓雅契發現這個問題可以幫助她在課堂上將幼齡學生的思考及論證變得清楚可見。她說：「我當時在幼兒園教書，已經教了好幾年，那些小小孩真的開始說出他們腦袋瓜裡發生了什麼事，這讓我特別興奮，因為那是我以前無法辦到的。接下來幾年，我改教四年級學生，即使如此，我還是很驚訝，這麼簡單的問題竟然能推動學生為自己的回答提出論證。『是什麼讓你這麼說？』鼓勵學生解釋並說明自己的想法，這麼做其實是在向我及班上同學闡述自己的思考。」

雅契記得她一開始認為「是什麼讓你這麼說？」聽起來不是很自然，她回想道：「我希望這個例程能融入我的教學，並自然結合課堂對話。剛開始，我不是很確定會有什麼結果，但我曾以專業學習者的角色親身經歷過這個例程所帶來的深度思考，所以我依然堅持將這個問題運用在課堂互動中。沒過多久，我就看到成效了。」

雅契和學生進行了許多豐富的討論。這群四年級學生在解釋自己的想法時，表現得非常成熟，令她大感意外，也很高興。雅契說：「訪客來課堂旁聽時，往往對學生的回答印象深刻。曾有訪客跟我說，他們從來不知道學生能夠這麼深入討論彼此的想法。這個例程真的提升了課堂討論的層次。」雅契也注意到，這個簡單的問題讓所有學生都有機會參與討論，特別是以前在學習上較吃力的孩子。她說：「每位同學都投入其中，而且都願意分享自己的看法。尤其當我在科學實驗期間或討論數學問題時問同學：『是什麼讓你這麼說？』學生總能以意想不到的方式，確實表達他們對複雜概念的想法。」

至於這個例程能為學生帶來什麼好處，雅契認為，學生在小組活動或與夥伴討論時，若開始問彼此「是什麼讓你這麼說？」就是重大的成長。她說：「我開始注意到學生對學習的自主性和責任感，這對幼齡學生來說相當不容易。我一直在想有什麼比較好的方式可以讓我的學生更獨立、更負責，而現在，他們已經能在互動時自然說出『是什麼讓你這麼說？』這個問句彷彿成為學生在探索主題時展現好奇心的本能與習慣。」

雅契回想自己學習使用這個例程的經過，她認為一開始可能用太多了，她說：「過度使用好像會降低效益，學生的回應又變得表淺，四年級學生尤其如此，他們的回答好像只是在回應我拋出的填空題。這讓我開始留意提問的時機。」不過，雅契也漸漸發現，她的教學及例程的運用都變得比較有目的，她說：「我開始真正了解什麼是讓學生的思考變得可見，教學的重點開始放在我希望引導學生做的思考上頭。需要學生提出論據時，『是什麼讓你這麼說？』就能派上用場。這時我才發現，

學生其實有能力提出具有深度的推論。我教書已經好幾年了，但現在我才真的開始讓學生有機會去思考自己的思考。我試著營造出一種氛圍，讓學生的思考變得可見，而且受到重視。我不希望只是讓學生做課堂活動，我希望讓他們有機會思考，跟別人談談自己的想法，並尊重班上所有人的想法。努力讓孩子的思考變得可見讓全班同學更有向心力，運用『是什麼讓你這麼說？』例程時更是如此。那實在很有效。」

◉ 觀點圈 ◉ Circle of Viewpoints

從剛才讀到、看到或聽到的問題或事件中，找出可能跟主題有關，或可能受主題影響的不同觀點。將這些觀點寫在問題或事件周圍，排成圓圈。選擇其中一個觀點深入探討，並用下列提示作為開頭：

◉ 我從……觀點思考〔事件／問題名稱〕
◉ 我認為……〔從選擇的觀點描述主題。
把自己當成演員，扮演採取這個觀點的角色〕
因為……〔說明理由〕
◉ 從這個觀點來看，我有個問題／疑慮……

當大家圍著桌子，或在劇場圍坐成一圈時，不同位置的人其實是從不同角度看同一件事物，這很容易理解。我們把這個實際例子當成出發點，設計出觀點圈例程，協助學生針對想要深入探討的問題、事件或主題，找出不同的觀點及看法，接著依照我們擬出的提示來展開探索。

· 目的 ·

這個例程著重在觀點取替。想要發展觀點取替的能力，必須先能夠找出不同的觀點。我們很容易落入以自己觀點看待事物的習慣，有時甚至會忽略其他觀點。這個例程可以協助學生找出並思考與主題、事件或問題相關的多元觀點，過程中也對別人的想法及感受更加敏銳，更能深刻了解同一件事物可以，也確實有不同的看法。這個例程的架構還能協助我們探討其中一個觀點。最終目標是讓學生對某個主題、事件或問題有更廣闊、完整的理解。

· 挑選適當素材 ·

這個例程的成效取決於素材內容是否能讓大家從不同的觀點探索。因此，相較於簡單、顯而易見的事物，充滿特色及（或）可能性的圖像、故

事、問題或主題都更容易帶起多元的觀點。在選擇素材內容時，先試著自己找出不同觀點。無論選擇何種素材，辨識與探索觀點的過程應該要能幫助學生從當下的情境思考、找出問題並了解正在研究的主題、問題或事件。你可以用畫作或圖像來示範，讓學生尋找圖像所蘊藏的觀點，這會很有幫助。

你可以用下列材料來解釋觀點圈的基本概念：以不同角度拍攝的建築物或地標照片、藝術家從不同角度描繪的靜物畫，或是球員擊出全壘打時，打者、捕手、外野手和觀眾的 YouTube 畫面，有些影片甚至會將這些片段並排在螢幕上，同時呈現不同視角，強調這些是同時發生的事件。其他適合的素材包括慢動作畫面，或從各種角度拍攝的運動比賽等。這些都清楚說明同一件事物可以有好幾種觀看方式。

・步驟・

1. **準備**。介紹選用的圖像、故事、問題、事件或主題，記得給學生充分的時間觀察，包括細看圖片，或針對事件提問釐清。初步檢視後，找出全班同學接著要深入了解的一個或多個主題，寫在白板或海報上（注意：老師應事先決定活動要以口述為主，筆記為輔，還是要做較正式的書面紀錄。年紀較小的學生寫字能力有限，非正式的討論效果可能比較好）。

2. **找到觀點**。整理出觀點清單。雖然說人物是很好的切入點，但觀點不一定要從人出發，也可以從靜物出發，例如：背景的細節、畫面邊緣的樹、空中的鳥、腳下的草等等。另外，觀點也可以是目前不在故事或畫面裡，但受故事或畫面影響的角色或事件。學生除了思考當下的情境，可能也必須考量未來的發展。將這些觀點記錄在主題或問題周圍，排成圓圈。

3. **選擇一個想要深入探討的觀點**。如果活動以小組為單位進行，可以讓每組同學討論不同觀點，讓探索活動更豐富、完整（注意：一開始可以先讓全班一起討論一個觀點）。

4. **回應「我認為……」**。請學生以分配到的觀點來描述主題。這個人物、角色對事件或情況有什麼想法？這個人物或角色為什麼這麼認為？給學

生時間思考，讓他們想像這個人物或角色會怎麼想。學生在這期間的筆記可以很簡單，也可以很完整，或也可以記在心裡就好。

5. **回應「從這個觀點來看，我有個問題……」**。請學生從這個人物或物件的角度，想像自己可能會有的困惑或好奇，並提出一個問題。請學生把自己當成那個人物或物件來提問。同樣的，給學生時間去思考並記錄自己的想法。

6. **分享想法**。決定要以小組或班級為單位進行。一開始可以先請同學跟全班一起討論，讓大家能看到許多示範，也讓老師有機會評量每名同學的投入程度。請同學說明自己的觀點，並從那個觀點描述自己的想法和疑問。記下討論的重點，特別是各個觀點的差異。

・運用與變化・

　　這個例程可以在展開新單元時使用，幫助學生腦力激盪，找出看待某個主題的各種觀點，設想相關特色、重點及問題。若學生無法從其他角度看事情，或某個事物似乎非黑即白，這些情況特別適合使用「觀點圈」例程。比亞利克學院的芙爾蔓請她的五年級學生在看完《孩子要回家》後，想一想影片中莫莉、葛瑞絲及黛西被帶離母親的片段。班上同學找出的觀點包括警官、莫莉、卡車車窗、翻過的圍牆、母親、卡車司機、葛瑞絲和奶奶。接著學生分組坐在一起，討論這些人或物的觀點，提出新的問題與看法，將情況「複雜化」。

　　觀點取替也有助於培養學生的同理心與理解。比亞利克學院的里斯請他的學生在規劃學校營隊時，先了解所有參與人員的觀點，接著站在這些人的立場看事情。這次經驗讓里斯的學生了解，所有問題都牽涉相當複雜的層面，而且別人不一定能接受自己的要求或想法。

　　找出觀點之後的步驟都只是建議，幫助學生在自己的觀點之外，也能從不同的角度看事情。老師也可以配合學生正在學習的內容，增加或修改提示問題。另一個幫助學生探索不同觀點的方法，就是請學生判斷觀點的異同。

例如，你可以問學生：「如果要重新安排這些觀點的位置，把相反的兩個觀點放在圓圈的對立處，你會怎麼排？哪些類似的觀點要放在一起？你會把自己放在哪個觀點旁邊？」

・評量・

從另一個角度看事情並不容易，尤其當我們執著於特定觀點的時候。觀察學生是否能找出不同觀點，並清楚了解每件事都可能有許多觀看的角度，而且這些角度都沒有錯。這道步驟通常會以小組為單位進行，但如果學生已經很熟悉這個例程，也有能力找出不同觀點，也可以讓學生先單獨作業，再進行團體分享。學生的個人回應能讓老師評量同學發現觀點的能力。

當學生進行觀點取替，從某個觀點來思考時，注意學生是否只是在陳述自己原本的立場，或是能表達不同於自己立場的想法與概念。此外，也要留意學生的回答是否一成不變或帶有刻板印象。面對不同立場時，學生是否以輕蔑或嘲笑的態度，質疑對方的觀點？最後，注意學生提問時問題的複雜度。學生提出的問題只是單純想要釐清概念，例如想了解「什麼是……？」或者能挖掘出更多層面？學生的提問偏向籠統、一般，還是直搗主題核心？有發掘特別重要的問題嗎？問題的深度如何？

・小提醒・

初次使用這個例程，通常可以預測到學生會列出哪些觀點。如果使用的素材內容是報紙上士兵行軍的照片，學生的回答大概會有士兵、觀眾、攝影師或者正在看報紙的人。你可以提出範例或建議，像是士兵腳下的土地，土地在想什麼？會提出什麼問題？其他例子包括磨損的戰靴、見證行軍的樹木等。一旦學生知道老師鼓勵且重視這樣的回應，很快就能夠提出許多不同的觀點。

同樣的，老師也需要注意並（或）示範如何「思考」或「提出問題」才能穿透事件表面，深入主題，激發更多具啟發性的見解及有趣的提問。但是

別期待立刻就能達到這樣的效果,學生會習慣性猜測「老師希望我們做什麼」。如果學生覺得表淺或好笑的答案就夠了,便會給出更多類似的回答。此外,鼓勵學生持續思考。如果老師同時教好幾個班級,可以挑選其中一班,整理學生在探討角色觀點時的回應(去掉學生的個人資訊),讓另一班同學根據回答的完整度與深度來分類。

與其讓每位同學依序起立唸出自己的回答,不如先請一名學生分享,然後請觀點類似的同學接著補充,直到全班都充分了解某個觀點。完成後,請「在觀點圈上對立」,也就是立場明顯不同的學生談談他(她)的想法。接下來,請立場位於兩者之間的同學發言。這樣可以讓大家更專心聆聽,思考討論的內容,而不是等著輪到自己。

◉ 教學實例 ◉

比亞利克學院的朵爾薇琪在創意寫作討論課上,帶領一群五年級學生探討「貧窮」。雖然討論過程很愉快,也很有趣,但朵爾薇琪覺得這些孩子並沒有認真研究各個問題。她說:「我無意間聽到大家在熱烈討論『讓貧窮成為歷史』這句話,然後發現學生對於貧窮的看法基本上都是『陳腔濫調』,我覺得這點非常有趣,也值得深入了解。」

她決定用「觀點圈」例程來確認學生對貧窮的認識,並促使學生用更寬廣、多元的觀點來思考這個議題。朵爾薇琪分享她選擇這個例程的原因,她說:「我用這個例程來了解孩子對貧窮的看法……我認為『觀點圈』可以幫助學生看見不同且多元的角度,以體貼、謙遜的態度來面對這個主題。」這群學生從沒接觸過這個例程,所以對「選擇一個觀點」這樣的概念很感興趣。

朵爾薇琪選了一張蒙古家庭的照片作為素材內容。照片裡全家人擠在破破爛爛、像拼裝車一樣的亮藍色吉普車前座。車頂堆放搖搖欲墜的家用品,包覆在外的毯子垂落下來,遮住一部分車窗。一家七口有著同

樣烏亮的頭髮，其中幾人的臉幾乎貼在擋風玻璃上。開車的男人打著赤膊，應該是父親。照片中央是身穿紅衣的小女孩，她正微笑看著身後穿著鮮豔格子衫、咧嘴大笑的女人（母親？）。吉普車處在一片平坦的荒地上，四周沒有任何樹木或建築，只有角落的幾簇矮草，完全看不出這輛車是停在路上或正在穿越鄉野。背景的天色漸暗，紫紅色的夜幕籠罩整個空間。照片給人的感覺並不特別悲傷或陰鬱。一行人看起來雖有些艱困，但沒有一般人對窮苦的印象。為了不讓學生侷限在特定的思考方式，朵爾薇琪決定先不提供任何額外資訊。她讓學生有充分的時間仔細觀看，並請學生在找出不同觀點前，先說說自己的觀察。接著再請學生選擇照片中的某個人或物件，以選擇的觀點回答例程的提示問題。

有個學生選擇母親的觀點，寫下：「噢，我的丈夫太棒了，在我們都很害怕的時候，他還努力安撫孩子。我們的心七上八下，擔心汽油隨時會用完，希望至少能撐過今晚，那時應該已經抵達村莊了。要是我們也有足夠的食物該有多好。我有一家子要養，怎麼忍心看大家受苦。如果我們之中有人挨餓，我真希望不是我的孩子。噢，不，敵人追上來了。我不能讓孩子往後看。我從丈夫猛踩油門時臉上的表情知道大事不妙。」接著，這個學生提出的問題是：「如果油沒了，我們會怎麼樣？」

有幾個學生選擇了照片中靜物的觀點，像是車子、車頂的毯子、路、車輪等。這些學生可能認為這樣的選擇會帶來更多空間，讓他們發揮創意、自由書寫。

有個學生以車子的觀點寫道：「我是一輛破舊的老車。我的引擎蓋隨時會被吹走，輪子也快要脫落。為什麼啊為什麼，這七個人硬是要塞進來？我已經快沒油了，但前方還有很長的路要走，還要 300 多公里才有可加油的地方。我的車燈沒有燈罩，方向盤也壞掉。更糟的是，這些人還在車頂堆了將近 20 公斤的帳篷和毛毯。現在是傍晚，外頭很涼爽，車內卻又黏又熱。我的輪胎已經快要支撐不住，我迫切需要修復。

從這個角度來看，我有個問題：我能活下來嗎？」

　　學生都非常投入，認真扮演自己選擇的角色。朵爾薇琪發現，學生在「思考」步驟所寫的內容相當具有啟發性與震撼力，更勝於他們提出的「問題」。學生分享自己寫的內容時，其他人都聽得津津有味，也引發一些問題及更深入的討論。「觀點圈」例程讓學生仔細觀察圖像，跳脫日常生活思維，進而對貧窮有新的、不同的體會。

◉ 進入角色 ◉ Step Inside

從正在研究的事件或情境中，選擇其中一個，或找出與主題相關的人或物。將自己置身在該事件或情境中，從選擇的人／物角度看事情，並思考下列問題：
◉ 這個人或物可以看到、觀察到或注意到什麼？
◉ 這個人或物可能知道、了解、認定或相信什麼？
◉ 這個人或物可能在意什麼？
◉ 這個人或物可能有什麼疑惑或問題？

一直以來，許多老師都會請學生試著進入或融入某個角色或歷史人物。學生有時能透過這個方法，進一步理解、體會該角色及事件，但有時卻只停留在表面。其實，只要加上一些引導，幫助學生進入角色，就能建構學生的思維。我們也希望能藉由這個例程加深學生的理解。

・目的・

孩子在很小的時候經常會玩角色扮演的遊戲，或者想像自己是另一個人。「進入角色」例程跟「觀點圈」一樣著重在觀點取替。然而，這個例程還提供了架構，讓思考進階到另一個層次，培養更具同理的回應。學生利用這個例程推測其他人或物的觀察、理解、信念、關注及疑問，更深入了解選擇的對象，同時也跳脫自己的框架，清楚看見不同觀點會如何影響對事件的理解。因此，「進入角色」例程可能比「觀點圈」更能有效推動學生深入思考。

・挑選適當素材・

具同理的回應表示能深刻覺察並理解別人的觀點，若希望學生能獲得這種能力，必須選擇良好的素材內容。有效的素材通常能引發情緒反應，

並（或）讓人陷入某種兩難，或提出涵蓋不同觀點的疑問。這樣的素材能讓學生對同一個情境表達不同的看法，並以證據及（或）具有邏輯的解釋或理論說明。這麼做是為了讓學生在進入角色時不會任意揣測，而是有憑有據地從不同觀點來看事物。因此這個例程一開始就請大家從某個人或物的角度來仔細觀察，接下來才能根據觀察提出立場、意見與想法。具有啟發性的素材包括藝術品所描繪的事件、新聞中的社會議題、班上同學讀過的故事或小說、報紙上的照片、政策提案等。例程進行時，最好先找出事件或情境中所有可能的觀點（包括靜物的觀點），因此「進入角色」通常會結合「觀點圈」一起進行。不過，指定某個觀點請學生探討也是可行的方法。

・步驟・

1. **準備**。介紹完圖像、影片、音檔、故事、議題或問題後，給學生時間去思考場景中的角色及旁觀者，包括有生命及無生命的事物。接著請學生選擇一個人或物，「進入那個角色」（注意：可以在準備步驟融入「觀點圈」例程）。如果合適，也可以把觀點分配給班上同學或小組。決定要以班級、小組或個人為單位進行。初次使用時，全班一起進行的效果會比較好。

2. 「**這個人或物可以看到、觀察到，或注意到什麼？**」請學生想像自己是剛才選擇的人或物，描述角色看到、觀察到或注意到的東西。讓學生各自寫下簡短的清單，或是在全班同學面前大聲說出來，再由老師記錄。

3. 「**這個人或物可能知道、了解或相信什麼？**」請學生從選擇的觀點來回答這個問題，並將想法整理成清單。學生一開始可能會覺得有點困難，但很快就會投入到觀點裡，與大家分享或寫下新的看法或信念。若以班級為單位進行，可以在學生提出回應後問：「是什麼讓你這麼說？」讓同學專注在這些陳述的實證基礎。

4. 「**這個人或物可能在意什麼？**」請學生從所選的觀點來回答這個問題，並記下自己的想法。鼓勵學生不要只是陳述，還要提供細節，說明這個

人或物為什麼會（或可能會）在意這些事物。

5.「這個人或物可能會有什麼疑惑或問題？」請學生從所選的觀點來回答這個問題，並將想法整理成清單。同樣的，也可以請學生分享他們的回答背後有哪些理由及依據。

6. **分享想法**。若例程的進行與記錄都以班級為單位，那麼大家的思考就能藉由這個過程顯現，並會獲得一份記載著所有回應的紀錄。請同學仔細閱讀這份紀錄，描述角色嶄露的形象。如果學生各自進行這個例程，以下列一或多種方式替學生分組：把選擇不同觀點的學生分在同一組，或讓選擇相同觀點的學生在同一組，互相討論、比較自己在「進入角色」過程中的回應。另一種方法是讓全班同學一起討論目前遇到的問題或兩難，請學生從不同觀點提出自己的想法，推動班上同學進一步討論。

・運用與變化・

辛是比亞利克學院的四年級老師，她在學期開始時向同學介紹這個例程，幫助學生了解教室內外的友誼、霸凌及接納問題。辛讀了很多關於接納個別差異的書本與詩集，其中一首詩提到流言蜚語的影響。這首詩描述一個本來是玩笑的閒話，讓主角大衛非常難過，最後選擇離開學校。老師請學生站在大衛的立場，想想大衛可能有什麼想法。學生的回應包括：「如果我是大衛，我**知道**大家都在嘲笑我的口音，不把我當一回事，這讓我很傷心。」「我很**在意**別人怎麼想，也在意我有沒有朋友、能不能被接受」。辛和學生都認為這個例程對這類情境的影響既溫和又強大。

密西根州法蘭肯慕斯城理斯特小學的辛芭也是四年級老師，她運用「進入角色」例程幫助學生了解電學。辛芭請學生想想已經學過的電路知識，以及曾經探索過的各種電路，像是電燈和門鈴。接著她請學生選擇一種電路的某個部分來「進入角色」，像是電線、電子、燈絲等。學生完成例程的提示問題後，辛芭讓同學玩猜猜看的遊戲。每位同學在分享自己的回應時，先不說出所選擇的觀點，讓其他同學根據回答內容來推測。

比亞利克學院的英文老師貝倫霍姿有次發現，她的高年級學生在閱讀文本時，通常只留意主要角色。她認為，若請學生按照例程的步驟「進入」那些常被忽略的小角色，能讓學生對文本有更深刻的見解，並且看到不同的觀點，進而了解一個優秀的敘事文本在架構與編排上都有其複雜性。同樣的，比亞利克學院的小學美術老師賈菲也發現，若請學生「進入」藝術品，可以讓他們獲得新的領悟。賈菲依據教學目標，請學生「進入」建築物、藝術家、畫中人物或靜物的角色。學生從「不同的眼睛」看到的各種故事，往往引起熱絡的討論。

· 評量 ·

留意學生的回應是否只是在陳述該主題最顯而易見且眾所皆知的層面（雖然這是很好的起點），還是他們能夠推測或假設可能發生的事件？學生是否能意識到每個人的感受或憂慮都很複雜？還是他們依然無法跳脫自己的立場、感覺及疑問？回應時提出的推論是否有證據和理由支持？學生能否為自己的立場提供合理的解釋？

有時候，老師也會運用「進入角色」例程引導出更豐富的寫作內容，就像以下教學實例單元中布璐姆的案例。留意學生在這些情境中如何把例程當作啟發寫作的靈感，而不是回答完問題就結束了。觀察學生是否能利用這個例程衍生出的各種想法，創造豐富而完整的角色。

· 小提醒 ·

向學生介紹這個例程時，要特別小心用詞。注意第二、第三及第四個提示問題問的是「這個人或物**可能**會有什麼疑惑？」而不是「這個人或物有什麼疑惑？」加上「可能」，學生就知道老師想要的不是單一、絕對的答案，而是各種合理的可能及選項。我們不可能知道河流、狗兒或歷史人物真正的想法、感受、憂慮或在意的事物。開放式的提問能擴展學生的思考，讓他們提出更多假設與可能。

6　深究想法的例程
Routines for Digging Deeper into Ideas

大膽使用這個例程，引導出最有創意與深度的思考。鼓勵學生選擇從未想過的觀點。我們看過五歲小孩「進入」房間窗簾的角色，仔細思考並觀察當時正在舉辦的慶祝活動。也看過老師從士兵的鞋子、槍托等非常獨特的觀點來討論報紙上一張伊朗士兵的照片。此外，也有學生選擇「進入」國家、城市，甚至是自己的教室。

學生年齡層較低的老師可能會以為這些孩子沒有觀點取替的能力，但其實，角色扮演及幻想占了兒童生活的絕大部分。我們可以（也應該）透過各種機會，提升學生觀點取替的能力。比亞利克學院的二年級老師芙爾蔓就想出了一個方法，讓例程更具體。她用布或紙剪出鞋子的形狀，讓學生在變換觀點時可以踏上去。這麼做的效果很好，也很受歡迎，孩子都很喜歡這個新鮮的學習方式，而且很快就能想像「進入角色」的過程，不再需要鞋子輔助。

為了不讓這個例程淪為只是好玩的活動，仔細想想學生可以從「進入角色」的過程學到什麼。他們能更了解問題或議題的複雜性嗎？還是能更深入理解某個角色，並將認知融入寫作當中？

◉ **教學實例** ◉

比亞利克學院的七年級學生正在學習古埃及歷史。老師布璐姆擔心這些學生無法完全了解尼羅河對古埃及的意義，於是選擇「進入角色」例程來幫助學生更深入理解尼羅河在古埃及人生活中所扮演的角色。布璐姆知道青少年很難對過去的生活產生共鳴，不過如果能建立情感連結，或許能幫助學生更加了解尼羅河在精神上或農業上的重要性。

為了幫助學生稍微了解尼羅河的歷史，並建立情感連結，布璐姆開始鋪陳。她請學生閉上眼睛，然後以戲劇性的口吻，朗讀一段古埃及人敬拜尼羅河的祈禱文。接著布璐姆請學生想像自己就是尼羅河，流過埃及，看到農夫正在檢查水位，也看到埃及人在河流裡給嬰兒洗澡。布璐

姆引導學生想像可能出現在眼前的畫面,以及周圍可能發生的事情。她給學生充足的時間,讓他們靜靜勾勒腦中的事物。最後,學生完全沉浸在自己的想像中。

布璐姆接著請學生張開眼睛,在紙上寫出剛才看到和感覺到的東西。為了幫助學生,布璐姆使用了「進入角色」例程中的問題,她請學生想像自己就是尼羅河,眼前及四周有什麼景象?他們知道、相信、理解哪些東西?有哪些在意或困惑的事?學生透過這些問題寫下自己的想法,有些人只列出簡單的清單,有些人則寫出較完整的句子。

大家都整理出自己的想法後,布璐姆便請學生用剛才寫下的文字及想法,從尼羅河的角度寫一首詩或散文。其中一位同學的詩如下:

我是尼羅河/潔米瑪

我看見農夫和動物。
男孩跟朋友在我的河岸嬉戲。
我看見婦人在水裡清洗衣物。
我感受到陽光灑落在我身上。
我知道我正幫助著所有人。
於是我繼續流動。
流過男孩與農夫,流過那婦人,
現在只剩下我。孤獨且更加安靜。
不久,我看到一位老人低頭喝水。
我微微笑著,很開心能幫上忙。
我濺越岩石及樹根,讓動物飲水與游泳。
我盡力向前望,看到人們口中那塊紅地。
那土地狹長且乾涸,很開心我能提供人們所需。

另一個學生的文章如下:

進入角色:我是尼羅河……／戴維納

我是尼羅河,不斷穿過埃及,好似漩渦,什麼也擋不住我。流經時,女人和孩子向我問候,用我的水洗衣,並取走我的水。動物泡在水裡,我撐浮著船隻及其他在水裡游泳的人。農地、居民、動物和植物都仰賴我而生。人們在我的水裡捕魚,草木環繞在我的四周。如果向遠處望去,可以看到「紅地」。作物因我的滋養而成長,拿著武器的人也在我上頭打鬥。人們因我而生。孩童在岸邊嬉戲。

我感受到力量,因為我是生命的泉源。我感受到自己被使用、被利用,因為我向所有人張開雙臂。我感受到自己是萬物的重心。我為農作物提供水分和營養。但有時,那些草木也讓我感到不舒服。人們取走我的水分子——我的朋友。我的影響力讓我感到謙卑。然而,我想要幫助「紅地」。那裡非常乾燥。我覺得自己不受尊重,如果人們認為我是神聖的,為什麼又要弄髒我呢?

我感受到自己對土地和人們的幫助,我能夠拯救他人。我有時會因戰爭而感到愧疚,因為人們是為我而戰。同時我也感受到自己的特別,因為我既是旁觀者,也是犧牲者。我感到自豪且快樂。

布璐姆對學生作品的品質及描述的細節感到意外,她說:「以前我也曾讓學生假裝自己是其他人或物,但從來不像這些詩及文章有那麼多細節。透過這個例程的步驟拆解訊息,就好像是在看一棟建築物,但不是只看外形,而是真正注意每一個磚塊。如果不搬開部分磚塊,就看不到內部的東西。『進入角色』讓人們以不同的方式『看』事情,否則就只會看到大樓,也就是主題,而忽略了細節。」

布璐姆在讀過學生所寫的詩及文章之後,對學生的學習有一些發

現，她說：「這個例程讓學生有機會注意細節及複雜難懂的地方，也讓他們放慢腳步，因此較少出現制式的回答，學生也會注意到自己不常留意的地方。如果我只是要學生假裝自己是尼羅河，可能就會出現以前那些陳腔濫調。但只要營造出寧靜的氛圍，讓學生平靜下來，思緒便能流洩而出，學生也有時間好好做紀錄。」

◉紅燈、黃燈◉ Red Light, Yellow Light

閱讀、觀賞或聆聽選擇的素材時,思考下列問題:
◉哪些部分是**紅燈**?也就是說,哪些事物的可信度或準確性讓你有疑慮,必須中斷閱讀、聆聽或觀察?
◉哪些部分是**黃燈**?也就是說,哪些事物的可信度或準確性讓你必須放慢速度、稍微暫停想一想?

我們在研究思考素質的發展時,發現一個阻礙素質養成的關鍵:應用的時機。人們通常都有能力思考,卻常找不到使用的時機,使能力派不上用場。因此我們的同事柏金斯設計出「紅燈、黃燈」例程,這個例程強調懷疑與提問的時機。找出這些時間點,可以讓學生成為更主動的聆聽者及閱讀者。必要時,還可以讓學生的懷疑天線高高升起。交通號誌的比喻是要讓學生將綠燈想像成繼續,黃燈放慢速度,紅燈則要停下來。

・**目的**・

「紅燈、黃燈」例程讓學生更清楚什麼時候應該質疑事物的可信度。我們常因泛泛之談、明顯的個人利益、過度簡化的結論、潛在的偏見、隱藏的動機等原因,而將事物視為理所當然或甚至視而不見。如果學生想要深入了解一個主題,就必須學著找出潛藏的謬誤,並且以嚴謹、認真的態度去重視、處理。老師應該刻意用不同的方式來使用這個例程,這樣才能建立學生的敏感度,幫助他們找到主張、想法、結論或推論中潛在的可信度問題。

・**挑選適當素材**・

具有特定立場、主張、結論或推論的素材,最適合用「紅燈、黃燈」例程來討論。老師可以選用的素材包括雜誌上的評論、有待查清的謎團、不夠嚴謹的數學論證,或是某些校外場合,例如為了避免危險而制定的規則、遊

戲時的紛爭、籌措班級旅費的計畫等。

另外，務必確認素材內容包含一定程度的爭議、問題、衝突或矛盾，學生才能順利找出紅黃燈。如果素材內容規模小，就沒有太多需要注意的潛在問題。同樣的，如果每個紅黃燈的來源或結論都一樣，例如「這份報紙的觀點很偏頗，我再也不會相信裡頭的任何報導了」，這樣的討論就比較沒有幫助，學生無法了解紅黃燈出現的起因和緣由。請學生仔細閱讀書的每個章節，或持續追蹤媒體的報導，讓他們對事件的可信度保持警覺。

・步驟・

1. **準備**。簡單介紹選用的素材，避開任何可能會讓學生在閱讀時產生偏見的內容。某些情況下，甚至不要讓學生知道素材的來源。請學生深入挖掘素材蘊藏的概念、議題或結論。

2. **尋找紅燈與黃燈**。把學生分成兩人或多人小組，或讓學生各自尋找素材中可信度存疑的事項在什麼時間點出現，出現前有哪些跡象。以交通號誌來比喻，紅燈是明顯要踩煞車的地方，黃燈需要稍微小心或注意，其他地方都視為綠燈。老師可以發給學生紅色及黃色的螢光筆來進行這道步驟。

3. **蒐集學生的觀察及理由**。蒐集學生標示成紅和黃的地方，整理成列表。同時留意學生大幅標成紅色及黃色的「區塊」。請學生說明這些地方或區塊為何是紅燈或黃燈，並把理由記錄下來。

4. **分享想法**。完成紅黃燈列表之後，請同學退一步看這份紀錄。問大家：「這些問題或可信度存疑的地方出現之前，有哪些跡象？那些需要特別注意的區塊告訴我們什麼訊息？」請學生分享想法及理由。

・運用與變化・

密西根州特拉弗斯城公立學校的邱奇經常在研習營上使用「紅燈、黃燈」例程。當老師分享自己的課堂教學、學生的作業或教育相關文章的心得後，邱奇會以「紅燈、黃燈」來引導討論，讓大家不只是簡單表示同意或不

同意。邱奇說：「我發現請大家實際說出哪些地方可能是紅燈或黃燈，能讓老師更專心聆聽、參考彼此的想法。以前就算發覺某個點不大對勁，大家仍保持沉默。紅燈及黃燈讓大家願意討論某些難題，而不是一遇到障礙就繞開。而且，紅黃燈的標示也不是絕對，只是找出可能需要注意的地方。」

老師也可以用這個例程來計畫活動。校長及部門主管在向投資人提出方案或計畫時，經常使用這個例程，請與會成員找出紅燈及黃燈。這麼做可以幫助負責人傳達一個訊息，那就是任何提案都有爭議，這很正常。然而，讓大家都看到這些爭議，才能著手解決問題，不會因此亂了手腳。

卡維爾是比亞利克學院的六年級老師，他發現「紅燈、黃燈」的比喻能有效幫助學生掌握自己的閱讀理解能力。他請學生在獨自閱讀時，標出文章中讓他們閱讀速度變慢及完全卡住的段落，先不要管背後的原因。隔天上課時，卡維爾請學生分享自己標成紅色與黃色的地方，並討論為什麼會慢下來或卡住。最後再讓班上同學一起討論該如何處理這些紅燈與黃燈。

・評量・

運用「紅燈、黃燈」例程深入探討各種想法時，老師可能需要特別注意一些事項，例如：學生是否能夠輕易從讀到、聽到、看到的內容或經歷中找出有疑問的地方？學生認為這些地方屬於紅燈或黃燈的理由是什麼？老師應該要了解自己的學生是如何發展成具有批判能力的資訊消費者。同時，注意學生在班上討論時的論述品質，像是學生是否會利用紅燈及黃燈檢視自己的論點、想法、理論及結論，而發現過度概化或論據薄弱的地方？

・小提醒・

一開始，學生很可能會覺得「全都是紅燈」或「全都是黃燈」。這代表學生以非黑即白的方式來看這個問題，認為不是這樣，就一定是那樣。在這種情況下，老師很難引導出豐富的討論。如果素材的開頭就是紅燈，那麼學生很可能把接下來的部分都標上顏色。這時老師應該將學生拉回來，告訴他

們只要找出一個紅燈和一個黃燈就好,從這裡開始重新討論。這麼做可以調整同學的注意力,讓他們仔細觀察存疑處的細微差異及複雜性,而不是快速做出「全有全無」的判斷。

老師也發現,請學生多留意素材中的綠燈也很有用。協助學生找出扎實的論點跟尋找令人質疑的主張同樣有其成效。老師會漸漸找到和學生一起尋找紅黃燈的方法,尤其是較豐富或涵蓋範圍較廣的主題。公布並讓大家都能看到例程的紀錄,這個例程便不再只是一項課堂活動,而象徵一種思考方式,讓學生能夠應用到新的學習情境中。這種持續的練習有助於培養學生的判斷力,讓他們知道何時該進一步檢視想法的可信度。

◉教學實例◉

蘭姿是密西根州特拉弗斯城長湖小學的五年級老師,她跟學生一起使用思考例程已有多年。她回想自己一開始運用思考例程時,比較像是在進行課堂活動,不見得緊扣課程內容。她說:「我現在明白了,那樣的經驗是必要的,那讓我看到孩子的思考走向。我記得學生當時真的很投入,也跟我分享腦袋裡真正的想法,有好幾次我都大為驚訝!」

蘭姿最近向學生介紹了「紅燈、黃燈」例程,她很好奇這個例程對學生的幫助。蘭姿說:「『紅燈、黃燈』對我來說是新的嘗試,好像又回到剛開始使用例程的時候。我對這個例程的步驟還不熟悉,不像其他例程可以很自然就用上。不過,我已經可以預料到這個例程會越來越常出現在我跟學生的對話中。」

蘭姿決定用學生熟悉的例程來介紹「紅燈、黃燈」例程。她說:「我展示了一些以前學生以『主張—支持—提問』例程探討奴隸販賣與中央航線的推論。這些學生已經學過這個主題,也知道『主張—支持—提問』這個例程,因此我認為這很適合作為介紹『紅燈、黃燈』例程的素材。」

蘭姿請班上同學檢視之前學生提出的主張，並想想這些看法的可信度。其中一些論點包括：

- 中央航線是一段很長的航程。
- 西非人活在自由的國度。
- 西非人害怕穿越中央航線的恐怖旅程。
- 前往美洲的旅程非常痛苦，所有奴隸都寧願死，也不願起程。

蘭姿接著說明交通號誌象徵的意義。她向班上同學解釋：「紅燈會讓你停下來說『嘿！等一下！』黃燈像是讓你暫時停下，說『我知道這裡要表達的意思，但是……』」接著她請學生在心裡記下紅黃燈出現的位置。她也鼓勵學生不要只是標出紅燈和黃燈，還要向同學說明理由。她刻意將範例貼在牆壁上，提供學生有趣的切入點。

學生很快就投入這個思考例程，蘭姿說：「學生的討論從一開始就很熱烈。他們必須在這個過程中回想自己曾經學過的東西，並挑戰我寫在白板上的論點。」許多學生提到論點中不夠清楚的地方，例如，雖然沒有人質疑「中央航線是一段很長的航程」這個主張的基本前提，但「很長的航程」似乎太模糊、不夠具體，因此蘭姿的學生認為這可以算是黃燈。學生也檢查了論點的措詞，只要出現**全部**、**絕不**、**總是**，就可能被標為紅燈。蘭姿認為「紅燈、黃燈」這樣的說法不但幫助學生抱持合理的懷疑精神，也讓他們仔細、確切檢視這些論點，這讓她很欣慰。

學過「紅燈、黃燈」例程後，又過了幾天，蘭姿請學生閱讀自己的社會科筆記，從先前的「主張—支持—提問」紀錄中挑出一則，用紅黃燈仔細檢查。這麼做是希望學生能夠學會批判自己的論點。接著，蘭姿請同學找一個夥伴，互相檢視彼此挑選出來的項目，並再次留意其中的紅黃燈。同學在彼此的幫助之下，改善並強化自己的論點。蘭姿說：「我發現，以這樣的方式討論，學生的論點變得更完整。同儕一起討論

彼此的想法，不是單純判斷對或錯，而是利用紅燈及黃燈提供更有價值的回饋。大家真的都很投入。」

　　蘭姿相信再過不久，這個思考例程所使用的語言就會融入班級對話，例如：「這裡的紅燈在哪裡？這份資料的哪些部分是黃燈？」她認為這個例程也可以用來解決班上同學的爭執或意見不合。她說：「雖然我才剛開始使用這個例程，但我已經看到紅燈如何幫助學生用合理的推論挑戰某個觀點。如果紅燈太嚴苛，那麼學生可以用黃燈把某些想法列為存疑。我已經能預見學生在『紅燈、黃燈』例程的協助下，進行更豐富的對話、回饋及自我反省。」

◉ 主張─支持─提問 ◉
Claim-Support-Question

根據自己的調查、經驗、既有知識或閱讀內容：

◉ 針對探索的主題、議題或概念提出**主張**。

主張是依據教學素材的某個層面提出說明或**解釋**。

◉ 找出**支持**這個主張的佐證。你觀察到、感覺到或知道哪些東西，可以當作證據，證實這個主張？

◉ 提出**疑問**。你對這個主張有什麼疑問？哪些部分尚待解決？哪些部分的解釋不夠充足？你從這個主張衍生出哪些想法或疑問？

學生面對資訊時若要更具批判能力，就必須學習辨識及分析「真實主張」（truth claims）的事項。講者或作者可能會認為自己的想法及意見是事實，但實際上應該視為推論、推測、假設或建議，我們將這些統稱為**主張**。這些主張的論據及可信度都需要加以檢視評估。「主張─支持─提問」例程就是由這些步驟發展而來。

・目的・

老師及學生總是習慣提出某些陳述，並聲稱那是事實或觀念，而「主張─支持─提問」就是為了辨識並研究這些論點而設計的思考例程。找出主張等於找出模式、推斷及推論。有時是從別人的論述找出主張，但我們也可以根據自己對事件的分析或對現象的調查提出自己的主張。

我們在課堂上經常討論或評斷某些說明或解讀，這通常是為了讓學生表明自己同意或不同意某個主張。這通常比較輕鬆，不會深入討論或請學生提問。然而，很少有主張絕對正確或錯誤。無論主張被視為真實或可能真實，這個例程的目標是協助學生留意這些主張，並進行詳盡的檢驗。這個思考例

程著重在以證據判斷主張的真實性或可靠性。我們能找到哪些證據來支持？哪些部分值得懷疑？請學生提出支持或反對某個主張的證據，這不止是為了讓學生表達對特定事件的看法、反應或感受，更是為了提供充分的機會使思考變得可見。

‧挑選適當素材‧

生活中有各種科學報告有辯論全球暖化是否真的存在。而政客經常以過度簡化的論證來說服選民支持某個政策。身為思慮周延的公民，我們必須具備判別真假的能力。大眾論壇提供了許多潛在的主張，你可以從報紙、雜誌、電視辯論，甚至政治漫畫中找到可用的內容。

社會上有許多言之鑿鑿的言論，這確實是有趣的探索主題。然而學生在課堂上進行實驗分析、文本閱讀或解開放式數學題時，老師也要經常鼓勵學生提出自己的理論、想法、推導及解讀，這些主張也很重要。我們可以在數學課上找到或提出各種主張、推導及猜想，推理出正在發生或可能要發生的事情。也就是說，學生會在探索數學現象、遊戲及問題的過程中，進行推測或類推。這個過程經常涵蓋值得深入探討的論點，老師應仔細聆聽學生的想法。

只要內容包含值得進一步探索與辯證的解讀或說明，就適合使用「主張─支持─提問」例程。讓學生先找出不同的主張、解讀及推論，接著老師可以把這個例程當成「即時」工具，鼓勵學生為自己習慣性採納的主張找出**支持**或**反對**的證據。

‧步驟‧

1. **準備**。老師有必要向全班解釋主張的概念。我們之所以選用**主張**這個詞，是因為它的意義廣泛，包含猜想、推測、論點、理論、假設、推導、事實陳述等。「主張」可以大致解釋為「這裡發生什麼事」的回答。公布這

堂課要探討的事件，並告訴學生現在的目標是釐清「這裡發生什麼事」。課程結束後，班上同學會更了解事件的真相。

2. **找出主張**。老師可以在開始探討之前，先問學生：「大家目前對這個主題有哪些主張、解讀或說明？」或者，若課程已經進行一段時間，老師想請班上同學提出或指出主題的主張時，可以問：「現在我們已經研究這個主題一段時間了，大家能提出什麼樣的主張來解釋或說明？」無論學生的回答是什麼，都應該記下來讓全班看到，並預留空間，好在之後或下一堂課可以繼續加入更多想法。有些老師喜歡將主張寫在海報紙或白板中央，之後就能將支持的看法寫在一邊，問題寫在另一邊。

3. **提出證據支持主張**。問學生：「就目前提出的這些主張，我們可以看到、注意到、知道或發現哪些證據？」有時候學生必須搜尋其他資料、參考原有知識，或做額外的實驗、研究，才能找到支持某項主張的證據。請學生詳細說明每個主張的佐證，並寫在一旁，讓大家都能看到並一起思考。這道步驟實際上是要讓學生想一想每項主張背後的理由。

4. **提出問題**。這道步驟會請學生合理懷疑正在檢視的主張。學生這時要拋開已經提出的佐證，思考有哪些因素可能會讓我們質疑主張的可信度或準確性。可以問學生：「現在我們已經為這些主張提出了佐證，有沒有反面的證據？我們可以提出什麼問題來檢驗這些主張的可信度？有哪些部分需要進一步檢視或說明？」

5. **分享想法**。按例程步驟做紀錄，讓學生的思考變得可見。也記下學生如何參考並挑戰別人的想法。經過剛才的充分檢視，現在可以問學生對這些主張的態度是什麼。讓學生評估自己對這些主張的信心程度，從「仍有懷疑」到「完全相信」來依次排序。如果是用這個例程來探討特定議題，則可以請學生表明自己的立場。

・**運用與變化**・

幫助學生培養出「主張─支持─提問」的思考模式並不困難。比亞利

克學院的數學老師菲蔓就成功將這個例程融入中小學課堂。菲蔓通常會給學生一些沒有明顯、單一解法的數學問題，接著讓學生有足夠的時間用不同方法，從不同角度去探索可能的答案。大約 10 分鐘後，菲蔓會帶全班一起討論，問大家有什麼發現、想法及推導，她在海報上記錄這些暫時的初步主張。接著請學生繼續探索這個問題，打開自己的眼睛和耳朵，保持開放的態度，尋找支持、反對或否定初步主張的證據。以這種方式使用「主張—支持—提問」例程，菲蔓不僅向學生介紹了特定的數學概念，也讓學生明白數學是關於推測、類推、分析及驗證的學科。

2010 年選舉期間，密西根州薩吉諾城有位中學歷史老師運用「主張—支持—提問」例程幫助學生深入了解當時熱議的主題。他整理出幾位候選人的主張，主題包括失業問題、創造就業機會、社會安全福利、健康照護、不問不說政策[i]及移民問題，不過，老師沒有讓大家知道是哪個候選人或政黨提出這些主張。舉例來說，其中一項主張是廢除社會安全福利，這項主張認為人們應該自己規劃退休金的使用，這樣才能帶來更好的生活。接著，班上同學審視這些主張中自己支持及質疑的部分。討論結束之後，老師請每位同學選一位自己支持或反對的候選人，並搜尋這個候選人對這些主張的看法。許多學生對找到的結果非常意外。

· 評量 ·

當「主張—支持—提問」成為課堂上持續使用的思考模式時，老師可以留意學生發現、提出主張的頻率及情境。學生是否能找出過於空泛、必須進一步檢視的建議或說明？他們的類推或推測能幫助他們了解事件的真相嗎？這些能力代表學生懂得分析訊息，並秉持適切的懷疑態度。

另外也要注意學生在評估主張的可靠性時，用了哪些策略。學生提出的佐證是否扎實且有憑有據？或者只憑藉個人意見或經驗？學生在了解主張

---

[i] 譯注：1993 年美國軍方提出的政策，軍中同性戀者若不談論自己的性傾向，長官亦不可過問，但若被發現是同性戀者，則不得繼續服役。這項政策已於 2011 年廢除。

時,是否能發現值得探討的問題,以充分了解主張的複雜性?學生能否判斷哪些情況需要進一步調查?學生是否了解在任何領域中,多元的證據都很重要?例如,就算某種數學現象在一種甚至兩種情況下都成立,也不代表它就是證明,而只是支持的證據。

・小提醒・

我們可以將「主張─支持─提問」例程想像成用來檢驗想法及形成新理解的重要架構。然而,這類思考及學習經常在課堂上受到壓縮,甚至完全省略。尤其我們往往把重點放在學生吸收了什麼,而不是如何檢視資訊。「主張─支持─提問」基本上是讓學生有機會從不同的角度及觀點找出扎實的證據,了解複雜的議題。經常使用這個例程能讓學生明白,任何真正值得理解的事物,都應該要有證據證實,並用心審視。

記住,「主張─支持─提問」不見得是要讓學生同意或不同意某個主題,也不是要替所有議題劃出明確的是非界線,雖然在某些情況下可能是這樣。如果學生仍認為老師會在課程結束時公布什麼是對、什麼是錯,就會覺得這個例程毫無意義。這時應一次次把學生拉回到證據上。如果學生忽略了某些重點,老師應該提出問題,引導學生進一步探究,而不是直接告訴他們答案。

◉教學實例◉

在密西根州特拉弗斯城,只要走進舒蜜特的七八年級數學教室,馬上就會對學生進行的數學活動印象深刻。牆上貼滿各種圖表及公式,這些都是各組學生用實際數據推導的成果。窗戶上五顏六色的標籤紙則是學生對重要數學觀念的反思。教室隨處可見學生提出的理論及解題方式,從這些可以感受到舒蜜特非常重視學生的數學思考。舒蜜特一直都認為主動學習很重要,然而,一直要到她不再只是為學生設計實作課程,而開始仔細聆聽學生的推導、推測及看法後,才注意到這樣劇烈的

課堂文化轉變。

舒蜜特回想道:「我相信,如果學生能用證據支持自己的想法,那麼學數學就會變得非常重要。這也是為什麼我開始使用『主張—支持—提問』例程。我過去一直在課堂上施行這個例程,只不過是另一個版本,比較像是『主張及證實』,質疑的部分較少。例如,學生可能會說:『我的主張是 $x = 7$,因為這是我算出來的結果。』而沒有提供更多說明,我也沒有這樣要求。」舒蜜特以前只要求學生給出答案,並用解題步驟證明答案的有效性,這是相對狹隘的討論。舒蜜特說:「雖然我請學生說明自己的解題方法,但沒有真的要求學生找出證據來支持或推翻自己的理論、想法或推測。」

舒蜜特希望「主張—支持—提問」例程的應用範圍能更廣泛,不要只是用來分析特定的問題或步驟。因此,她決定先介紹一個可以從不同觀點切入的重要數學概念,然後請學生提出初步主張。舒蜜特說:「我決定從較深、較大的問題開始。」接著她問學生:「我們怎麼知道兩個算式是否相等?」她給學生一些時間思考,並記下學生的初步想法(表6.1),無論那些主張是否正確。舒蜜特說:「我知道學生的回答可能涵蓋某些錯誤觀念,這對我來說是樂趣之一。這樣才有值得研究、驗證的東西。」

整理好學生的初步想法後,舒蜜特希望學生能像法院的法官一樣「審判這些主張」。她告訴學生:「有些主張看起來好像是對的,有些不完全正確。無論如何,我們將在接下來幾週深入探討其中一些主張。」

班上同學在研究問題,仔細檢查等式的各個層面時,舒蜜特不斷引導學生回到「主張的審判庭」,請學生提出證據證實自己的初步想法。等到學生對等式有較多了解後,她也請學生針對某些主張提出質疑。舒蜜特說:「我希望這些主張是有意義,而且能應用在其他問題或課程上。我希望學生能以自己的初步想法為基礎,想想這堂課如何引導我們

表 6.1 八年級學生對等式提出的初步主張

・我們怎麼知道兩個算式是否相等？・

- 兩個算式如果得出相同的解,就代表相等。
- 可以看兩個算式是否能畫成相同的表格和圖表(而且有時可以用相同的方式呈現)。
- 如果數值相同,算式就相等。算式可以用不同的格式寫,但數值都會相同。
- 可以用分配律來找出最簡化的公式,再來比較。
- 兩個公式的 x 都代入同樣的數字,如果得到相同的總和,這兩個公式就相等。

進一步檢視其他問題、解題方式及觀點,深入理解『等式』這個重要的數學概念,而不是停留在原本的想法。」

單元快結束時、舒蜜特請學生各自挑選一個初步主張,並在筆記本上開庭審判:找出證實、質疑這項主張的證據,或稍微調整,讓主張變得更穩固、更具實證基礎。這種沒有正確答案的作業讓舒蜜特清楚看到學生對等式的了解(圖 6.1)。

學生回答的深度讓舒蜜特大感意外。她認為由於這個例程強調提出主張並尋找支持的佐證,所以學生能夠更深入思考數學連結、解題方式及過程,而不只是說出步驟。她說:「學生看起來是真的擁有自己的想法,甚至記得其他同學提出的主張。聊天時也會提到,例如『記不記得喬伊有一次主張⋯⋯』或者『你知道艾力克斯是這麼主張的嗎?但我看了之後認為⋯⋯』大家似乎比以前更認真投入彼此的想法,我真的很高興看到學生在討論數學主張及推論時有這樣的轉變。」

圖 6.1 八年級學生對等式的主張

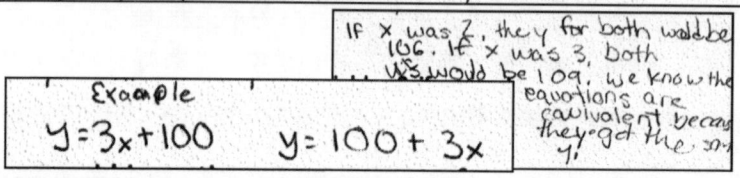

> You can put in the same # for x in both equations and if you get the same sum then they are equivalent.
>
> If this works for 3 different x's

> ✱ You can put in the ~~the same~~ any # for x in both equations and if you get the same ~~sum~~ answer then they are equivalent, for more than 1 x. I agree with this statement because I know that if 2 expressions are equivalent, they will always have the same y for x.
>
> Example
> $y = 3x + 100 \qquad y = 100 + 3x$
>
> If x was 2, the y for both would be 106. If x was 3, both y's would be 109. We know the equations are equivalent because they got the same y.

> You can put in the same # for x in both equations and if you ^always^ get the same ~~sum~~ solution then they are equivalent.
>
> I changed this statement a little bit. I crossed off 'sum' and wrote 'solution' because 'sum' implies addition and in equations there are some multiplication problems you have to do. I also added 'always' in between 'you' and 'get' because if you only try one x value and the solutions are the same, it could just be where the two lines cross.

　　舒蜜特認為經常使用「主張—支持—提問」例程對她的教學也有很大的影響。她說：「我發現自己在課堂上的措詞改變了。我的提問和我留意的內容都更深入，不再只是注意學生的解題方式及步驟。另外，我也花更多心力思考整個學年學到的觀念、內容，以及這之間的連結。我還發現自己經常回顧以前學過的東西，為既有知識增添細節。我和學生已經習慣去尋找主張、推導及理論，而不是一堂課只處理一個觀念。」

◉拔河◉ Tug-of-War

在桌子中間放一條線當作拔河繩。選一個可以從許多觀點或立場思辨的難題：

◉找出兩個對立的立場，標示在拔河繩兩端。

◉盡量找出許多「拉力」或理由，把你「拉向某端」，也就是盡可能找到各種支持雙方的理由。把這些理由分別寫在便利貼上。

◉判定拉力強度，最有力的貼在繩子的最末端，較弱的則貼在靠近中間的位置。

◉找出過程中出現的「如果……」問題，寫在便利貼上，然後也貼在拔河繩上。

當我們想到做決策這項挑戰時，腦中就浮現拔河遊戲這個比喻。好比有一組因素、理由或影響，將繩子拉向其中一邊，另一組則把繩子拉向另一邊。不過拔河時，並非所有拉力都一樣大。繩子尾端的定錨點通常最有力，越靠近中央則越弱，最可能被拉過界。「拔河」例程便是用這樣的比喻來探索各種議題及想法。

・目的・

針對議題採取某個立場，並提出有力的論據，這是相當重要的技能。然而，在還沒有深入了解議題的複雜面之前，太快選擇並急於捍衛立場，通常會讓思考變得狹隘，也過度簡化問題。「拔河」例程專門用來協助學生了解對立雙方在各種難題、爭議及問題上的複雜拉力。這鼓勵學生不要一開始就選邊站，而應該仔細思考是哪些拉力及理由在支持兩方。藉由探討雙方論點，讓學生體會真實困境無可避免的深層複雜性，並讓學生跳脫看似只有對與錯的表象。

・**挑選適當素材**・

「拔河」最適合用在有兩個明顯相反的立場或解決方法的難題、爭議及問題（注意：本例程也可以調整為兩個以上的拉力，不過一開始最好從兩種立場開始）。這些難題可能來自學校課程、時事或日常事件。例如：保護區人口成長帶來的影響、政府稅收與提供福利之間的拉扯、決定哪些事物應加以限制而哪些又應保持現狀、小說角色面臨的選擇、學生的道德困境等。要記住，形成並探討各種想法才是深入了解某個複雜難題的關鍵，不要像辯論一樣快速選擇偏好的立場。

・**步驟**・

1. **準備**。找出並選定一個讓全班同學探討的難題。可以從目前的課程內容尋找，或融入新素材，像是閱讀或看影片。此外，老師也可以請學生自己找出問題或難題，例如詢問學生：「這裡有什麼問題？」或「這個問題的重點是什麼？」決定好要探討的難題後，在白板或海報上畫一條線代表拔河繩。請學生想想，在這個難題中，對立雙方的觀點或立場分別是什麼，把學生的回答標示在這條線的兩端。

2. **找出「拉力」**。問學生：「在難題的這一端，有哪些『拉力』或支持這個立場的理由？」請學生先不要管自己同不同意這些理由，盡可能找出各種拉力。可以讓學生各自作業，也可以請同學跟小組分享，或全班一起討論。請學生把想到的理由／拉力分別記在便利貼上，這樣接下來安排位置時會比較方便。然後，請同學針對另一端重複同樣的步驟，盡可能提出各種理由來支持（注意：兩邊不一定要分開進行，但一開始先這麼做，對某些學生來講可能會比較容易）。

3. **貼上「拉力」**。把學生分成小組，或全班一起討論各個拉力應該貼在什麼位置。雖然達成共識很重要，但這裡的重點應該放在安排位置的原因、理由，以及拉力的相對重要性。

4. **問「如果？」「假如？」這類問題**。學生在討論如何安排拉力位置

時，可能會出現一些疑問。例如，學生可能會說：「那要看這麼做合不合法。」這些「要看」的爭論可以轉變成問題，寫在不同顏色的便利貼上，然後也貼到線上。完成之後，往後退一步，補上更多「如果……？」問題。這些問題應該包含需要進一步探索的問題、現象或考量。

5. **分享想法**。如果這個例程以小組進行，花點時間看看各組的拔河繩。問學生對這個難題有哪些新的想法是一開始沒注意到的。學生還是抱持同樣的看法嗎？如果不是，想法有什麼改變，或增加了哪些新的想法？他們會怎麼跟別人介紹這個複雜的議題？

・運用與變化・

這個例程能有效推動組員的熱絡討論，尤其在安排「拉力」位置時，效果特別好。老師經常發現，這個例程最厲害的地方在於不必完整使用，就能引導學生針對難題提出論證。例如，老師只需要問：「有哪些拉力能把我們拉向支持延長上課時間這一邊？」學生就會開始討論。當然，並不是所有難題或爭議都只有兩個面向。事實上，也有多條繩子綁在一起的三方或四方拉鋸戰。一個議題若有兩個以上的拉力，也可以用這個例程來探討。

在這個例程中，老師有時會先花一些時間尋找並設定議題。這是最重要的一點，因為我們定義問題的方式會影響我們如何解決問題。例如，麻薩諸塞州有一所中學的學生在社會課上讀到一篇新聞報導當地政府取消免費提供遊民餐點的事件。這項服務的供餐地點就在街邊，因此食物的備料及保存都沒有達到衛生標準。讀完這篇報導後，學生發現的議題包括衛生安全、政府對慈善機構的規範、服務供應者是否違法的道德兩難、更改供餐地點的可能性等等。接著各組同學針對設定的議題進行拔河。

墨爾本三一文法學校在地球週舉辦了保育討論會。有位一年級學生提出汽車污染的問題，另一個學生則提議，想要改善環境，可以全面禁止開車。老師非但沒有忽略這個想法，反而決定讓學生用「拔河」來探討。每個學生都提出一個「拉力」並寫在紙上。然後老師在地上畫一條線，讓學生依據自

己的拉力強度選擇要站的位置。接著老師從中心點開始，請不同立場的學生依序分享自己的「拉力」。

· 評量 ·

「拔河」例程有好幾個地方可以評量：學生怎麼看待或定義這個問題？學生是否能掌握難題的複雜本質？學生如何設定對立的立場？學生是否能在難題的兩端來回論證，提出「沒錯，但另一方面……」這類陳述？這些依據都能讓我們了解學生探索複雜議題的方式。

學生整理「拉力」時，注意他們是否能提出對雙方立場都很重要的證據。他們能否跳脫自己的立場，考量另一方的觀點？仔細觀察學生對拉力位置的討論，我們能從學生提出的理由及推論看出什麼？學生是否能為自己的拉力提出合理的論據及相關疑問？學生提出的「如果……」質疑所透露的哪些關鍵可以幫助我們更了解選擇的難題？例程結束時，學生是否能清楚表達自己對主題有哪些進一步的理解？

· 小提醒 ·

確認選擇的難題是否能激發多元的想法，讓學生願意投入。此外，使用的素材也必須有一定的層次，才能讓學生提出不同的論點。如果學生無法對這個難題產生共鳴、投入其中，就很難好好思考。同時，避免學生太快做出判斷，這樣才能讓學生從對立的觀點檢視難題，並提出各方證據。老師可能會急於要學生表達自己的主張或立場，但等到大家都能以論據來闡述、檢視不同觀點，並形成問題幫助自己深入探索，那時再來分享會比較好。「拔河」例程結束後，可以用「我以前認為……，現在我認為……」例程幫助大家回到原本的立場。

在這個例程使用便利貼有一個好處，那就是方便調整位置。我們可以將理由類似的拉力擺在一起，這樣就能清楚看出理由的類別或主題。這道步驟也可以在互動式電子白板上進行，之後再印出來討論。舉例來說，你可以先

記下全班同學的回應，然後請學生找出需要調整位置的「拉力」，最後再討論為什麼。

◉ 教學實例 ◉

密西根州特拉弗斯城的塔格蘿爾說：「『讓思考變得可見』這個概念從一開始就很吸引我，我真的很想知道學生心裡到底在想什麼。」而「拔河」例程能滿足她的期待，讓學生從不同觀點看待議題，非常契合她的中學語言藝術課程。塔格蘿爾發現，學生閱讀時經常太快做出結論。一旦如此，學生便很難進一步推論。塔格蘿爾希望學生的思考能更靈活，也能不斷增加、擴展新想法，並加以應用。她也希望學生能就正在閱讀的議題分析出深層的複雜面。

塔格蘿爾說：「拔河例程之所以吸引我，是因為這個例程似乎能幫助學生完整思考，而且不會要求他們捍衛特定立場。這讓學生感到放心，他們可以隨時改變、修正看法，並對可能相互衝突的觀點抱持開放的態度。」

當塔格蘿爾的八年級學生開始閱讀露薏絲‧勞瑞的《記憶傳承人》時，她認為這是運用「拔河」例程的最佳時機。小說中，12歲的喬納思生活在未來，他原本以為自己住在烏托邦般的理想社會，後來卻逐漸發現不是如此。這個社會追求以「一致性」來達到完美，去除差異性以及複雜的情緒。塔格蘿爾在這部小說中找到一個能夠吸引中學生的難題：人類對永恆的幸福、理想及烏托邦社會的迷戀。

學生差不多讀完這本書時，塔格蘿爾在白板上畫出一條水平線，告訴學生，他們將進行一場拔河比賽。她從先前和學生討論過的議題中挑出「哪些事物有助於實現理想世界？」這個問題，並寫在白板的拔河線上。塔格蘿爾提醒學生，這本小說能讓大家思考這個複雜問題的其中一面。她在線的一端寫下「如果我們都一樣……」接著她表示一定也有人

持相反意見，於是在線的另一端寫上「如果我們都不一樣⋯⋯」塔格蘿爾告訴學生這不是要大家選邊站，而是要各組同學針對這個複雜的問題，為雙方提出可能的支持理由或「拉力」，並一一寫在便利貼上。

當學生為兩種立場提出好幾個支持的理由後，塔格蘿爾請學生依據理由的強度安排便利貼的位置，她說：「就像真正的拔河比賽一樣，主力隊員都會放在後位。請各組同學按照理由的強度，為這場拔河排出最佳陣容。」

學生討論各個理由的放置位置時，塔格蘿爾就在旁邊聽著。她很驚訝這麼做竟然也讓自己更了解學生對小說主題的思考（圖6.2）。塔格蘿爾說：「我真的沒想到能了解學生的生活。他們跟朋友討論書中內容及自己的想法時，我清楚看到這些孩子相信、害怕及擔心的事情。例如，當學生討論到作者把『一致性』當成理想狀態時，他們提出的支持理由是，這樣就沒有人會被嘲笑或霸凌。學生自然就將自己的生活帶到課堂上。」塔格蘿爾也對學生在辯論時的良好表現感到意外。有些人很快就轉變自己的立場，也有些人在聽完同學的分享後改變了原先的看法。塔格蘿爾說：「這個例程讓學生清楚表達自己對複雜概念的思考和邏輯，同時也對不同的想法保持開放態度。我真的很滿意這樣的成果。」

塔格蘿爾繼續在不同的情況下運用「拔河」例程。她說：「這個例程對語言藝術課相當有幫助。舉例來說，我們正在讀的歷史小說提到了奴隸的概念，剛好跟八年級學生的社會課相關。我以『拔河』例程作為架構，討論當時年輕人可能面臨的抉擇：從軍參戰，或留下來保護家人。我也請學生站在奴隸的立場思考『哪些因素會讓我留下來繼續被別人**占有**，哪些會讓我跟海麗特・塔布曼[ii]一起加入地下鐵路逃走？』我這樣做不是要學生找出正確答案，而是要讓學生有機會注意並了解不同

[ii] 譯注：海麗特・塔布曼（Harriet Tubman），19世紀美國廢奴主義者，曾領導「地下鐵路」組織，協助奴隸逃亡，幫助數以百計的奴隸奔向自由。

圖 6.2 八年級學生針對「建立理想社會」進行的拔河

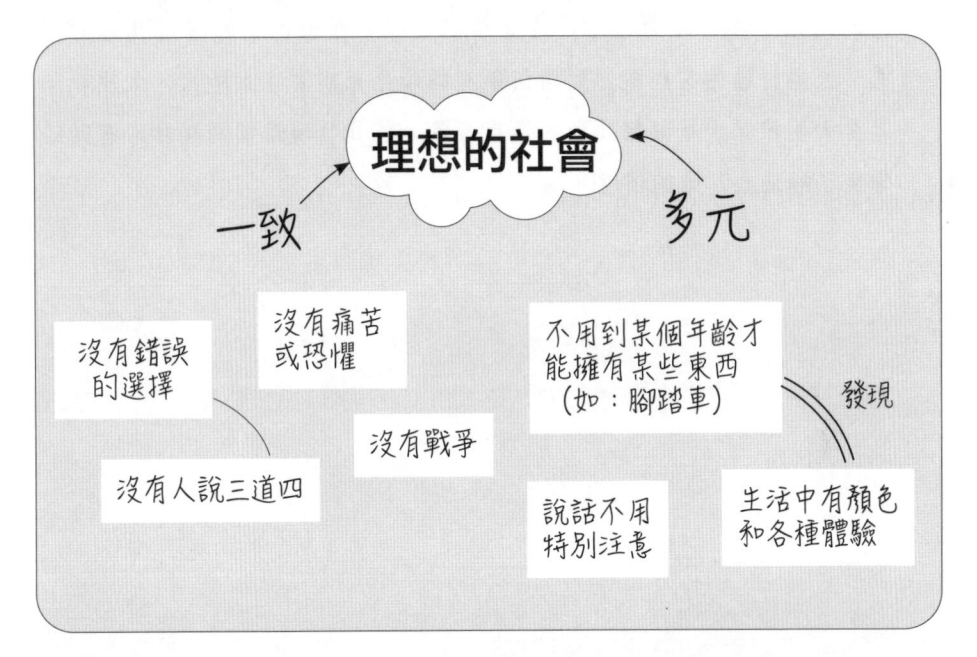

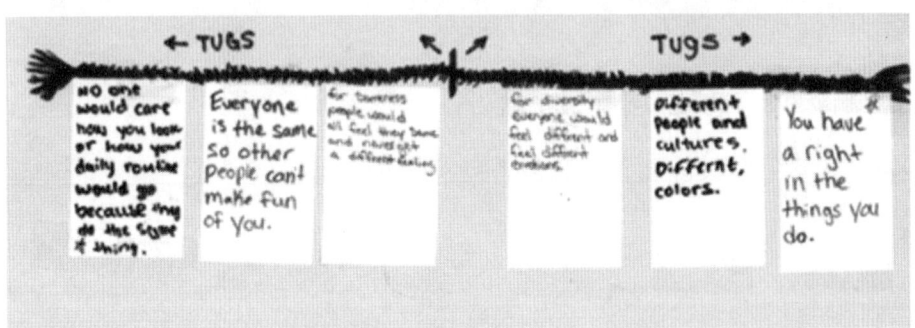

個體或團體是因什麼理由而有不同觀點。」

　　塔格蘿爾回顧這個思考例程的使用過程,她說:「對我而言,『拔河』不只是幫助我引導學生分析小說的工具,還能應用在課程的其他層面,甚至橫跨不同學科領域。這個例程不只是一套流程或步驟,更是思維模式,也就是思考的過程。這遠遠超越課堂活動的概念,真正要求學生進行觀點取替與推論。」塔格蘿爾的學生現在已經很熟悉這個思考例

程，她也發現，學生似乎更懂得傾聽，也能更自在、更有自信地表達自己的想法。塔格蘿爾說：「透過這個例程，我也比較習慣這種思考方式。我們討論的某些議題對這個年紀的學生來說實在太龐大、太複雜，甚至太困難，像是奴隸問題、戰爭等等。但我發現這個例程非常有助於學生了解這些艱難的情境。」

◉ 句─詞─字 ◉ Sentence-Phrase-Word

在討論小組中，回顧剛才讀過的文本並各自選出：
- ◉ 自己認為很有意義，且掌握文本核心的**句子**。
- ◉ 感動、吸引人，或有啟發性的**詞組**。
- ◉ 能引起注意或震撼的**字彙**。

小組一起討論並記下大家的回應。每位同學依序分享自己選擇的句、詞、字，並說明理由。檢視所有人的回應，討論並想一想：
- ◉ 出現了哪些主題？
- ◉ 可以看出哪些隱含的意義或推測？
- ◉ 自己的選擇有沒有漏掉哪些層面？

　　這個例程從「文本再現經驗」（Text Rendering Experience；由美國學校改革聯盟的教育學者設計）修改而成。我們用這個架構跟其他成人討論閱讀內容，發現它可以作為課堂的對話工具及思考例程。只要簡單選擇一組句、詞、字，就可以促使我們思考重要的概念，並引發豐富的討論。我們喜歡以例程中的思維活動來命名例程，因此將名稱改為「句─詞─字」。

・目的・

　　「句─詞─字」特別著重在掌握文本核心或「有共鳴的地方」，藉以協助學生投入文本並了解其中的意義。這個例程讓我們留意語言的力量，同時促進討論。然而，這個例程的效用仰賴小組成員的分享，某個句、詞、字為什麼對自己而言特別突出，只有分享才能催化出豐富的討論。學生必須在討論的過程中，為自己的選擇提出辯護，並解釋文字所透露的意義。這個過程常讓人意外發現，光靠一個字竟然就足以表達文本的核心。和學生討論這些句、詞、字的選擇也打下了基礎，讓後續在討論文本主題、涵義、啟示時有

所依據。

· 挑選適當素材 ·

作為教學素材或內容的文本必須有豐富的內容，具有可以引發各種解讀及討論的想法與概念。虛構類或紀實類都可以，但資訊性文本就比較難討論。文本的長度也很重要，如果太長，學生很可能只會快速瀏覽，沒有耐心仔細閱讀。書中一個吸引人的章節、討論實務問題的專業文章、新聞報導、一首詩或戲劇的一個場景，都適合用這個例程討論。

· 步驟 ·

1. **準備**。除非選擇的文本不長，可以在課堂上閱讀，否則在討論之前要給學生足夠的閱讀時間。鼓勵學生在閱讀時積極投入，並標示出重點，但不見得要想著「句—詞—字」。

2. **選擇一個句、詞、字**。請學生找出對自己來說最有意義，而且有助於深入了解文本的一句話；讓自己深受感動、吸引、啟發，或對自己有特殊意義的一個詞；引起自己注意或讓人感到震撼的一個字。記住，學生選擇的句、詞、字反映了個人經驗，所以沒有正確答案。

3. **分享選擇**。將全班分成四到六人一組，請每個同學分享自己的選擇、解釋理由，並記錄下來。分享與討論要輪流進行，才能促成有意義的對話。每組的一號成員分享並解釋自己選擇的句子後，請大家做紀錄，然後請其他組員提供意見並一起討論。接著換二號成員分享、記錄、討論，直到所有人都分享了自己的句子。然後是詞，最後是字。這樣可以讓討論較為順暢、深入。

4. **回顧小組討論**。請各組同學回顧剛才記下的回應，找出共同的主題，接著提出這些主題可能蘊藏的涵義及（或）關於後續發展的預言。最後，請各組找一找，文本還有哪些面向沒有包含在這些句、詞、字中？

5. **分享想法**。公布各組的紀錄。給同學時間閱讀大家選擇的句、詞、

字,以及其中的主題跟涵義。請各組成員簡單說明他(她)目前對文本的理解,以及這個例程對理解文本有何幫助。

・運用與變化・

　　許多老師找到了意想不到的「句—詞—字」用法,幫助學生掌握學習重點以準備考試,或用來培養幼童的語言流暢度。在這些應用中,老師可能會做一些變化,例如:只著重例程的某個部分、把班級使用模式套用在小組上,或甚至取用例程「以部分代表全部」的特性,用這個例程來討論非文字素材。在整合全班同學的回答時,你也可以視情況調整作法。雖然尋找主題是最常見的作法,但你也可以請學生找出文本中的寓意和啟示,或者預測接下來的發展。下列是比亞利克學院及其他學校老師的簡短範例,展現這個例程在使用上的多元性。

- 布璐姆要她的九年級和十年級學生在歷史課上先讀一篇文章,然後選出自己的句、詞、字。接著大家開始尋找、解釋彼此選擇的共同點和差異,進而展開討論。
- 欣格希望她的八年級學生能回顧最近在英文課上讀過的小說。她讓學生兩人一組,每組負責一個章節,並提出一組「句—詞—字」。學生討論時,欣格在教室四處走動。接著,由負責第一章的組別開始,用選擇的句、詞、字以及理由快速回顧各個章節。
- 雖然我們認為這個例程只能用來討論文字內容,但幼兒園老師米蕾卻讓還不識字的四歲孩童使用這個例程。她請學生仔細看繪本的其中一頁,接著選一樣自己覺得非常重要的東西,然後再選一個小區塊,並解釋自己是怎麼做出這些選擇,並說明選擇的理由。
- 密西根州梅里爾鎮一位一年級老師同樣讓幼童使用這個例程。他先唸了一個故事給學生聽,然後請大家一起尋找句、詞、字。他將學生的回應記錄下來,過了幾天後,他唸出這些紀錄,讓大家猜猜這些紀錄

來自哪個故事。

・評量・

　　單一句、詞、字通常無法透露太多學生對文本的了解。然而，請學生解釋選擇的理由，便可看出學生的收穫，並讓老師了解學生認為重要的細節。學生選擇的理由是否反映出學生對文本核心的掌握？學生是否能找出重要的概念及議題，或者還抓不到重點？這些選擇背後有什麼樣的個人連結？

　　討論時，觀察學生是否能連結其他人的回應，還是只是專注在自己的想法上。學生是否能以句、詞、字來展開討論？學生的討論是否會回到文本，讓討論更為深入、豐富？

・小提醒・

　　雖然這個例程要求學生做三次不同的選擇，但並不一定要完成所有步驟才能達到例程目的，對幼童來說特別如此。就像前述米蕾的例子，只要兩個步驟（句和字）就很有效了。你也可以顛倒例程的順序，請學生先選擇字，然後是詞，最後是句子。事實上，有些老師發現先討論字，接著依序討論詞和句會比較自然。兩種方法都可以試試看，並留意自己的觀察。

　　為了幫助討論，你可以在對話的過程中記錄重點。老師可以在大海報上簡單畫出三個欄位，並在欄位下畫三條橫線，填上各組整理出的主題、涵義，以及同學沒提到的文本內容。不過，不要為了記錄而讓小組分心，影響學生的選擇及討論。學生在分享他（她）的選擇時，應說明引用的頁碼或段落，以便大家找到出處並跟著閱讀。把整理好的句、詞、字紀錄展示在小組面前，方便大家討論，並且尋找主題、涵義及遺漏的地方。

◉ 教學實例 ◉

　　阿姆斯特丹國際學校的五年級老師薇克希望學生能更深入理解奴隸販賣對人類的影響，因此她選擇朱利爾斯・萊斯特著、羅德・布朗繪的《從奴隸商船到自由之路》來開啟這個議題的討論。薇克說：「這本書非常有趣，布朗先畫了那些畫，萊斯特在展覽上看到後，問布朗他能不能為這些畫寫故事。雖然每張畫搭配的文字都只有一頁，但對學生來說仍然是一項挑戰。」

　　為了同時處理豐富的圖像及複雜的文本，薇克決定把這本書拆成單獨的圖配文，這麼一來，每組同學就能一起欣賞圖畫、閱讀文本，並充分討論這本書的一小部分。各組同學讀完、討論完之後，薇克聚集全班同學，請各組跟大家分享分配到的圖文，合作建立對故事的理解。

　　薇克首先讓班上同學看其中一幅畫，並一起用「看—想—疑」例程來深入了解。薇克告訴學生：「『看—想—疑』例程我們已經用很多次了，現在我希望大家用這個例程去觀察各組分配到的圖片。所有人都要仔細觀察、認真討論。這些都是很美麗的畫作，述說著自己的故事。我相信大家看完之後應該會了解萊斯特為什麼對這些畫情有獨鍾。討論完之後，我們可以一起閱讀這些文字，並用『句—詞—字』這個新例程來深入探討。」

　　雖然薇克也是第一次使用「句—詞—字」例程，但根據過去幾年的經驗，她知道對學生來說，尋找能夠總結重要概念的句子比較容易，接著是支持這個句子的詞，最後才是字。她向學生解釋：「大家可能需要多讀幾次。讀完之後，我希望每個人都從文本選一個自己認為最能代表主要概念的句子。想想萊斯特想告訴你什麼？接著，再選一個詞，但不能是剛才那個句子裡的詞。試著找出一個有助於了解文本的詞。最後，選一個讓你覺得震撼或重要的字。」

　　這個單元的主題是「不同的人，不同的生活」，因此薇克希望學

生能著重在文本的主題及意涵。她說：「這堂課探討的是現代人的生活，但我想看看學生能不能將很久以前發生的事連結到當代生活的各種議題。」

薇克替學生分組，並分配頁數，接著便展開熱烈且目標明確的討論。各組同學都全心投入負責的章節。學生仔細觀察，並討論彼此看到的內容。薇克四處走動，當某個組別開始解釋圖畫時，薇克就停下腳步，鼓勵學生問對方：「是什麼讓你這麼說？」

當薇克覺得各組都已經仔細看過圖像，便鼓勵同學閱讀圖片對應的文字。然後請大家分享自己選擇的句、詞、字和理由，並把回答記錄下來。接下來，各組開始討論文本的主題及意涵，並連結到現代生活中的事件。學生花了將近 90 分鐘才完成。討論結束後，薇克收回分配給學生的素材及當天的紀錄。你可以在影片中看到學生如何運用這兩個例程對故事進行初步的探索。這個活動結合了豐富的素材及利於討論的例程架構，看影片時，仔細觀察這對學生的參與度有什麼影響。

隔天，學生急著跟其他同學分享自己的看法。薇克在互動式電子白板上展示所有圖畫，好讓各組同學在開始報告前，能花幾分鐘仔細觀看。接著薇克請同學在分享句、詞、字之前，先以一句話簡述目前的故事情節。薇克將這些寫在海報紙上，讓大家都能看到。過程中，同學及老師都會提問，問題包括為什麼某個句子特別重要，或為什麼要選擇某個字。最後，各組分享了文本中最重要的主題及意涵，這些也都記錄在海報的另一個欄位。學生一頁一頁，一起建立對這個故事的了解。從句、詞、字中整理出故事的重點，找出畫家與作者希望讀者思考的重要主題，並連結過去跟現在。

薇克在回顧這次的課程時提到，「大部分的學生都對成果感到驕傲，覺得自己發現了某些重要的事情，也確實是如此。如果我只是唸這本書給全班聽，大家對奴隸販賣的理解就不會像現在這麼完整，也不會像現在一樣能夠連結到新聞報導或在餐桌上聽到的事情。」

那一週結束前,全班又一起回顧薇克貼在教室牆上、寫著「主題及意涵」的海報紙。薇克唸出大家提出的想法,並進一步討論。她請學生想想,哪些主題或意涵最突出?對自己來說,哪些最有意義、最有力或最重要?值得在繪畫反思中思考的又是哪些(繪畫反思是薇克為學生設計的另一個例程,詳細資訊請參見第七章)?

薇克開始播放不插電音樂,學生很快就投入自己的繪畫反思。完成繪圖後,學生四處走動,仔細欣賞其他同學的畫作,並閱讀寫在一旁的反思。接著,大家開始討論自己喜歡的作品、類似的想法、明顯的差異及意想不到的事項。在這個過程中,學生也不時透露寶貴的訊息,或較私密的想法,將班級討論帶往更深層的個人分享。薇克認為這些互助合作、自我探索、真誠且開放的時刻,能夠滋養彼此在課堂上的關係,進而發展思考文化。她說:「我認為這些例程能協助學生找到內心真正的聲音,並讓學生學會重視並尊重他人意見,這也是為什麼這些例程如此有效。」

1　Housen, Yenawine, & Arenas, 1991

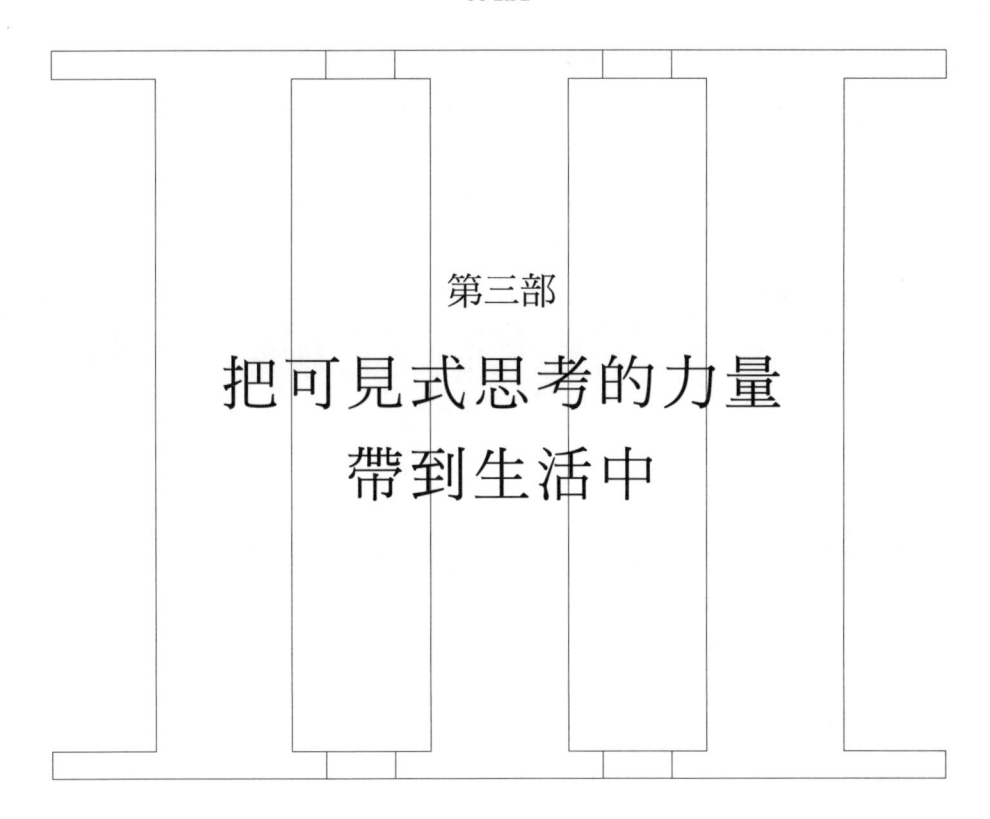

Making Thinking Visible

PART THREE

BRINGING THE POWER

OF VISIBLE THINKING

TO LIFE

第三部

把可見式思考的力量
帶到生活中

Making Thinking Visible
CHAPTER 7

第七章

Creating a Place Where Thinking Is Valued,
Visible, and Actively Promoted

創造重視思考、顯露思考、積極推動思考的環境

PART III
第三部　把可見式思考的力量帶到生活中

希望大家在讀完第二部的介紹後，能更了解如何在不同情境、團體及學科領域中運用這些思考例程，以增進理解並讓思考變得可見。例程最後的「案例介紹」應該也有助於讓你的思考更進一步，了解如何把例程當作有效的教學，而不只是課堂活動。我們可以從這些故事看到例程在師生身上的發展，從而了解，若希望某個例程能真正發揮效用，推動學生成為懂得思考及學習的人，光憑「試一次好了」「試試看再說」的心態是不夠的，必須不斷試驗才能成功。雖然書中介紹的例程都能當作**一次性**活動，但老師及團隊領導人必須不斷努力、持續使用例程，才能讓思考成為固定的行為模式。本書介紹的案例絕非來自偶然，許多都取自合作多年的比亞利克學院及其他學校。這些學校都對思考例程有深刻的了解，並且已經建立起穩固的思維文化。正是在這樣的環境，思考例程及其他讓思考變得可見的策略才能真正開花結果。本章將探索培養思考模式的過程，並研究如何在更大的情境下建立思考文化。

我們在「思考文化」的計畫中，將**思考文化**定義為「一種環境，在此環境下，團體及個人思考都可見，也都受到重視與積極的對待，並且成為所有成員日常的一部分」。其中幾個層面必須特別提出說明，才能清楚了解這個定義的精髓及意涵。首先，大家可能已經注意到這裡用的是**環境**，而不是**教室**。只要一群人聚在一起，認為學習與智識成長是團隊的目標之一，便有機會建立思考文化。這可能發生在教室或會議室、讀書會或博物館導覽、委員會或學習小組。

其次，定義提到「團體及個人的思考」。一般人常認為思考是個人的努力，發生在神祕的個人心智裡。然而，若沒有其他人的幫助，我們的思考就會嚴重限縮。其他人的觀點會挑戰我們的想法，他們的思考邏輯、提問也會帶來新的見解。我們也需要清楚、簡潔地說明自己的觀點，這些都能讓個人思考獲益。再者，團體一起解決問題、做決策或理解某個概念時，成效通常遠高於個人獨自進行。雖然的確也有許多激勵人心的例子，證明個人成就也

7 創造重視思考、顯露思考、積極推動思考的環境
Creating a Place Where Thinking Is Valued,
Visible, and Actively Promoted

可以非常驚人,但從歷史來看,人類還是習慣仰賴團體來戰勝各種挑戰。研究創造力的專業學者羅賓森爵士[1]說:「最好的學習往往發生在團體中。合作是成長的要素。如果拆散、隔開所有人,並單獨評斷每個人的表現,這會讓人與自然的學習環境脫節。」因此,在思考文化中,我們除了認同每個人的貢獻與成長,也借助團體的力量來提升大家的思考。

接著,思考文化的定義提到,思考必須「可見、受到重視與積極對待」。很少有教育機構說自己**不**重視思考,思考是不容置疑的普世價值,每個人都覺得必須支持的事。既然如此,對真正重視的事物,我們更有必要清楚說明與探究。就像第一章談到的,**思考**這個詞的用法廣泛,涵蓋許多不同的認知活動,所以向來沒有明確的定義。因此,我們必須進一步剖析,了解這個詞在不同情境下的意義。我們應該要能說出自己認為有價值且值得推動的思考類型。任何組織的領導人都必須具體說出他們重視哪一類思考,而不只是聲稱「我們很重視思考」。唯有如此,我們才能努力讓那種思考變得可見。本書介紹了各種有助於讓思考變得可見的實際作法,像是提問、傾聽、記錄及運用思考例程。這樣的可見性打開了一扇窗,讓我們看到學生理解各種概念的方式。然而,我們並不滿足於站在窗邊看,這種可見性也給了我們立足點,讓我們能支持、推廣特定思考類型,協助學生提升思考能力與理解力。

思考文化定義中「成為日常經驗的一部分」,這點呼應了維高斯基的看法,他認為「兒童會漸漸融入身邊的智性生活[2]」。如果想推動某種思考文化,學生就必須身處充滿各種思考的環境。此外,思考不該只是特殊情境下的一次性活動,反而應該成為教室內的日常習慣。弗里德在其著作《學校裡的競賽》[3]中也有類似的看法,不過弗里德的評論比較嚴厲,他批評學生在學校進行的活動大多都學不到東西,只要知道如何將概念轉換為短期記憶就好,很少涉及真正的思考。這樣的觀點也在埃伯莉絲及康登於 2010 年執導的紀錄片《力爭碰壁》[4]中一再出現。這部電影記錄了美國各地學生的心情,他們都認為自己在學校的努力只是為了成績,而不是真正的學習。如果

想翻轉這樣的局面，培養學生成為懂得思考、學習的人，就必須讓學生每天接觸能夠促進思考的活動。

最後，在結束思考文化的討論之前，我們還需注意，定義的最後一部分提到「所有成員」。思考太常被認為是只有天才或優秀的學生才會做的事。想想我們是否經常聽到其他老師或甚至是自己脫口說出「如果學生沒有基礎，就別指望他們能思考和學習，也不可能有卓越的成就或表現」？然而，這個觀念基本上是錯的，因為這段話的前提是我們並非一直都在思考，或者就算忽略思考，只要無意識地死記硬背，老師最後還是可以培養出會思考的學生。事實正好相反，當老師抱怨學生都沒有在思考時，往往就是因為老師指派的作業假設學生不懂得思考，導致學生在無形中被教導或告知不需要思考。進行「思考顯現」與「思考文化」計畫的這十幾年來，我們不斷在合作的學校看到，當思考成為課堂的日常實務，老師也表現出對學生思考的重視與興趣後，一些原本課業表現不佳的學生也開始變得出色了。當學校不再只是快速得到正確答案的地方，而著重在表達個人想法、疑問及觀察，便為所有學生開創了新的競技場。那些在原本校園風氣中表現傑出的人會因此生氣嗎？一開始可能會，但一段時間後，那些學生就會發現新的學習方式更有趣，也更值得投入。

思考文化的定義是：一種環境，在此環境下，團體及個人思考都可見，也都受到重視與積極的對待，並且成為所有成員日常的一部分。這是教育人士努力實現的目標，而不是已經達成的完美狀態。即使我們已經在比亞利克學院努力了六年，培養思考文化依然是我們的目標。學校人事與領導者每年都有異動，我們也必須年年檢視計畫的執行。思考文化必須持續鞏固與培養，絕對不是理所當然的事。任何團體文化的營造都是持續且不斷發展的過程，必須透過團體成員的主動參與和貢獻才能逐漸確立。

為了幫助大家了解這個過程，以及例程對思考文化的直接影響，接下來將分享三個團體學習的案例：第一個案例是薇克在阿姆斯特丹國際學校任教的班級；第二個是澳洲墨爾本伊薩卡計畫中，蘭德芙特主導的跨校教師團

體;第三個則是珂恩帶領的紐約現代藝術博物館導覽。影片中還可以看到第四個案例,那是比亞利克學院的專業研習營。這些案例都運用思考例程及其他方法來讓思考變得可見,也讓我們清楚看到,想要培養積極、主動且獨立的學習者與思考者,必須借用相關助力才能達成。總而言之,這些案例都讓讀者大致了解如何有效建立思考文化。看完這些案例之後,本書將繼續介紹並討論形塑思考文化的重要因素。

◉ 案例研究:提供反思的空間（薇克的案例）◉

2001年,薇克與39位來自歐洲各國的老師在麻州劍橋市的哈佛大學教育研究院參加為期一週的研討會,探討何謂「為理解而教」。這群老師在研討會期間閱讀、討論,並利用「為理解而教」架構[5]設計專門的課程來協助學生發展理解。這些活動雖然讓薇克覺得自己像是新手教師,但也督促她以不同的方式思考課程規劃。其中有個經驗讓她特別印象深刻。參與研討會的老師每天到會場的第一件事,就是先想想自己對理解有什麼新的認識。在一天的開始,而不是結束時進行反思,這確實很新鮮,不過真正吸引薇克並讓她開始學習的,則是反思的方式。研討會開始時,每位參加者都會拿到一本繪畫簿。主辦方要求老師畫下自己心中「理解」的樣貌。接著大家就在安靜的氛圍中,伴隨著古典樂,以彩色鉛筆、水彩、蠟筆或粉蠟筆,用半小時畫出象徵理解的圖像。

薇克對這次視覺表達及比喻式思考的初體驗很感興趣,但以一個學習者而言,影響她最深的則是每天都能重新思考「理解」的概念,重新檢視、整合當下的想法與疑惑,並透過藝術創造出具有深層個人意義的抽象比喻。薇克非常驚訝,這種非書寫的反思竟然如此有效。雖然這個活動並沒有禁止書寫或使用文字,但兩者在這裡似乎只是用來補充而非取代圖像。其次,使用開放式教材也非常少見,各種想法流瀉而出,只有文字的反思反而不見得有這種效果。另外,圖像思考也非線性,未必

有所謂的開始和結束。研討會結束時，薇克希望她的五年級學生也能有同樣的體驗，她說：「我非常享受這次繪畫反思的經驗，但我也發現，有些同事因為自認不會畫畫，就沒那麼喜歡這種方式。因此我想，學生一開始可能也會覺得有點困難。」

回到阿姆斯特丹後，薇克在新學期為班上同學一人申請了一本繪畫簿，並開始搜集各種藝術素材。她知道自己沒辦法每天都撥時間帶學生做繪畫反思，但也知道如果不定期進行，學生不太可能跟她一樣從藝術中體驗思考的力量。薇克的折衷辦法是每週撥出45分鐘進行繪畫反思，她說：「這表示這件事很重要，有專屬的時間。」

薇克第一次進行這項活動時，先跟學生分享自己的使用經驗，並告訴他們，這一年將定期用繪畫反思來回顧大家的學習。她也訂定一些基本原則，包括繪圖期間要保持安靜，她會放音樂幫助大家集中注意力。她也說明，如果有人不想分享自己的想法，可以不公開。但是願意分享的人，可以在繪圖時間結束後打開自己的繪畫簿，放在桌上，班上同學就可以四處看看其他人的想法。薇克選擇「友誼」作為學生第一次反思的主題。在國際學校，每個年級可能有高達30%的學生是新同學，交朋友和維持友誼是學生經常遇到的問題。薇克請學生思考「什麼是朋友？朋友為什麼重要？」並用圖像來呈現自己的想法。她在這次及接下來幾次，也跟學生一起畫出自己的看法。

薇克注意到「學生的反應真的很好。很多同學的母語不是英文，所以很高興不必用英文來表達自己的看法」。一段時間後，薇克發現這些學生在進行繪畫反思時，看起來精神奕奕。她說：「這個活動沒有對或錯，文字也沒有藝術創意這麼重要，學生很喜歡這樣的自由。此外，就算我們沒辦法一起討論，學生最後也能用文字描述自己的想法，他們透過畫畫建立連結。」

薇克持續帶領同學進行每週一次的繪圖思考。她發現學生的圖像漸漸有了轉變，她說：「一開始，同學會想具體畫出自己的想法，像是畫

火柴人、房子、車子等，但是一畫得不好就會卡住。也有人發現，畫完之後很難用文字表達自己的想法，只能進行簡單或表面的反思。」為了解決這個問題，薇克告訴學生，繪圖思考不是要大家成為優秀的畫家，或創作美麗的圖畫，而是要用不同素材來表達自己的看法。她強調自己也不是藝術家，但她發現只要不刻意畫出某些事物，而是利用線條、符號和色彩來呈現，反而更能展現自我。薇克說：「我鼓勵大家試著用抽象的圖畫進行繪畫反思，才不會限制自己一定要畫出寫實的圖案。但即使如此，有些學生還是覺得很困難。我也發現，坐在一起的同學經常使用類似的顏色，並畫出差不多的圖樣。」

薇克躍躍欲試，想要提升學生的反省思維，於是決定正式介紹隱喻的概念。隱喻就是用一樣東西來代表或說明另一樣東西。她說：「我告訴學生，有時候，我覺得生活就像旋轉木馬，接著我請大家想想為什麼我會這麼說。」學生開始討論旋轉木馬的特徵：旋轉、上上下下、有燈光和音樂，也有人提到旋轉木馬一開始很好玩，但一段時間後會因為轉太快而頭暈，最後想下來等等。大家也將這些具體特徵連結到日常生活。薇克接著更深入探討隱喻的意義，她說：「我向學生解釋，視覺隱喻很容易畫，就是用顏色、紋路、線條、形狀和運筆來傳達藝術家腦中的故事。」她也談到顏色可以象徵某種感受或情緒，甚至連形狀也可能象徵某個概念，而不是指某樣東西。薇克繼續說：「然後我請學生試著再畫抽象一點。」

幾年下來，薇克逐漸體悟到，這種從具體到抽象的轉變過渡期，對學生來說非常正常。雖然她特別注意並積極推動這樣的轉變，但這同時也是完全自然且可以預期的成長。她說：「我發現只要進入學年的第六週，學生的圖畫就會奇蹟似地變得獨特。這時大家已經了解活動進行的方式，對於要畫什麼，以及要怎麼畫都有自己的想法和作法。學生開始盡情享受這個過程，並在文字反思中分享更多想法及自我。」

薇克從自身經驗了解到，任何反思活動的效力，主要取決於目的。

她在哈佛大學花了一週閱讀、討論並探索什麼是為理解而教與學習。而透過反思，她得以整合並鞏固自己學到的東西。薇克知道如果希望繪畫反思能真正促進學生的思考並提升理解，不能只是給出反思的指令，然後給一些顏料，就期待看到很棒的成果。老師必須仔細想想自己希望學生思考的內容是什麼，也要考慮這些高強度的反思時間要怎麼連結到深層學習。於是薇克開始尋找，在學生學習的過程中，有哪些活動可以透過繪圖反思來獲益。她發現，課堂閱讀是很好的機會，學生會在活動期間反思一本書的主題（詳情可參考第六章「句—詞—字」例程的教學實例）。薇克也在班上研讀詩作時找到機會，讓學生透過畫畫表達詩的涵義。

此外，社會課上也有許多核心問題和重要概念都包含相當豐富的內容，可以當做學生反思的主題。例如，課程進行到移民單元時，薇克讓學生思考下列問題：「家對你的意義是什麼？給你什麼感覺？你最重視家的什麼部分？」課程進行到一半，老師讓同學閱讀許多居民被迫遷徙的故事，並請大家研究難民的困境。課程結束時，再讓學生針對幾個問題進行反思，強化學習。學生思考的問題包括：「在移民單元中，你學到最重要的事情是什麼？你會帶走並記住哪些重要的事項？」（圖7.1）

這是薇克第一次在課堂上使用繪畫反思，學生也是第一次以這種方式學習。預計進行繪畫反思的那堂課便成為每週最重要、學生最期待的一堂課。薇克說：「有時候課程會因為運動會或其他特殊情況無法進行，這時學生會要求找其他時間來補，而我們通常也會這麼做。」此外，薇克也發現，示範怎麼進行反思及隱喻對學生的思考發展也很重要。薇克說：「每次活動結束時，我們會在教室四處走動，看看同學的畫作，並閱讀大家的反思。學生會互相提問，然後指出自己喜歡或感興趣的部分。他們透過這個過程，慢慢建立起自信去表達自己對主題的想法、感受、信念與價值觀，並且連結到自己的生活。」薇克繼續分享，

7 創造重視思考、顯露思考、積極推動思考的環境　239
Creating a Place Where Thinking Is Valued, Visible, and Actively Promoted

圖 7.1 學生對移民的繪畫反思

> Migration
>
> The spiral represents a line of people migrating. The scale represents that alot of people don't have a home. The cards represent photo's of missing people. The singer prints represent that smugglers are criminals.

「學生每週寫下的說明文字越來越多。有時候我們會談到一些無法在其他情境討論的私事，而學生都同意，我們在繪畫反思時的分享屬於個人隱私。為了讓大家放心，我們約定好不能在課堂以外的地方談論別人的反思內容。學生認為最有趣的是，大家對同樣的主題有這麼多不同的看法，因此越來越重視自己的觀點，也越來越有自信。」

薇克還發現，自己的示範也是學生重視反思的重要因素，她說：「這裡的關鍵是**誠實**。我在學生面前安靜坐著，通常還會閉上眼睛，完全投入素材當中，而且非常興奮，很期待這幅圖會有什麼樣的成果。接著我開始書寫，有時會寫滿整張圖，有時則從奇怪的角度下筆。我的探索讓學生更願意大膽嘗試。我很誠實面對自己的繪畫反思，而且就算我是從成人的觀點來寫，我反思的內容還是緊扣討論的主題。我的誠實取

得學生的信任，可能也讓大家有勇氣卸下防備？我告訴學生，這個活動幫助我專注在重視的事情上，而學生也看到我有多樂在其中。我們花時間分享並討論每個人的反思，尊重大家的想法，也從彼此的觀點互相學習。這告訴我們一件事，在忙碌的一天暫停下來，花點時間反思非常重要。」

學期到了尾聲，薇克的學生變得非常重視這項活動，許多學生表示自己會在家裡繼續這樣的繪畫反思。大部分學生認為這真的提升了自己的理解與學習。丹尼爾對繪畫反思提出這樣的看法：「我在畫自己的反思時，有時候只要開始動筆，想法就會一直跑出來，接著我會想，對，我可以畫這個來代表這個，然後再畫這個連結到那個。」其他學生也提到同樣的思緒流動，以及「繪畫」如何提升、促進自己的思考。亨利也有相同的感受，他說：「我通常想得不是很深，也很少完全了解某件事，但只要開始畫畫，就會有幫助。寫一點再繼續畫，想得就更深入了。」亞歷克斯也同意這些看法，他說：「你會對你畫的東西有更深的了解，而且能建立更多連結，然後就可以把這些連結畫下來。」

茲米葛蘿的母語並不是英文，她分享了繪畫如何幫助她表達想法：「用畫的比用說的容易多了。當我看著自己的圖畫，我會看到更多我學過和知道的東西。」她甚至還畫了一幅圖，描繪英文不夠熟練如何阻礙她的表達及理解能力。如圖 7.2 所示，她畫了一道磚牆，將充滿想法的世界封起來。

薇克帶領學生進行繪畫反思至今已經好幾年。她回顧了這個例程對師生雙方的意義，她說：「我們一起度過了非常特別的時光，也都很享受這個過程，有柔和的音樂，還有很棒的素材，就好像這段時間是從忙亂的一天偷來的，好像我們正走過校園裡一間又一間教室。繪畫反思讓我們接觸自己的情感面，也就是我們經常隱藏起來的部分。分享這部分的自我能將我們緊密連結在一起，在我們之間建立起更深層的尊重與理解。這項活動沒有競爭，沒有誰對誰錯，也沒有得分高低。每個人

圖 7.2 茲米葛蘿的「磚牆」畫

> We learn how to unravell the mysteries that are hiding in the word and pictures. It might take time but we end with a great acomplishment
>
> The picture shows a wall and behind it there is something great, after we break the wall we have a fantastic thing.

都是平等的。」薇克認為，她每年都花時間在課堂上培養這種行為模式，這幫助她的學生成為更好的思考者。她說：「想要創造有效的思考文化，最重要的是學會真正傾聽別人的想法，試著了解對方的觀點，無論那與你自己的觀點有多麼不同。如果我們能做到這點，那麼我們就可以真的一起思考和學習。我每年都用我最喜歡的問題當作教學的重心，那就是『為什麼集體思考的效用比獨立思考強大？』雖然可能會花上幾個月的時間，但每年總是會有學生反問我這個問題，那一刻總讓我不禁微笑。」

◉案例研究：騰出自學的時間（蘭德芙特的案例）◉

澳洲某個陰鬱的冬日早晨，學期剛過一半。早上7點，咖啡飄香、可頌正熱，住在城市各處的老師聚集在一起，互相問候，交換最近一個月的消息。他們已經很久沒跟其他學校的老師碰面了，上次聚會是學年剛開始的時候。聚會時間選在一天的開始（其實是一天開始之前），是這個團體成功的重要因素。這時大家還沒被當天的雜務纏上，老師們約定好在這段時間放下手邊的要緊事，好好了解那些更應該關心的重要議題。

伊薩卡計畫已經邁入第六年，而這些聚會是計畫最新的階段。只要是來自墨爾本地區八所學校，對教學方法、課程規劃及評量設計有興趣，而且希望能增進學生學習的老師，都能自由加入這個教師網絡，探索智性特質[6]（intellectual character）的概念。雖然不是每個參與晨間聚會的老師都是伊薩卡計畫的成員，但大家仍有一套共同的認知與行為模式。最重要的是，參加這次聚會的老師都了解，有效學習與教學沒有捷徑，永遠都有值得學習的事物。

到了7點30分，每個人手上都拿著咖啡或茶，找到自己的小組坐定位。團體召集人蘭德芙特完全不需要宣布或提醒任何事，也不需要幫大家開場，這已經是第四次聚會，大家都很熟悉會議的形式，很快就能融入。會場各處都有小組在討論本月選讀：史丹佛監獄實驗設計者兼心理學家金巴多的訪談「當好人變成壞人」（When Good People Turn Bad）。每個討論小組都有六個固定成員，每次聚會都不會改變。蘭德芙特及所有參與者都同時參加兩個討論小組。第一個小組「座談組」的重點放在大觀念。第二個小組則比較校園導向，今年的主題是形成性評量的實務分享及文獻閱讀。

組員固定代表一群人能建立關係，培養出對小組的認同感。若有人缺席，其他人便會注意及察覺，因為每個人都代表了不同的觀點，例如

老師、行政人員、數學家、藝術家等，而多元觀點正是小組得以充分探索各種概念的關鍵。然而，這樣的緊密連結絕不是偶然發生，而是蘭德芙特精心規劃的結果。她說：「我的用意是希望大家把團體視為智庫、諍友網絡、公開的想法探索論壇。我知道只有透過聚會的共同經驗，讓大家互相了解，才可能達成這樣的目標。」蘭德芙特認為，這需要大家立下承諾並努力維持。她了解可能會有臨時會議或其他緊急狀況，逼得老師缺席，但她還是在一開始就對有意願參加的老師仔細說明她的想法。她在邀請函中清楚表明團體與持續性的重要，並寫明「如果你知道自己得提早15分鐘離開，或者無法保證每一次聚會都能出席，請勿登記參加。」

　　7點45分，小組正以任何老師或會議主持人看到都會欽羨不已的步調熱烈討論著。大家的討論不時伴隨小組記錄員（由成員輪流擔任）的打字聲。討論能夠如此順利的原因在於，他們使用思考例程來培養行為及互動模式。這個團體以「4C」例程（參見第五章）來引導討論，請小組成員從正在閱讀的內容中找出連結、重要概念、挑戰或爭議，以及可能造成的行動或行為改變。大家事先已經知道會用這個例程作為討論的架構，讓每個人從不同觀點切入，開啟對話。為了確保所有C都獲得充分討論，每組有一個引導人，由成員輪流擔任。

　　這次的閱讀讓大家聯想到伊拉克阿布格萊布監獄的士兵[i]，並開始討論團體行為、規範及同儕等議題。這些連結進一步延伸到校園生活、同儕壓力對學生的影響，以及老師們建立的規範。大家討論了文化、期望、價值觀與互動等重要概念，進而探索個人價值觀的挑戰，以及教育者能做的改變。正如一位老師所說：「如果價值觀沒有適當的架構支撐，就無法激發學生最好的表現。學校常把心力放在行為的修正，而不是事先制定出預防學生犯錯的方法。」另一個老師接續這個話題說：

---

[i] 編注：阿布格萊布監獄現稱為巴格達中央監獄，2003年美軍占領伊拉克後，此處爆發美英聯軍虐待伊拉克戰俘事件。

「身為老師，我們的認同通常會受到工作機構的影響，導致我們將某些事視為理所當然，認為那是可以接受的作法，我們也可能在團體行為中漸漸變得麻木。」

這場熱烈且深入的討論只進行了 30 分鐘，大家獲得的資訊卻比書上提供的還要豐富。幾次聚會下來，這個團體已經有一些共同的想法和話題，可以作為閱讀與討論的基礎。因此，就算閱讀素材沒有直接涉及思考文化的建立，小組成員依然能夠連結到這個議題，這一點也不令人意外。大家的討論經常會先回顧過去，再往前延伸到未來。參與聚會的老師之前曾經討論過薩烏萊斯的〈更強大、更聰明、更好的人類〉[7]，及瑞德利的《天性與教養》[8]。特別的是，這些素材跟學校工作都沒有直接相關，但隨著討論進行，重要概念和各種連結逐漸浮現，帶來驚喜、挑戰和樂趣。

8 點鐘，現在可以再去攝取一些咖啡因、吃第二輪可頌。等到大家找到第二個小組的夥伴並坐定後，瑪莉和安琪拉就以「在我的學校，我們……」展開這個階段的討論。今天輪到她們分享學校發生的事，她們花 10 分鐘簡單報告自己目前在實務與專業學習上，對形成性評量的思考與進展，並且著重在進行得很順利及受挑戰的地方。接著大家針對兩人分享的實務經驗，給予直接且真誠的回饋。這並不是「表演和示範」或者「看我表現」的活動，而是可以跟同儕一起討論想法、獲得啟發、分享挫折與成就的機會。同儕在提供建議時也會使用比較委婉的說法，例如：「你或許可以試試……」「我聽到的是……」「我在想，會不會……」而不是一有機會就開始訴說自己的工作情況。這麼一來，大家才會覺得團體成員不只是一起學習，也互相學習。這會讓大家更願意分享自己遇到的困難，或徹底失敗的經驗，因為這裡沒有批評，挫折只是另一個學習的機會。過去一年來，參與這個網絡的八所學校老師都輪流分享自己閱讀的資料與學校生活的關聯，藉此結合理論與實務。

8 點 15 分，第二場討論要開始了。討論的形式跟第一場一樣，有固

定的小組成員、事先安排好的主持人及記錄員（輪流擔任）、事前閱讀，並以某個例程作為討論的架構。這次用的是「連結—延伸—挑戰」。這場討論的主題是回饋，相關讀物是幾篇專業研究論文，成員可以事先選擇其中一篇來閱讀，這些文章包括布魯荷特的實務性文章〈合宜的回饋〉[9]、德薇克的心理學文章〈讚美的風險與效用〉[10]，以及湯琳森的〈差異化的目標〉[11]，這篇文章討論的議題比較大。雖然每個人讀的文章都不一樣，但多樣化的閱讀可以促進大家建立連結、比較與進一步提問。主持人運用「連結—延伸—挑戰」例程，讓大家以研究結果為基礎，進一步連結到平常上課的情況進行討論或思辨，避免老師忍不住直接說：「我的作法是……」

大家幾乎是立刻就找出連結。閱讀布魯荷特關於有效回饋文章的人，馬上坦承自己犯的錯：經常在回饋時，只總結學生的回答，而沒有進一步推動學習。閱讀德薇克文章的人，則想到班上有些同學認為智力是天生的，有些則相信智力可以透過學習增長。有人說：「你可以從學生面對困難的態度看出來，那些認為聰明才智固定不變的人，無論遇到什麼問題，通常很快就會說自己不擅長這件事。」畢利斯是墨爾本文法學校的歷史科負責人，他將布魯荷特的文章連結到高中老師幫學生準備維多利亞州教育認證考試時感受到的壓力，他提到：「我們或許可以從老師給學生的目標性或形成性回饋看出一些東西。」

隨著討論繼續進行，團體主持人引導大家擴展自己的想法。這時出現一個有趣的觀察。衛理公會女子學校的數學科負責人莎德洛首先提到覺察及悉心留意的重要性。其他人立刻附和道：「要給出好的回饋，必須花心思注意，而且要更慎重。」畢利斯也說：「學生也要意識到自己的角色是學習者，而且大腦是有可塑性的。」衛理公會女子學校的學務主任韋恩接著提出自己在寫報告及提問方面遇到的挑戰，他說：「要如何讓學生的報告更能反映出我們重視的學習？長遠來看，讓學生投入我們認為重要的部分，並且反思自己學到的東西，這樣的進步對學生的幫

助比較大。」

老師們選讀的文章確實提供了很好的討論內容，也讓大家有足夠的機會思考文章與課堂的連結。這說明了這些討論為何如此熱絡。不過，這樣的討論並不是讓大家想到什麼就講什麼，「連結—延伸—挑戰」例程同時提供了架構及自由。這個例程需要的是專注。你可以停下來討論某個議題，但也會在例程的推動下繼續前進。因此，每次的討論無論對個人或團體而言，都有方向性。

8點45分，大家又聚集在一起，簡短分享各自對接下來活動感興趣的地方，並聽取下次聚會的注意事項。研討會最後的十分鐘則留給同一所學校的老師討論彼此的觀點，並分享早上討論對各自的啟發、挑戰或想法的延伸。老師通常會在開車或走路回自己學校的路上繼續討論這些話題，或在接下來幾週的行政會議和部門會議中討論。9點鐘，大家都離開會場，多數人都能在上課前準時抵達學校，展開一天當中的下一個階段。剛才短短的90分鐘非常豐富，身為旁觀者，我們既疲憊又興奮。一般來說，很多老師在專業學習的投入程度與表現，往往不如他們對班上學生的期望。但參與晨間聚會的老師並非如此，他們認真看待作為學習者及思考者的重要性，同時也看重成員提出的想法，珍惜這些在專業領域不可多得的豐富討論。

衛理公會女子學校的視覺藝術科負責人托珂一邊感嘆一邊承認：「遺憾的是，我們在學校沒有時間研究這些問題。我們似乎『忙著』做各種對教學和學習沒有幫助的事……我希望這些聚會能一直持續下去。我熱愛教學，而這是我們唯一真正能夠努力改善教學實務的時間。」萊絲是威思特伯恩文法學校六年級的老師，她也認同這個說法，並珍惜這個機會，她說：「這些聚會讓我能夠停下來思考、回顧並與其他人討論這些對日常生活中每一件事都很重要的想法，並且嚴格審視自己做的事情和做事的方法。」萊絲承認晨間聚會的討論有時讓她很困惑，不過這些困惑讓她「思考在我個人教學實務及更廣的學校層面中，有哪些東西

值得維持,哪些應該捨棄。」

蘭德芙特身為團體召集人(如果不想說是領導者的話),看到這些反思也忍不住笑了起來。晨間聚會可以說是值得承擔的風險。她想要營造一個能夠刺激自己和其他人進行專業學習的氛圍,讓她不用一直擔任團體的中心。她說:「這個團體的核心觀點是,若要讓學校成為孩子思考的地方,那也必須成為大人思考的地方。這也是理查特最注重的一點。我們的目標是讓老師有機會討論在教學現場遇到的重要議題,分享每所學校發生的事,並獲得有建設性的回饋。針對目前社會上的議題閱讀相關文獻,進行思考與討論,推動大家在學校展開有建設性的對話。當然,我們也要面對一個實際問題:90 分鐘能討論多少事情?這些聚會讓與會者『淺嘗』當前重要的教育問題,好讓我們知道有哪些值得關注的理論、實際案例及更遠大的想法。」她甚至以「吹夢巨人」來反映這樣的概念,這個名字取自達爾寫的一本童書,書中的友善巨人捕到美夢之後,會從窗戶將夢吹給熟睡中的孩子。雖然蘭德芙特不是在兜售夢想,但她認為好的想法及專業領域的豐富討論一直都存在,只需要用一點力,吹進老師及校園生活中。

◉ 案例研究:建立完整的討論 ◉

紐約市中心熱鬧的五四街喇叭聲充斥,一台顯眼的黃色校車轉出第六大道,停在曼哈頓的現代藝術博物館前。一群七、八年級的學生跳下笨重的大車,雀躍地走上人行道。這是校外教學的時間,從學生的活力和興奮的談話聲可以看出他們正在享受離開教室的自由。珂恩與其他博物館教育人員都很清楚,學生及老師想要的通常就是這種離開教室的解放感[12]。學生來到博物館時大多覺得很新奇,對某些人來說,這可能是他們第一次,也是最後一次拜訪現代藝術博物館。這種新鮮感對珂恩這樣的導覽員而言,可能是優點,也可能很棘手。一方面,她希望將學生

的興趣、興奮感及渴望最大化，達到最好的效果。另一方面，身為藝術愛好者，她從自身經驗得知，快速瀏覽及大型團體導覽的教育意義很有限。再者，學校的博物館參訪，就像每年參觀博物館的上百萬個遊客一樣，停留的時間非常短。博物館提供的資源很豐富，而訪客的時間很有限，像珂恩這樣認真的博物館教育人員該如何安排導覽？答案是：專注在一個重要且具有啟發性的概念上，讓學生在參觀博物館時比較有結構，還可以在離開後繼續發酵。

珂恩告訴來參訪的同學：「我們今天要思考的主題是認同……請大家想一想藝術家怎麼表達他們對認同的看法，無論是自己或別人的認同……等一下大家會看到四件藝術品。最後，請大家用這些概念及我們學到的東西，創作出有關自己認同的版畫作品。」珂恩公布了這次參觀的主題，並提醒學生要思考藝術家描繪認同的方式。這個特別的主題是珂恩與學校老師一起討論出來的。他們認為「認同」跟學生正在課堂上閱讀的成長小說有關，應該能吸引大部分的青少年。接下來的版畫體驗則借用了博物館現有工作室的專業技術。在現今的社經風氣下，許多學校取消了藝術類課程，而這個專案的目的就是提供機會，讓學生能夠進行藝術創作。

珂恩簡短的介紹為這次的參訪定調，讓學生了解老師的期望，並建立明確的目標。然而，這不是珂恩的參觀行程，而是學生的。學生若要學到東西，就必須投入其中，啟動思考，如此一來才能展開對話，與珂恩的對話、與其他同學的對話、與藝術品的對話，以及可以帶來創意表現的自我對話。珂恩以「認同到底是什麼？」起頭，一個穿綠色T恤的年輕女生鼓起勇氣回答：「你對自己的定義。」這個回答不僅讓其他不太敢開口的同學鬆了一口氣，對珂恩來說也非常有用，讓她能夠以此為基礎，激發更多想法。她接著問：「我們會用哪些重要特徵，或用什麼方法來定義自己？」

這個開放式的問題似乎為參與活動的 24 名學生注入活力，大家爭

相喊出想到的特徵：個性、文化、長相、風格、性格、生活環境、語言、信念及理想。珂恩用紅筆把這些意見寫在她特別為這次活動準備的白色大海報上。這種記錄方式簡單、有效，也讓學生感受到自己意見的重要性。把海報收回袋子開始導覽之前，珂恩拿著海報跟學生說：「結束今天的參觀之後，我們會再回到這些特徵，看看大家還想增加哪些內容。」接著，她簡短提醒大家要跟上隊伍，因為博物館再過幾分鐘就要開放大眾入場，館內很快就會充滿遊客。此外，她也請學生在欣賞藝術品時，不要靠在白牆上（牆壁似乎很容易磨損）。然後大家就出發了，一行人搭手扶梯到四樓的中世紀繪畫與雕塑展覽室。

選定「認同」作為這次導覽的主題後，珂恩花了點時間研究哪些藝術品能當作素材，讓學生探索藝術家表現認同的方式。現代藝術博物館的館藏實在太豐富，珂恩要做的決定非常多，例如：哪些作品比較能讓青少年產生共鳴？哪些作品比較容易理解，但又有足夠的複雜度能吸引學生，開啟討論？什麼樣的參觀順序才能不斷延伸、推動新的對話？博物館將羅森奎斯特的《瑪麗蓮夢露I》[13]放在安迪沃荷的《金色夢露》旁，珂恩認為這樣的安排特別能提供學生豐富的思考機會。當學生走進這個空間，珂恩請大家坐在兩幅畫中間。接著，她請大家想想這兩幅畫有什麼不同，分別表現出認同的什麼層面？學生提到安迪沃荷畫中的孤立感，以及羅森奎斯特畫中重組的臉孔。學生也提到兩幅畫的差異：「這裡（羅森奎斯特）強調嘴唇，但這個（安迪沃荷），我被眼睛吸引。」珂恩將學生的注意力引導到羅森奎斯特畫中的文字，隨後大家開始討論名人、偶像和流行指標。有個學生注意到，「可口可樂有很多氣泡，感覺熱情奔放，或許這就像她的個性」。繼續往前移動之前，珂恩利用安迪沃荷的作品來介紹版畫，也就是學生在導覽結束後將進行的活動。珂恩藉這個機會說明藝術家如何用不同的創作媒材來表現認同。

這場討論持續了15分鐘以上，以博物館導覽而言，算是相當長的時間。但是，珂恩知道思考需要時間。如果沒有花時間投入主題或概

念,這次思考的機會就顯得空洞。只有不斷探究,才能形成猜想、檢視觀點、權衡理論,最後發展出新的理解。即使是沒有制定架構的博物館參訪,停留的時間也跟互動及事後的回顧高度相關[14]。珂恩了解這點,所以決定只看幾件作品,並鼓勵學生與藝術品對話、建立連結。即使如此,她還是感受到時間的壓力。讓學生在討論之前有時間仔細觀看並不容易。持續觀看幾秒鐘以上帶來的沉默,加上可能發生的秩序問題及混亂,會讓許多博物館教育人員感到不自在。此外,知道還有其他作品在等著他們欣賞、討論,也是一種壓力。

珂恩感受到時間的緊迫,於是要學生加緊腳步,上樓欣賞19世紀末、20世紀初的繪畫與雕塑品。這間展覽室備有凳子,學生打開凳子,擺在一幅畫作前,這是畢卡索1932年的現代主義經典作品《攬鏡的女人》。珂恩站在畫作牆上的標籤前面,用一個問題開啟這次的討論:「有人想猜猜看,這幅畫在畫什麼嗎?」有個學生提出粗略的描述:「一個女人在照鏡子。」珂恩接著又問了一個看似簡單的開放式問題:「你還注意到什麼?」這個問題著重在觀察,而且具有鼓勵的性質,對話因此變得深入:

學生:那女人的臉是裂開的,或許代表個性有兩面。
珂恩:好,你在看哪個部分?(學生指出位置)
珂恩:有誰想針對這個想法再做點補充嗎?
學生:也許她是在看鏡中的自己。
珂恩:好,既然你提到這點,讓我們來談談這兩邊有什麼不同。
學生:一邊是亮的,一邊是暗的。
珂恩:再多說一點。
學生:這兩張臉,看起來像是黑夜與白天。一邊有太陽。
學生:其中一邊比較抽象。
珂恩:抽象。是什麼讓你這麼說?可以再解釋一下嗎?

學生：比較暗的那邊畫了比較多形狀。

珂恩的問題從解讀開始，接著轉為尋找論據及細節[15]，可說是「看—想—疑」例程的變型。珂恩常用這個例程引導遊客深入觀察作品，而不是只停留在表面。這個例程強調在沒有額外的資訊下，讓學習者自己做出解讀及分析。不過，這樣的作法在博物館教育圈並非沒有爭議[16]。以這次導覽而言，珂恩必須思考，她究竟是希望學生學習畫作的**相關**知識，還是想讓學生**透過**畫作來學習。她盡力為這些中學生創造學習機會，用意是讓他們看到有關認同的議題，並著重在藝術家描繪認同的方式與技巧。這些都是學生稍後在創作自己的版畫作品時可能會用上的東西。在這個過程中，藝術品的資訊反而不是最重要的。不是不給學生任何資訊，只是這些訊息不是這次學習的重點。

隨著討論變得更深入，學生提出，畫中的主角正在看進自己的內在，她或許注意到某些別人沒發現的特質。一個學生說：「她可能認為自己不是好人，或做錯了什麼。」珂恩問：「是什麼讓你這麼說？」學生再次提到鏡中圖像比較陰暗，似乎不像明亮的那邊那麼友善、漂亮。離開畢卡索的畫之前，珂恩找到機會將討論連結到學生先前關於認同的想法。她從袋子裡拿出白色大海報，攤開，並問學生：「這些關於認同的特質中，哪些屬於內在，哪些屬於外在？」學生看著清單，發現上頭大部分特質都屬於外在。一個學生提出「信念可能比較接近內在」。這麼看來，這份清單似乎還缺少很多東西。這讓學生又新增了一些特質，像是感覺、情緒、看待自己的方式、夢想及自尊。珂恩將這些也寫上海報。她藉由記錄學生的想法，並在導覽中適時回顧，創造了一個屬於她的行動教室。

看完這些代表性作品後，珂恩帶學生下樓到當代藝術展覽室，欣賞哈特姆的作品《＋和 －》。學生圍繞在用鋁圈圍起的四公尺寬沙坑旁，看著中央金屬鐵耙用一端將沙子刮出完美的溝痕，幾秒鐘後，又被

機械鐵臂的平滑端抹平。學生起初像是被催眠一樣，著迷於這件雕塑品，但也對其中的涵義感到困惑。珂恩告訴學生藝術家的背景資料，但沒有針對作品多做解釋。她跟學生說哈特姆是巴勒斯坦裔，出生於黎巴嫩，現在是英國公民。接著她把學生分成三、四人的小組，讓他們討論這項雕塑，以及作品如何傳遞有關認同的訊息。學生低聲討論的議題包括生與死、從零開始、建設與毀滅、新舊行為模式、消逝於新世代的舊傳統、改變中的恆常等等。若在導覽一開始就進行這樣的討論，可能無法達到同樣的效果，但學生已經對藝術及認同有深入的對話，所以現在能提出更詳盡且充分延伸的闡述。此外，珂恩也一步步引導學生在導覽期間大大小小的討論，包含一開始的大型團體討論、雙人對話，以及最後的小組討論。這種對話式闡述（conversational elaboration）[17] 的概念擴增了學生參訪博物館的深度與廣度，讓這次的參觀不只是欣賞藝術品而已。

從學生踏出停在五四街的黃色校車到現在大約過了90分鐘。學生對認同的探索還沒有結束，珂恩帶領學生來到地下室的教室，準備跟大家說再見。學生走進教室，坐定位，珂恩站在教室前方，拿出她用紅筆寫的海報，貼在白板上。她引用學生提出的詞彙，以及在展覽室討論的片段，快速帶領大家回顧對認同的想法。最後結束時，她補充說：「認同有許多層面。我們都是複雜的個體，藝術家不會企圖掌握所有的面向。他們只會挑選可能具有啟發性、引人入勝，或對個人來說最核心、重要的部分。大家製作版畫時，也要用這樣的角度去思考。在你的認同中，無論內在或外在，哪些部分最重要？」

◉形塑思考文化的要素◉

一般人眼中的文化通常是比較大的概念，像是國家或種族文化。但事實上，我們經常在日常生活中接觸不同的微型文化。這些微型文化從各種團體或體系發展出來。本章介紹的三個案例呈現出教育情境的多樣性，包含以年

為單位的傳統課堂、每月一次的教師聚會，以及一次性的博物館參訪。就如案例所呈現，團體文化是持續建構的動態系統。若沒有仔細觀察，這些文化看起來似乎反覆無常。然而，進一步分析就會發現，其實有幾個明顯的要素在推動文化的形成：期望、機會、時間、示範、用語、環境、互動，當然還有例程。這些要素是形成思考文化的支點，協助我們了解在不同情況下應該運用哪一種思考例程，以及還可以做什麼努力讓思考變得可見。

・期望・

在建立思考文化時，設定學習期望及所需思考類型至關重要。在薇克的課堂上，建立反思的目標是活動的關鍵。有了目標，才能確保學生不會在畫畫上用掉太多心力，導致學生無法檢視自己的理解發展。薇克在引導學生的過程中把這個目標謹記在心。珂恩對參觀博物館的中學生說「我們今天的思考主題是認同」也是一樣的道理。同樣的，蘭德芙特也在一開始的邀請函中，設定了她對晨間聚會的期望，包括行為規範（不要早退或缺席），以及更重要的開放性、傾聽與提問。

期望包含團體的目標及宗旨，簡單描述這個組織的本質，並表明團體所需的思考方式。傳統教學著重於設定老師對行為的期望，或課程中必須完成的作業。雖然這些對課堂秩序都很重要，但這樣的期望無法促成真正的學習。這種以指令主導的教學方式容易創造出順從但被動的文化，而不是思考文化。學習需要目標，學生需要方向引導自己的心智能量。如果珂恩只是告訴學生今天要參觀博物館，接著會創作自己的版畫作品，那麼學生會認為珂恩對他們的心智沒有什麼期待。同樣的，薇克在課堂上持續推動學生建立連結並整合思考，讓學生的反思更豐富，而不是只報告自己做了或讀了什麼。

・機會・

期望提供思考的目標與方向，而機會則是實現期望的途徑。本章提到的三個案例都為學習者創造許多思考的機會。薇克選擇的內容具有挑戰性，同

時建立並延伸學生對移民的理解。蘭德芙特也認真挑選具有啟發性和實用性的閱讀素材。珂恩則精挑細選出幾件藝術品，呈現「認同」的各種面向。本書一再強調挑選良好素材內容的重要性，因為素材是創造豐富思考機會的基石。豐富的內容能以某種方式吸引學生，帶來刺激或挑戰，將學習者提升到新的層次。

然而，機會不只和素材有關，學生還必須跟內容進行有意義的互動。其實，老師要求學生處理內容的方式，決定了這是不是一個豐富的學習機會。就像珂恩給學生看的藝術品雖然有趣，但如果只是向學生展示並解釋作品背後的意涵，就無法提供豐富的思考機會。反之，學生必須累積經驗、欣賞不同的藝術品、將想法連結到「認同」，並了解藝術家表現認同的技巧與方法，最後才能將這些方法應用在版畫創作，也才能讓這個過程成為有效的學習機會。同樣的，蘭德芙特挑選的文章雖然大受歡迎，但她還是必須找到機會進行討論並結合實務，才能讓晨間聚會的成員真正掌握文章的重點。

・時間・

創造思考機會就是創造思考時間。無論在課堂、研討會、博物館或其他團體學習情境，良好的思考都需要時間。沒有時間，老師及領導者就不能期待學習者發展出任何想法、連結與理解。我們在三個案例中都看到時間的顯著影響。薇克從自己的學習經歷中了解長時間反思可以發展出深度理解，因此希望提供學生同樣的機會。她在過去一年看到，時間會影響學生在象徵性及反思性思考上的成長。珂恩從超過 15 萬件收藏品中，挑選 4 件作為學生參觀的重點，因為她知道，如果不希望學生只是欣賞作品，那就需要時間，才能讓他們仔細觀察、討論並從中獲得見解。

當然，時間是老師在教學上最缺乏、最受限的東西。晨間聚會的案例清楚顯現了這種壓力。要如何在短短 90 分鐘內，讓這個異質性很高的教師團體獲得豐富的專業體驗？蘭德芙特為團體安排的活動相當扎實，這點無庸置疑。這很可能是因為這群老師以例程作為架構，在高度自主、有效率的

討論下，最終結果就是省時。蘭德芙特在追求效率時，並沒有試圖縮減大家的思考。她的目標仍是提供所有人思考及參與討論的機會。結果是，她避開了大家常落入的陷阱，也就是只拋出大量想法，卻沒有時間討論。許多人常會問：「我們能不能加快腳步，多教一點？」並把這當成是效率。然而，多教一點是種迷思，將教學（或展示）置於學習之上。這是教育史上不朽的大規模騙局，以教完課程為名，進行表淺及短暫的學習，而老師及學生卻也都默默接受。學生若要建立深入的看法與理解，就必須有時間思考並運用這些想法。

・示範・

談到教學，大家都很熟悉示範的概念。在這個教學活動中，老師向學生展示如何做某件事，可能是過程、步驟、任務或作業。示範在教學中占有一席之地，但不是形塑文化的要素之一。能夠創造思考文化的示範，都融入在教學中，不會刻意呈現，但卻好像無所不在。老師的角色就是思考者及學習者的範例，但是切記示範不能靠「假裝」，示範必須真實才能讓學生受益。學生看得出來老師是否真的對主題充滿熱情和興趣，也知道老師是不是跟學生一樣投入，而且認真、謹慎地思考。薇克跟學生一起進行繪畫反思，這傳達了一個訊息：反思對她而言很有價值，所以對學生來說也很重要。想像一下，要是薇克坐在教室後面改作業或考卷，班上的氛圍會多麼不同。蘭德芙特也一樣，她跟其他老師同為團體的一員，這代表她想要跟大家一起探索各種想法。在珂恩的案例中，學生可以從她身上感受到她對藝術的愛好與熱情。先前我們曾引用維高斯基（1978）的話，他說兒童會漸漸融入身邊的智識性生活，這句話完全掌握了示範的重要性與效力。示範不只是為了讓學生學會「怎麼做」，而是關於學生將成為什麼樣的人。

・用語・

老師可以透過用語，指出、留意或強調各種學習情境中的重要思考及想

法,並且吸引學生注意過程中的某些概念及作法。維高斯基的研究主要著重在社會情境下的學習進程,他寫道:「兒童一開始透過眼睛和語言來認識這個世界,之後不只是看,還會根據文字來行動[18]。」文字能調整、塑造、充實、強化經驗。例如,薇克的學生便隨著語彙發展,漸漸學會表達自己的思考、反思自己的學習。薇克一再提到建立連結,並持續討論象徵的概念,以此作為例程的引導。此外,她也重複指出並提醒學生留意這類思考,好吸引學生注意。

用語也非常微妙地形塑我們的思考。蘭德芙特發現,一段時間後,參加晨間聚會的老師經常在互動時使用建議式語句,而不是斬釘截鐵的用詞。相對於觀點單一、看法固定的用語,建議式語句代表擁有各種可能、選擇及觀點[19]。想想「你應該要⋯⋯」和「你或許可以考慮⋯⋯」這兩句話給人的感覺有多麼不一樣。斬釘截鐵的句子通常會讓順從權威的人懷疑自己的想法及經驗,但建議式語句則讓聽者將自己的經驗連結到新的想法上,並對其他選項保持開放態度[20]。單靠文字案例很難看出用語對形塑經驗的效力和微妙之處。遺憾的是,寫一本關於學習的書,常必須省略對話。不過,你可以在觀看本書隨附的影片時,特別留意老師如何用語言來協助學生提升學習。

・環境・

想像放學後在校園裡四處走走,周圍沒有任何學生或老師。你可以在走廊上、教室內看出那裡進行了多少學習和思考?桌椅的配置透露出老師期望學生進行什麼樣的互動?老師的桌子在哪裡?從位置的安排可以看出什麼訊息?牆上掛著什麼?誰掛的?學生已經完成,老師也打完分數的作業,跟看起來亂糟糟,正在進行中的腦力激盪表分別傳達出什麼訊息?教室裡兩種都有嗎?一間牆上沒有掛任何東西的教室,又傳達出什麼訊息?

學習時四周的環境也是形塑思考文化的要素。身為人類,我們總是不斷營造或重建環境,以符合我們的需求。那麼,我們可以怎麼改善環境,以符合學生的需求?學習者需要與其他人溝通、討論、分享、辯論與合作。蘭德

芙特召集的晨間聚會，就著重在團體的互動與討論。因此，早上7點30分之前，蘭德芙特就會和一位助手在會議室裡排好六張大桌子，給各小組使用。薇克班上的課桌椅安排很彈性，沒有固定的座位，每張桌子可以坐四到六人，方便學生分享自己的圖畫及想法。珂恩每帶領學生參觀一個展間，就要重新安排位置。有時坐在凳子上，有時站著，有時坐在地上。這些安排都方便同學以兩人或多人小組進行討論。

團體學習過程中留下的紀錄和學習檔案也對學生的學習很有幫助。這些紀錄可以讓個人及團體看到大家曾做過的事、找到進步的地方、建立連結並提出新的問題。本章提到的三個案例中，每位老師或領導者都以某種方式做紀錄。晨間聚會的每個小組都有記錄員，負責記下大家的想法。這些筆記可以在當下回顧，之後也會發布到維基百科上，小組的每位成員都可以到網站上閱讀或發表評論。這樣的方式很適合沒有固定聚會地點、無法張貼或存放紀錄的團體。同樣的，珂恩在博物館進行團體導覽時，也沒有固定的地方記錄大家的想法，於是她選擇使用馬克筆和白色大海報紙，方便她隨身攜帶。薇克的學生在傳統教室上課，可以直接將紀錄貼在教室內。學生研讀詩作、學習移民及人權主題時都會這麼做。此外，繪畫反思所用的繪畫簿則提供了一個地方給個人留下學習的紀錄。離校後，仍可以長久保存。

· **互動** ·

雖然我們可以從教室四周的環境推測出許多關於學習的資訊，但或許沒有什麼比教室內的互動更能展現課堂或學習團體的文化。我們在第二章討論了傾聽與提問的重要性，兩者的重點在於尊重並關注他人的想法。這是正向互動的基礎，能夠形成有意義的合作，進而幫助建立思考文化。無論彼此是否為競爭關係，個別化教學都能有效強化、培養技能。然而，這樣的個別化較無法發展理解與推動深度學習[21]。對發展理解有幫助的是傾聽、接納別人的想法和觀點，然後加以評估，連結到自己的想法，並與其他人分享。同時也要知道，自己的想法會受到挑戰，所以必須提出證據證實。這樣的互動式

情境讓扎實的理解與創新的想法得以蓬勃發展[22]。這種發展有賴團體互動，即使是培養技能，也不完全是一個人的努力，通常需要其他人的回饋才能更進步。

很多人都好奇，要怎麼做才能發展出這樣的正向互動。例如，老師經常會問：「我要怎麼讓學生傾聽彼此的意見？」這只是眾多相關問題中的其中一個。雖然本章提到的三個案例並沒有充分呈現互動的細微差別，不過還是可以從中學到有用的訣竅。首先，所有老師及領導者都是學習的模範，所以必須表現出對思考的興趣與尊重。學生都看在眼裡。如果老師提不起興趣，學生也很難表現出興趣。第二，無論在教室內或教室外，正向的互動通常有一個重心。兩人或團體必須圍繞某些事物學習，也就是具有價值的內容、重要的概念或具啟發性的主題。霍金斯在一篇開創性的文章〈我、你、它〉[23]中，精采呈現了這一點。這篇文章描述老師、學生與內容的三角關係。在本章的三個案例中，這種三角關係就是核心。這為什麼重要？因為思考文化中的互動不只關乎客氣、有禮貌。思考文化中的互動要能促進個人及團體的學習，不是只要遵守秩序與禮儀就可以。珂恩在 90 分鐘的導覽過程中一步步引導的對話就說明了這點。這些對話都以認同為重心。第三，為了鼓勵學生進行以素材內容為主的互動，老師及領導者都用例程來輔助學生的互動，進而發展學習。晨間聚會就是很好的例子，雖然成年人通常可以毫不費力地討論文章，但例程能讓互動更穩定，確保所有人都參與其中。

· 例程 ·

本書第二部介紹了各種思考例程，以及相關的實例。這些實例的目的是要告訴大家，例程的使用可以非常豐富且具啟發性，老師可以藉由例程提升學生對特定素材內容的學習。然而，讀者無法從這些簡短的例子中感受到例程如何真正發揮效用，成為固定的行為模式。我們希望本章的三個案例能滿足這樣的需求。我們可以從薇克的案例看到她如何將繪畫反思例程融入一整學年的課程。她長時間觀察學生的成長，並持續鼓勵同學多用抽象的比喻。

學生之所以進步,大部分是因為看了薇克和其他同學的示範。這些範例讓學生養成繪畫反思的習慣,反思的內容也更為深入。

晨間聚會也展現了相同的規律性。例程的好處在於,一旦建立起習慣,無論個人或團體都不太需要引導或協助便能加以運用。參與晨間聚會的老師到了第四次聚會,就清楚了解整個過程,幾乎毫不費力就能以例程為架構展開討論。這是團體爭取最多學習時間的關鍵:減少行政所需時間。老師在使用例程時,通常也希望能看到這種自主性。不過,這樣的發展或許比較難在參訪博物館的學生身上顯現。這個案例呈現的是為時90分鐘的一次性學習,憑良心說,這真的能發展出任何例程嗎?「思考—配對—分享」例程[24]是最廣為使用的例程,也是最多學生熟悉的例程。因為這樣,珂恩才能將例程融入教學。她使用的另一個例程「是什麼讓你這麼說?」也是學生能快速上手的例程。當學生第一次提出意見時,珂恩便接著問:「是什麼讓你這麼說?」幾次之後,學生通常不需要別人提醒,就會自動回答這個問題,分享完自己的解讀後,也會立刻提出理由及證據。這說明了,即使只有很短的時間,學生也能掌握這個例程。思考例程的目的是用來支持及協助思考,我們一直以來想看到的,就是這種投入思考的獨立性,而不是那些形式化的例程步驟。

2　Sir Ken Robinson, 2010
3　Vygotsky, 1978, p.88
4　Robert L. Fried, 2005, *The Game of School*
5　Vicki Abeles, Jessica Congdon, *Race to Nowhere*
6　Blythe & Associates, 1998
7　Ritchhart, 2001, 2002
8　Julian Savulescu, *Stronger, Smarter, Nicer Humans*
9　Matt Ridley, *Nature via Nurture: genes, experience and what makes us human*
10　Susan Brookhart, *Feedback that Fits*
11　Carol Dweck, *The Perils and Promises of Praise.*
12　Carol Ann Tomlinson, *The Goals of Differentiation*
13　Anderson, Kisiel, & Storksdieck, 2006
14　作者注:讀者可以到現代藝術博物館的官方網站:www.moma.org。依照藝術家姓名或作品名稱,搜尋並欣賞此處提到的藝術品。
15　Cone & Kendall, 1978
16　Housen & Yenawine, 2001
17　Dobbs & Eisner, 1990
18　Leinhardt & Crowley, 1998
19　Vygotsky, 1978, p.78
20　Langer, 1989
21　Langer, Hatem, Joss, & Howell, 1989; Lieberman & Langer, 1995; Ritchhart & Langer, 1997
22　J. Biggs & Moore, 1993
23　Johnson, 2010
24　Lyman, 1981
25　David Hawkins, "I, Then, and It," 1967/1934

Making Thinking Visible

CHAPTER 8

第八章

Notes from the Field

實務筆記

PART III

第三部　把可見式思考的力量帶到生活中

讓學生的思考變得可見並不容易。本書提供了一些方法，像是做紀錄、傾聽、提問，以及使用特殊工具，也就是用思考例程來幫助學生面對這些挑戰。每個例程都包含豐富的教學實例，說明或強調發展思考文化的重要性。思考文化讓思考變得可見，且受到重視及積極的對待。這些案例旨在強調例程的效用與潛在效益。然而，身為作者的我們也必須讓大家知道，在與教育工作者合作的過程中，我們也看到了一些常見的困境、潛在的缺失及成功的學習路徑。這就是這一章的主題：我們的實務筆記。本章節的內容絕不是警世箴言，而是說明在繁複的教學實務中，可能經常出現，有時甚至是必須經歷的挫折。了解這條路的樣貌，知道可能會在什麼地方迷失、為什麼迷失，在規劃學習時會很有幫助。了解其他人如何應對這些常見的困難，或許也能幫助自己從別人的經驗中學習。

本章會先引用我們研究中的兩個案例，介紹兩位老師學習使用例程的經歷[1]，包括六年級數學科老師邱奇在讓學生的思考變得可見時，如何因應遇到的困難，以及布璐姆在九年級歷史課上建立思考文化的方法。老師可以藉由這兩個案例，學習如何去面對學生在例程中（至少是一開始的時候）提出的表淺且未反映深層思考的回應。此外，我們也進一步討論，在建立思考文化時，例程的效用為何？與同事合作又有什麼好處？接下來，我們將談一談師生以思考例程學習時的成長軌跡。這些軌跡以上百位老師好幾年來的教學為基礎，包含各式各樣的情境。最後，本章將在結尾再一次提醒並說明老師在課堂上運用思考例程了解學生的思考時，可能會遇到哪些常見的問題與困難。

某些常見的困難已經在先前例程介紹的「小提醒」單元中簡單提過，本章會再次具體說明那些可能需要反覆檢視及討論的問題。身為專業培訓者，我們設計出一些代號來指稱這些施行上常見的障礙，例如「便利貼狂熱」「本日特餐」「梅岡城症候群」「學習單之害」「從片段到完整」。早年探險家會在地圖上標出「這裡有龍！」的記號，表示危險，我們也會用代號標

出讓思考變得可見的過程中應該留意的地方。

◉ 讓思考變得可見在數學課及生活中所遇到的挑戰（邱奇的案例）◉

　　2003年，瑞典卡普威坦基金會出資贊助「思考顯現」計畫，將計畫推展到歐洲的三所國際學校，包括阿姆斯特丹國際學校。這所學校涵蓋幼兒園到十二年級，學生約900多位，來自45個國家，約有60%以上的學生母語不是英文。這所學校在語言及文化上的多樣性，為研究思考例程的運用與思考文化的發展提供了相當有趣的背景。國際學校的學生變動頻繁，因此學校及課堂的文化總是得不斷建立。老師也知道，無論選用哪一種教學方法，許多學生可能都很陌生。

　　在2003-2004年的十月份，有八個老師同意試用我們研究開發的一套理解例程，並定期召開小組會議，討論例程在使用上的相關問題。邱奇是這支試驗小組的一員，他有12年的教學資歷，而當年是他在國際學校的第五年。邱奇在大學接受初等教育訓練，但因為對數學有濃厚的興趣，所以進入中學擔任數學老師。他是阿姆斯特丹國際學校「為理解而教」[2]及美國數學教師協會標準課程實施[3]的研習營主辦人。邱奇在參與這項計畫的第一年，教了兩班六年級學生及一班七、八年級數學課。他的班級採常態分班，程度普通，課程依循「國際文憑中學課程」，使用「連結數學」系列教材[4]。

　　一開始，邱奇對「連結—延伸—挑戰」例程很感興趣，他認為這個例程能幫助學生更了解正在學習的「面積與周長」單元。而且，這個例程的三步驟應該是六年級學生可以掌握的，因為教材明確將「應用、連結、延伸」列為課程單元的一部分。但是他仍想知道「連結—延伸—挑戰」可以怎麼幫助學生以另一種角度思考目前所學的內容。此外，他也好奇這個例程會揭開哪些無法透過「應用、連結、延伸」展現的思考類型。邱奇說：「雖然我一直認為建立連結對學生的學習很重要，但我從

來沒特別注意這個部分，只有粗略告訴學生某些數學問題跟真實世界的關聯」。

邱奇第一次在班上使用「連結—延伸—挑戰」例程時，準備了一張劃分為三欄的學習單，欄位上分別標著「連結」「延伸」「挑戰」。他將學習單發給學生，接著展開為期三天的幾何研究實作課程。這堂課的作業是用等量材料，設計出大小不同但周長固定的矩形狗圍欄。邱奇說他的目的是用這張學習單推動學生的思考，並請學生仔細觀察，在做作業的時候，有哪些想法可以連結到之前學過的單元。不要只是交出答案，或思考自己喜不喜歡這項作業。

邱奇認為學生在填寫「連結」欄位時沒有什麼困難，但這些回應不見得都符合他的期待。例如，許多學生寫「狗圍欄的作業很像上次做的碰碰車問題，因為都跟面積和周長有關」。這類連結並沒有讓邱奇感到特別驚喜，他心想，「看來這個方法並沒有促使學生發展新的思考。」雖然學生的回答大部分都這麼簡單，但邱奇還是認為例程確實帶給學生一些收穫。例如，他聽到有些學生在一開始的時候，說這份作業跟設計緊急避難所（固定面積、改變周長）的問題一樣，但活動快結束時，許多學生就能指出這兩項作業的差異。

邱奇將學生的學習單帶到當週的小組討論會上分享。小組成員在閱讀學生的回應時，發現某些學生的連結其實比邱奇想得還要有深度。有個學生寫道：「就像我們在設計緊急避難所的地板那樣，形狀越『集中』，周長就越小！」雖然這樣的回應相對比較少，但邱奇發現，不是只有成績優異的學生才能做出這種較深層的連結。這讓他和小組成員感到好奇，「這個思考例程是如何讓不同程度的學生，都有辦法提出重要的想法，值得班上同學一起探討？」

仔細檢視過學生的回應後，邱奇與小組成員開始思考一個根本的問題：什麼樣的連結才能夠有效提升學生的理解？他們也想知道該如何協助學生建立這類連結。由此我們可以看到，雖然這個例程是在一堂特定

的六年級數學課上進行，但浮現的教學議題，對小組中所有老師而言都很重要。身為研究員，我們在無數情境中看到類似的情況一再重演。儘管六年級數學老師看似跟十二年級的英文老師或幼兒園老師沒有什麼共同點，但事實上，當對話的核心不在教學方法或課程內容，而在於學生的思考及發展時，老師就會因為這個共同目標而產生共鳴。再者，當某個老師運用例程揭開學生的思考後，便會產生漣漪效應，讓其他老師也願意嘗試原本認為不適合課堂或學生的例程。

邱奇的經驗告訴我們，雖然例程涉及的思維活動清楚可見，但老師在使用時，還是要留意學生回應的品質與深度，以確保學生不是應付了事。這通常需要為學生示範什麼叫適當的回應，並告訴學生自己期待他們的回答能夠超越表面。邱奇提到他第一次使用「連結─延伸─挑戰」時遇到的困難，他說：「我在想，學生是否能區別不同連結的差異？包括簡單、複雜，還有能夠推動他們更深入理解的連結。」雖然邱奇的學生對「連結」這兩個字並不陌生，但還是需要適當的例子和清楚的示範，才能更了解連結的意義。**這就是例程本身無法提供，必須由老師帶進例程的東西**。然而，使用例程一段時間，並與同事討論過後，邱奇和他的學生才有能力探索「建立有意義的連結」所代表的意思。

學生在「延伸」及「挑戰」欄位的回應中也出現語言及深層意義的問題。邱奇和他的同事注意到，許多學生在「延伸」部分的回答提到自己透過課程「學到很多東西」，但沒有明確說明他們的思考究竟有什麼延伸。也有很多學生把這個欄位空了下來，什麼也沒寫。但也有少數幾位寫到自己的思考延展了，因為他們以前從來不知道在周長固定的情況下，面積可以有這麼多變化。邱奇發現有個學生的回答特別有趣。這個學生詢問，如果籬笆的高度不一定要是一公尺，那會怎麼樣？也就是說，如果可以把籬笆切成小段，是否會有更多設計圍欄的方式？邱奇認為這個問題代表學生在理解上有了大躍進。他向同事詢問，這個想法是否適合帶到全班討論，以促進學生的思考，並當作「延伸」的示範。

討論會的成員最後認為，提供學生傾聽及向別人學習的機會，是讓思考變得可見的一部分，因此邱奇應該分享這個回答，讓班上同學進一步研究。

在「挑戰」欄位下，許多學生的回答是「我沒有遇到什麼困難」，或者「這次的作業沒有比較艱深的地方，該知道的我都知道了」。邱奇忍不住問同事：「當我問學生，這個作業帶給大家什麼挑戰時，為什麼學生會自動跳到『困難』或『艱深』這樣的字眼？他們是不是把『挑戰』當成一種壞事，就像『如果我覺得有挑戰，那一定是我這個學習者有什麼做不好的地方，否則我應該會覺得很簡單』。」

邱奇一開始受「連結—延伸—挑戰」例程吸引，是因為他覺得這個例程符合自己的許多教學目標。然而，他本來認為很明確的部分，像是請學生建立連結、延伸、找出挑戰，後來卻發現沒有想像的那麼清楚。我們必須向學生清楚解釋例程的語言，也必須提供示範。邱奇總結了這個問題，他說：「在我看來，學生並沒有真的如我預期那樣認真建立重要的連結。與其說是『連結—延伸—挑戰』，學生更像在『尋找可以湊對的項目、報告自己學到很多、說作業有多容易』。我以為發給學生一張表格，清楚標明『連結』『延伸』『挑戰』，就可以得到不同於以往的回答，但是並沒有。」這讓小組開始思考，除了語言及缺乏示範，還有什麼原因阻礙了學生的思考，或讓學生的思考無法顯露。

邱奇在小組成員的支持與鼓勵下，繼續使用這個例程。學生的回應雖然令邱奇迷惑，但沒有讓他退縮，反而更激勵他。如果老師沒有同儕團體或研究員的支持，在嘗試之後，可能會因為出了問題而放棄，心想「這行不通，真是白費工夫」。然而，邱奇認為這個思考例程應該還有潛能，而且他也希望「能再想辦法試試，看這個例程還能帶我跟學生到哪裡去」。

邱奇決定做一件事，那就是放棄三欄學習單，改在教學及課堂互動中盡量多用「連結—延伸—挑戰」例程的用語。邱奇在某次學習小組的

檢討會上說：「三欄表本身沒有問題，但學生可能認為那只是一項需要完成的作業。我想讓『建立連結』有自己的舞台。我們的研究做到這個程度，應該讓連結發揮應有的價值及重要性。」接著，邱奇便在教學時融入例程語言，例如在指派作業時，告訴學生：「今天進行小組討論時，我希望各位不要只是回答作業的問題，還要想想這次的作業可以怎麼連結到最近做過的題目**以及**你有什麼新的發現？這份作業如何讓你的思考從上次學到的東西，擴展到更深遠的層次？」

邱奇說他一開始需要在白板的角落寫上「連結—延伸—挑戰」，提醒自己要問班上同學相關問題。有時候，他也會停下來問同學：「大家注意到什麼？這跟我們學過的東西有哪些類似的地方？有沒有新的發現？這只是『同樣的東西』還是有什麼不同？」邱奇在學生單獨拿作業給他看，或是檢查小組作業時，也會刻意使用這些問句。

一段時間後，邱奇發現，這樣的提問已經成為他和學生互動的一部分。他說：「施行過幾次之後，就變得很自然了……我對學生提出的各種回應都很有興趣。他們的回應通常能幫助我提出新的個人或小組問題，尤其是全班性問題。看到學生回想起我們之前討論過的問題或研究，並且發現目前正在做的事可以連結到之前看過或想過的內容，我就特別高興。這時我通常會先暫停討論，然後說些類似這樣的話：『似乎已經有很多小組可以連結到上週的作業，真是太棒了。看來我們上週的想法也適用於今天這些問題。不過我在想，有沒有哪個小組能看到新的層面？我們今天討論的問題是否為上週的想法增添了新的面向？大家在完成這份作業時，記得思考這些問題。』」

到了學期末，邱奇再度使用三欄學習單，甚至把這份表格當作學生的作業架構。現在學生已經完全了解「連結—延伸—挑戰」的用語，也從無數次的課堂互動中，看到每道步驟的良好示範。一旦有了這些示範及經驗，學生就比較能確實掌握例程，並且能夠獨立進行。邱奇有一次請代課老師指派「連結—延伸—挑戰」的回家作業，學生的獨立性便清

楚顯現。他們不需要任何指示，隔天便帶回豐富的觀察。這表示「連結─延伸─挑戰」確實融入了邱奇的課堂（邱奇的學生在社會課上使用例程的情況，請參見影片）。

學期末觀察邱奇的課堂時，我們明顯看到學生非常獨立地運用例程並使用例程語言。下課時，也經常聽到學生談論自己思考的「延伸」、受到的「挑戰」，或他們建立的「連結」。另一個明顯的轉變則是學生在「延伸」及「挑戰」階段提出的問題。回想一下，邱奇一開始使用例程時，只有一個學生提出「延伸」的問題。而且，多數學生都在「挑戰」欄位回答「這個作業沒有什麼困難」。邱奇透過不斷示範讓學生的集體思考變得可見，學生也牢牢記下一個概念，那就是為了延伸並挑戰思考，必須針對目前所學的內容提出問題。學生回應的轉變，不只顯現出學生已經熟悉的例程及老師所期待的回應，還表示學生已經吸收了這些深層的學習訊息。也就是說，提問不僅推動學習，通常也是學習的成果。此外，學習不只是累積資訊，還包括探索各種想法及概念的複雜性。

我們觀察到學生會自動自發建立連結，這表示學生不僅在學習使用例程，也在培養自己的思維素養。邱奇看到學生的思考能力隨著時間有了明顯的進步，而且更習慣去尋找連結，把「建立連結」當成重要的事。他也提到，學生現在能夠自己找到建立連結的時機。這樣看來，邱奇長時間使用「連結─延伸─挑戰」例程，確實提升了學生建立連結的能力，也讓學生更留心、更有意願去尋找連結。

◉ 素材＋例程＋學生＝思考文化（布璐姆的案例）◉

澳洲墨爾本郊區的比亞利克學院是一所涵蓋幼兒園到十二年級的私立學校，學生人數約 1,000 人。這所學校也是「思考文化計畫」的贊助機構。在我們向老師介紹「看─想─疑」例程之後沒幾週，這個例程就

在校園裡受到廣泛的使用。老師發現這個例程方便又有效，無論什麼課程都適用，包括國中生在自然課上用衛星影像認識行星、一年級學生鑑賞博物館的肖像畫複製品、高中生藉由政治漫畫來研究美國卡崔娜颶風的應對措施，及二年級學生透過自然攝影學習動物的習性等。此外，「看—想—疑」對老師及學生來說都很容易上手，而且很適合用來介紹某個學習主題。老師在使用這個例程時，通常會先呈現某個視覺刺激，請學生仔細觀察並留意他們實際上「看」到了什麼。接著依據這些觀察，解釋自己的「思考」並提出論據。最後再針對觀察及解讀，提出問題與「懷疑」。

「看—想—疑」最吸引人且快速傳遍學校的部分原因在於，這個例程能讓學生投入沒有正確答案的探索。就像一位老師提到的，「這個例程對學生來說沒有距離感，所以願意大膽回答。」老師也發現，無論是成績優秀或一般的學生，這個例程都有助於鼓勵他們自我引導並主動參與討論。一位老師說：「我最喜歡的是這個例程能讓安靜的學生也願意參與，給這些孩子發言的機會。」另一位老師則說：「這個例程讓我們看到所有學生的思考過程，尤其是那些願意挑戰自己想法的孩子。」不過，身為研究者及例程設計者，我們也經常看到「看—想—疑」例程只被當作一次性的活動。學生對這個例程的接受度很高，也很受例程吸引，但這個例程也容易讓學生厭煩，結果不但沒有增進觀察、注意、解讀及提問的能力，反而阻礙了思考。

為了好好了解「看—想—疑」及其他例程的細微差別、效用及對教學的影響，我們可以從中學歷史老師布璐姆連續兩年使用這個例程的經驗，獲得一些啟發。布璐姆這六年來都在比亞利克學院教七、八、九年級的歷史課。她覺得自己已經習慣教課，但還沒有找到理想的教學方式。布璐姆跟其他中學老師（比亞利克學院當時還沒有國中部）一樣，都必須跑班上課，沒有屬於自己的空間，不容易整理出完整的思考紀錄及課堂討論筆記，因此大多選擇讓學生自己做紀錄。最近她決定讓學生

保留自己的作業，這麼一來就可以回顧並觀察團體與個人的進步。布璐姆發現「看—想—疑」很適合用在歷史課，她說：「我真的很喜歡這個例程，因為它很簡單，也很適合用在歷史課上，我們用這個例程討論了許多視覺素材，例如政治漫畫。」

初次使用這個例程時，布璐姆請學生和她一起學習教書。她說：「我坦白跟班上同學說明自己正在學習新的教學方式，並請大家跟我一起嘗試。我讓學生知道這是新的教學法，毫不假裝，因為學生看得出來。」進行得不如預期時，她也會直接告訴學生。布璐姆分享道：「我一邊做一邊學（這個例程）。我告訴學生『我們試過了，但我覺得不太對』，然後我提議再做一次，大家也都同意。學生喜歡我的誠實，也看到我也會犯錯，並且承認錯誤，這讓學生覺得我們是平等的。」

第二次在九年級課堂上使用「看—想—疑」時，布璐姆請大家看一幅1959年澳洲《公報》雜誌（The Bulletin）的政治漫畫。這本刊物的封面印了一張略微扭曲的東半球地圖，右下角可以看到澳洲北領地及昆士蘭的輪廓。地圖上有一隻背部寫著C的大蜘蛛，以莫斯科為中心，正在結網。蜘蛛網覆蓋大半個東歐及亞洲大陸，只有一條蜘蛛絲黏掛在澳洲上。困在蜘蛛網裡頭的東西似乎是人類。布璐姆選擇這幅漫畫，因為「課程正進行到冷戰及冷戰時期的『武器』：洗腦、恐懼、妄想等。學生已經知道怎麼分析漫畫，之前也使用過一次『看—想—疑』例程」。

布璐姆將漫畫影本以及一張劃分為四個欄位的記錄表發給兩兩一組的學生：

1. 看：你在這張圖上看到什麼？
2. 思考：你認為這意味著什麼？
3. 論證：是什麼讓你這麼說？
4. 懷疑：你對於看到的東西有什麼疑惑？

額外增加的「論證」欄位不能算是對這個例程的修改，而只是把例程本來就有的部分獨立出來。當學生口頭回答完問題後，布璐姆會用「是什麼讓你這麼說？」來挑戰學生的解讀，這麼一來就結合了兩種例程。許多老師發現這個簡單的問題往往能讓學生進一步闡述及論證，有助於老師理解學生的回應及討論，因此布璐姆在紀錄表中明確列出這個追加的問題。紀錄表的目的是要提供課堂討論的基礎，並且記錄學生的想法，不是用來打分數。

布璐姆首先給各組 10 分鐘觀看漫畫並寫下回答，接著布璐姆帶領全班一起討論，剖析漫畫的象徵意義及情緒意涵。布璐姆問一位學生她看到了什麼，學生回答：「澳洲在這幅圖的角落，表示澳洲被邊緣化。」布璐姆問其他同學有沒有別的解讀，有人回答：「澳洲被共產主義蜘蛛網攻擊。」布璐姆繼續追問「是什麼讓你這麼說？」兩位同學都表示因為「蜘蛛網碰到了澳洲的頂端」。這似乎是許多學生最直接的反應。當布璐姆問大家對這兩位同學所看到及解讀的內容有什麼「懷疑」時，討論開始熱絡了起來。學生問道：「澳洲有共產主義者嗎？當時澳洲怎麼回應？『邊緣化』的說法成立嗎？或者只是一種宣傳洗腦？」這些問題提供了未來探索的豐富基礎。

接下來的時間，班上都是以這樣的步調進行討論。由於這張圖的意涵相當明確，因此學生「看到」同類型事物，甚至做出類似的解讀，都在意料之中。當學生開始為自己的解讀提出論證以及懷疑時，討論才變得豐富。學生的討論內容包括：為什麼要選擇蜘蛛？該怎麼阻止蜘蛛網繼續擴張？那些人是怎麼改變大家的想法及意識形態？為什麼只有一隻蜘蛛？那隻蜘蛛的目標是什麼？這些問題讓學生看見提問的效力，促進學習，並幫助他們了解事物的複雜面。

回顧例程的使用，布璐姆注意到這個例程改變了她使用素材的方式，而不是讓她改變素材內容，她說：「比較現在和過去分析漫畫的方式，最大的不同在於，過去我通常會先請學生找出整體要傳達的訊息，

但現在則把這放在最後一步。」她也發現例程改變了同學的討論，讓學生知道學習可以是團體行為。布璐姆說：「我們有更多的討論……那改變了我帶領討論的方式。我不再只是聽到想法，然後請學生為自己的立場提出論證。現在的討論形式更開放、更自由，但也更有架構。是架構給了學生自由。」布璐姆針對討論的架構進一步補充：「我覺得有了第一個『看』的步驟，學生會比較客觀，這樣學生就不會直接跳到結論，而是更仔細閱讀內容。『懷疑』步驟則讓學生有機會發言，這跟觀察和思考一樣重要。」

不過，最重要的可能是這些思考例程改變了布璐姆看待學生的方式。她說：「過去幾年，我有時只根據作業表現、傳統的理解及分析能力，就立刻斷定某個學生程度比較差……以前我眼中聰明或優秀的學生是那種什麼都能理解，而不是提出問題的人……但是今年我發現，我以前認為程度比較差的學生，實際表現其實非常亮眼。思考例程提供這些學生一個途徑，讓他們能夠建構、理解並反思自己的想法，這令我非常驚喜。」布璐姆舉了一個具體的例子：「我有個學生的書寫和拼字都很差，領悟力也不是很好，不過學習能力沒有差到需要幫助的程度，只是比較一般。在聽了他的想法與觀點之後，我才發現，他對世界和政治的了解實在令人驚豔。他不只知道這些知識，同時也在發展自己對周圍世界的認同。如果在課堂上給他一個呆板的作業，他就只會有一般的表現，但若以自我發展的層面來看，他比其他同學還要優秀……我第一次發現這個學生真的能夠『深度思考』。我認為是思考例程讓我看到這一點。當我跟家長談話時，我會下意識使用**深度思考**及**複雜的思考過程**這樣的詞彙，用起來很自然，因為我是真的**看到**這些情形。」

布璐姆在使用「看─想─疑」等例程時學到一個重點，那就是這些例程並非快速上手的指南，而是一種學習架構，必須依照素材內容及學生需求調整。她在新學期開始時清楚了解了這一點。她向學生展示 2005 年 12 月澳洲克羅納拉種族暴動的照片。她很有信心這些使用過「看─

想—疑」的九年級學生會自發性地認真投入這些圖像。她說：「下課後，我看了學生的紀錄，覺得有點失望，因為學生的想法看起來只停留在表面，而且很簡短。」她發現一個問題，學生並非描述自己「看」到的細節，而是解讀整張照片，或是指出照片的重點，像是打鬥、旗子和行進中的人群。當我們對某個圖像已經有一些了解，自然會出現這樣的反應。例如，假設你正在看一張墨西哥灣漏油事件的照片，或者一幅你認識的畫家的作品，除非特別用心，否則我們很難跳脫原有的印象並看到新的事物。我們受限於自己已知的事實，在選擇要不要跨越這些事物時，經常猶豫，阻礙解讀。基於這些原因，「看—想—疑」通常比較適合用來討論模稜兩可的圖像及藝術品。然而，這不表示我們不能像布璐姆一樣使用學生熟悉的圖像，只是可能需要額外的規劃與討論。

隔天，布璐姆提醒學生要留意自己過於籠統的觀察與解讀，並請大家重做一次例程，不過這次她用紙板做了簡單的取景器，讓學生可以著重在照片的細節。她向同學示範怎麼使用取景器，一次只看一部分的照片。布璐姆要求學生詳細描述照片的細節，而不是整體。這幫助學生看到原本因為對事件或照片太熟悉，而難以很快發現的複雜面。這次的討論恰好與先前提到的冷戰漫畫相反，那幅漫畫對學生而言比較陌生，因此不需要這個額外的步驟。

持續探索素材內容、例程與學生三者之間的互動非常重要。所有例程的目標都是提供架構，讓學生能夠深入素材、發展自己的理解，並在過程中揭開自己的思路。就像布璐姆提到的，「這個計畫帶給我最大的收穫，就是了解思考例程在課堂上的使用方式。學生也會在課堂外談論自己的想法。不是例程，而是想法……我真的很高興，我更靠近學生的心理了。」我們可以把思考例程想像成容器，我們必須在裡頭填滿有趣且有意義的內容。就像花瓶容納並支撐整束花一樣，例程支撐對內容的探索。然而，花瓶的作用是支撐，不應該搶了花朵的風采。例程也一樣，例程支撐素材內容，讓我們的目光專注在內容上。不好的內容即使

透過例程也無法發揮太大的效用，就像枯萎的花束無法因漂亮的花瓶而綻放美麗。

◉ 案例對例程使用的啟示

邱奇與布璐姆的案例都說明了例程就像形塑文化的工具。思考例程不止是培養學生能力的方法，或吸引學生的有趣活動。老師可以定期使用例程與學生一起探索有意義的內容，藉此告訴學生思考及學習的本質。其中最重要的是下列幾點：

1. 學習是思考的結果。
2. 學習是集體的努力，也是獨自進行的過程。
3. 學習基本上是暫時的，會不斷累積與發展。
4. 學習必須不斷提問，以了解概念的複雜面。
5. 學習是主動的過程，需要個人的積極參與。

這些跟學習有關的重要觀念能讓學生更主動，也讓老師將學生視為更有想法且認真投入的學習者，進而翻轉學校與課堂風景。

然而，不是只要實踐這些步驟就能看到改變。改變的前提是長時間執行，並進行大量的思考。當老師開始為學生解釋例程中的思維活動，例如跟學生說明什麼是建立連結，這麼做如何幫助他們看得更深遠時，這些分析都能引導學生做出更深層的回應。一旦在課堂上建立起思考的模式及語言，思考便不再神祕，反倒清楚呈現在學生面前。此外，老師在運用例程讓學生專注於思考時，往往也會受學生的思路及想法吸引。老師會在這個過程中逐漸了解，若想要評量學生的理解程度，就必須讓學生的思考變得可見。如此一來，例程就會不斷自我循環，學生對例程的回應本身就會鼓勵他們經常使用例程。一段時間後，課堂上的例程就會變得清楚明確。透過例程建立起思考模式，才是有效的教育方式。不是只要教完課程內容就好，還要引導學生了

8 | 實務筆記
Notes from the Field

解如何學習。

◉ 使用思考例程會經歷的階段

我們和上千位老師合作，邱奇和布璐姆只是當中的兩位。兩人的故事告訴我們，創造思考文化及讓學生的思考變得可見，不止是將思考例程塞進課堂，而是持續發展的過程。老師及學生對學習的期待和想法都會在使用例程的過程中，隨時間改變、深化。邱奇與布璐姆定期參加的焦點團體或學習小組，是兩人在學習及成長上很大的助力。這些團體都是真正的專業研習社群（雖然我們沒有替他們冠上這樣的名號），成員定期碰面，互相支持與學習。每週都會有小組成員帶著學生的例程作業來跟大家一起研究。而各組會以「探究學生思維」架構（表 8.1）進行討論。你可以在影片中看到比亞利克學院某個焦點團體用這個架構討論七年級學生在科學課上進行的「羅盤方位點」例程。雖然這些教師團體是在學習如何使用思考例程，但這並不是主要目的，例程只是工具，用來探索「讓學生的思考變得可見」過程的複雜面。

身為研究員，我們深入探索老師如何將思考例程作為課堂工具，讓思考變得可見。我們透過個案研究及課堂觀察，整理出老師及學生持續運用思考例程時都會經歷的階段[5]。當然，每個老師都不同，每組學生也都獨一無二。因此，這些階段代表的只是一般趨勢，只是對教學的粗略描繪，不是精確、絕對的現象。儘管如此，這些階段還是能幫助老師規劃例程，並學會辨識自己與學生的成長。知道自己和學生可能會有哪些行為，讓人願意自由去冒險，不用擔心結果不完美。此外，這些階段對師生來說也是持續向前的推力，確保每個人都能不斷深入思考自己的思考。

・開始：初始階段・

不少老師第一次在課堂上運用例程時，會覺得例程很像獨立的活動，需要精心規劃並一步步執行。我們在嘗試任何新事物時通常都是如此。首先需

表 8.1 探究學生思維架構

· **角色** ·

報告人	負責準備要討論的學生作業，聆聽討論，並在結束時回應大家。
主持人	注意時間，負責提出各階段的引導問題，必要時調整討論的方向。
記錄員	記錄討論內容。
1. 介紹學生的作業（5分鐘）	報告人介紹這份作業的背景、目標及老師的要求。 其他老師可以提問，釐清事實，幫助組員理解並查閱作業。
2. 查閱作業（5–10分鐘）	安靜查閱作業。 做筆記，以便稍後提供意見。 依據架構分類筆記內容。
3. 描述作業（5分鐘）	你看到什麼？ 幫助彼此找出作業的所有特徵。 避免做任何解讀，只要指出看到東西。
4. 推測學生的思考（10分鐘）	作業的哪些地方展現了學生的思考？哪些層面能讓你深入了解學生的思維？ 解讀作業的特色。 連結不同的思考類型及方式。
5. 提出與作業有關的問題（10分鐘）	這項作業讓你產生什麼疑問？ 建構出這些疑問所涉及的一般性或特定議題。 提出問題背後的問題。避免問「這花了多少時間？」盡量用「這讓我想知道這類作業需要多少時間」這樣的問句。 **請注意**：報告人現在還不用回答這些問題。

6. 討論教學及學習的意涵 （10分鐘）	這項作業如何延伸並增進學生的思考？ 提供報告人一些可行的作法及不同的選擇。 說明這項作業可以如何促進學生的思考。	
7. 報告人回應小組的討論 （5分鐘）	身為報告人，聽完小組的討論後有什麼收穫？ 點出討論中最有趣的部分。 回應你認為需要回答的問題。 簡短說明你認為現在可以如何發揮這項作業。	
8. 架構檢討 （5分鐘）	過程是怎麼進行的，感覺如何？ 分享自己有哪些粗略的觀察。 說明小組從上次運用這個架構到現在有哪些進步與改變。 提出下次可以改進的地方。	
9. 向報告人、記錄員及主持人致謝	感謝彼此的貢獻。 決定紀錄資料要如何分享、使用和歸檔。 決定下次會議的工作分配。	

資料來源：© 2005 哈佛零點計畫，思考文化計畫

要知道例程是什麼，以及例程如何發揮作用。許多老師會為了學習例程的步驟及語言，仔細研究腳本。事實上，我們在跟老師合作時通常也會鼓勵大家這麼做。如果一開始就大幅調整例程，便很難診斷出可能出現的問題與困難，無法從中學習。在邱奇的案例中，他其實可以一開始就更改用語，但這麼一來，他將無法深刻體會與學生共同發展思考語言及模式有多重要。

學生第一次使用例程時，往往不知道會發生什麼事，也不知道自己應該做什麼。這是預料之內的事，因為思考例程與學生平常在學校進行的活動大不相同。學生已經很習慣在學習單上寫出自己的答案，然後由老師評斷正不正確。先思考再提出自己的想法，跟他們已經習慣的過程很不一樣。有些學生可能會想討好老師，擔心自己說錯答案或是看起來很「蠢」。這種感覺可

能會讓學生僵住,直到看到示範,才知道要怎麼回應。也有學生會提出比較狹隘、表淺或過於簡化的回答,就像邱奇的學生第一次嘗試「連結─延伸─挑戰」例程時那樣。另外,也有同學會因為看不出這些活動跟傳統的知識累積有什麼關聯,因而質疑「我們為什麼要這麼做?」年紀較大的學生特別會有這樣的反應,這些學生很熟悉學校的遊戲規則,認為老師只要提供資訊、回答學生的問題,並幫大家準備考試就好。

老師可以事先設法避免(或至少盡量避免)這些常見的反應。例如,不要直接告訴學生待會要進行例程,而是先讓學生知道使用例程的目的,並說明使用例程對提升個人及團體理解有什麼幫助。老師也應該事先將例程套用到素材上,評估狀況,想想學生可能會需要什麼樣的示範。如果某個思考例程無法發揮作用,多數是因為老師沒有事先確認教材是否能刺激學生的思考。然而,事先規劃不能完全避免這些可能會出現在起始階段的挑戰。我們可以從邱奇跟布璐姆的案例看到,學生的回答可能缺乏深度或沒有經過認真思考。在這種情況下,老師可以尋求同事的協助,一起分析學生的回應,了解接下來該如何推動學生進行更完整、深入的思考。這應該成為老師在讓學生的思考變得可見時必備的步驟,而不該視為老師、學生或例程的瑕疵。

· 熟悉:發展階段 ·

學生及老師一旦有過使用例程的經驗,也比較熟悉這個模式之後,通常會想要以新的方式來使用例程。在教師團體分享彼此使用例程的經驗,對這點很有幫助。在這個階段,老師通常不再把例程當作單一活動,而是當成一種工具,用來探索素材內容,增強學生對特定主題的理解。例如,老師可能會說:「我以前在規劃課程時,心裡想的是這個單元可以運用什麼例程,但現在我想的則是我希望學生進行什麼樣的思考,接著再選擇可以支持、輔助這類思考的例程。聽起來好像沒什麼,但這個轉變其實影響很大。我現在的重心是學生的思考。」為了達到這個目的,老師可能會稍微調整例程,以獲得自己期待的思考。如果對例程已經很熟悉,這樣的修改就不會有問題。

| 8 | 實務筆記
Notes from the Field

對學生而言，經常接觸並使用例程能增加他們的自信，讓他們相信自己的想法有用而且重要。有了這樣的信心，學生就會更獨立自主地運用例程，並增加回應的豐富性，展現思考的深度。當老師持續運用例程來了解學生的思考，進而建立、培養這樣的思考模式，學生便會知道，老師不是想知道標準答案，而是真的對自己的想法有興趣。接下來，學生也會對其他同學表現出同樣的興趣。一段時間後，班上同學就會發展出一種學習共同體的感覺，思考文化也會開始扎根。

・自信：進階階段・

練習與反思能帶來自信。學習使用新的思考例程，就好像在學一種新的運動、健身方法或烹飪技巧。一開始會覺得笨拙、僵硬，但動作會慢慢變得直覺、靈活。到了這個比較進階的階段，通常會有一種掌控全局的感覺，老師能流暢地將例程融入各種學習。如同教學實例的範例，老師有時也會在這個階段稍微修改、調整例程，讓例程更符合自己的需求及目標。此外，老師也會更留意第七章提到的那些影響課堂思考文化的要素。這就像是當一個人持續反思例程的運作方式，自然而然就會開始注意語言、時間和互動在形塑課堂討論上的重要性。提到紀錄時，腦海中也會自動浮現「示範」，並開始思考可以怎麼利用周遭環境。到了這個階段，例程已經融入我們所創造的機會當中。我們對思考的期望也成了推動課堂的驅力。因此，儘管例程是很棒的出發點，但老師的注意力會進一步擴大、轉變，從「我該如何使用這些例程？」變成「我該如何營造班上的思考文化？」

學生漸漸熟悉例程的使用之後，也會感受到同樣的掌控感。思考例程確實不只是課程架構，學生也可以，甚至應該獨立使用這些例程。意思是，接觸例程一段時間後，我們可以期待看到學生更獨立地用例程來引導自己的學習，這是我們應該留意的情形。例如，比亞利克學院十二年級的老師注意到，學生用了「列舉—排序—連結—闡述」及「主張—支持—提問」例程來準備期末的維多利亞州教育認證考試。另外，在阿姆斯特丹國際學校，凱莉

的六年級自然課學生經常建議老師使用某些例程,讓大家更理解某個概念。

◉ 常見的瑕疵與困難

邱奇與布璐姆的範例,以及上述使用例程時可能經歷的階段,都讓師生更了解長期使用思考例程可能會發生哪些情況。此外,老師以紀錄、思考例程或其他方法,努力讓學生的思考變得可見時,我們也經常觀察到某些瑕疵及困難。介紹這些不完美不是要讓大家在實際使用例程時刻意避免,而是要讓你能夠留意並辨識這些現象。知道哪些地方可能會出現瑕疵可以讓人保持警惕,未來在使用例程時也會很有用處和意義。實際運用這些能讓思考變得可見的概念及方法達六個月或一年之後,再回來讀這個章節,你或許就能以新的角度看待自己面對的困難,你的應對也更能反映你的深層體驗。

・便利貼狂熱・

幾乎所有參與這個計畫的老師都發現,班上同學的討論在一開始真的很熱烈,他們提出了許多有趣的問題和很棒的想法。但課程結束時,令人振奮的學習氣氛也消失了,隨著鐘聲消散得無影無蹤。老師隨即了解,要讓學生的思考變得可見,並讓全班都能清楚看到這個過程,光是協助學生投入豐富的課堂討論是不夠的,還必須實際讓學生感受到我們非常重視他們的思考。於是老師會用某些方法來揭露學生的思維,並呈現在教室四周,像是要求學生便利貼上寫下自己注意到的連結,然後貼在教室前方的海報紙上,或者請同學在紙條上寫出傳達了文本核心的標題,並展示在教室的布告欄上。

老師一旦開始對學生的思考產生興趣,就很難不去注意學生提出的每個想法、反思或連結,而牆上也漸漸貼滿了便利貼。許多老師都承認,一開始確實做得有點過頭。克服便利貼狂熱之後,老師開始覺得有必要思考「該如何運用教室的空間,讓教室像檔案庫一樣記錄、保存各種想法的效用及生成的經過?」這是決定性的轉變。老師也認為,與其用紙條來裝飾牆面,不如問自己:「哪些概念和想法是我希望學生可以一再回顧,並且可以在逐漸形

成或加深理解的過程中，隨時變動、補充、修正或捨棄？」舉例來說，舒蜜特在中學數學課上用「主張—支持—提問」例程呈現如何「審判主張」。施格蘿爾則在語言藝術課上用海報輔助「拔河」例程。兩位老師都充分掌握並公開學生的想法，讓大家都能看到。這兩種方法都有助於記錄、強化、建構教室內的持續學習。

・本日特餐・

當老師開始在課堂上使用思考例程，也淺嘗到成功的滋味後，許多人會心生「全都試試看」的念頭。這無可厚非，看到學生的連結變得深入、開始探究複雜的議題，或產生有趣的疑問，對老師來說都相當令人振奮。「我還可以嘗試什麼例程？」驅動老師每天嘗試新的、不同的思考例程。然而，當例程變成「一次性的新鮮感」時，學生便會疲乏。在「是什麼讓你這麼說？」例程中，雅契的案例就是過度使用例程的例子。

許多老師發現，比起為了用而用，仔細評估某個情境適合什麼類型的思考，反倒更有幫助。例如，假設某堂課需要學生串聯不同概念，這時使用涉及建立連結的例程就很自然、恰當。至於希望學生了解某個觀點的課程，就適合使用幫助學生掌握核心概念的例程。老師會隨著時間與經驗，漸漸了解思考例程不是菜單上的「本日特餐」，一個換過一個，而會逐漸找到課堂上「固定供應」的認知行為模式及思考類型。雖然一開始老師的確需要跟學生一起嘗試各種例程，以便了解例程的步驟、過程及目的，但對老師最為重要的終究是在適當的時機選擇適當的例程。老師在選擇或決定教學方法時，提問會從「我應該用哪種思考例程？」變成「現在進行何種思考比較有意義？」這就是決定性的改變。在課堂上，老師則會從告知學生現在將使用思考例程，轉為強調當下重要的思考類型，然後以思考例程作為輔助這類思考的工具。

・梅岡城症候群・

　　如何選擇合適的素材內容則是另一個參與研究計畫的老師經常遇到的困難。幾年前，我們曾跟一位紐約市的中學老師合作，他對建立課堂思考文化非常有熱忱。他的學生當時正在閱讀哈波・李的《梅岡城故事》。葛雷哥萊・畢克在這部經典文學改編的電影中飾演阿拉巴馬州的律師阿提克斯。這位老師正好在網路上看到一些劇照，於是將照片投影在教室牆上，並且和學生一起進行「看一想一疑」例程。

　　他問學生：「大家看到或注意到什麼？」學生的回答包括：一個人、一個白人、一頂帽子、法庭內、樓上跟樓下、白人坐樓下、黑人坐樓上看台等等。雖然學生的回應只停留在表面，但老師仍認真記錄，希望下一道步驟可以促使學生想得更深入一點。

　　接下來，他問學生：「那麼，大家認為這張照片發生了什麼事？」學生面面相覷，沉默不語。最後，有個學生回答：「嗯，就是《梅岡城故事》。」老師愣了一下，繼續問：「是什麼原因讓妳這麼說？」又是一陣沉默，直到那位學生回答：「因為這就是《梅岡城故事》」。她的口氣聽起來像是在說：「我已經說得很清楚了。」

　　這位老師雖然覺得有點挫敗，但還不想放棄，追問：「這讓妳產生什麼疑問？」學生不知道老師想問的是什麼，所以用帶有挫折的疑問語氣回答：「我們在想這是不是《梅岡城故事》？」

　　顯然這群師生陷入了進退兩難的窘境。即使哈波・李的小說複雜且生動，值得好好探討，但學生並沒有提出任何有助於深入理解作品或重要文學主題的獨特見解、發現或觀點。不過，我們似乎不能責備學生。老師的用意雖好，但他選擇的圖像確實缺乏值得學生去看、思考或懷疑的細節。這張劇照太過淺顯，就是《梅岡城故事》的場景。以這種方式運用「看一想一疑」反而比較像是在玩「幫這張照片命名」的遊戲，只能讓學生「猜猜看有沒有答對」，沒有提供機會讓他們思考與內容相關的重要概念，像是偏見、種族隔離、不公不義或其他閱讀《梅岡城故事》時可能引發思考的主題。

| 8 | 實務筆記
Notes from the Field

梅岡城症候群就是在形容這類施行上的瑕疵，當學生不清楚素材的目的，思考例程就變成「猜猜這個明顯的場景是什麼」，而不是推動學生產生新思維的工具。老師如果想建造課堂上的思考文化，不只需要謹慎選擇適當的例程，也要用心挑選合適的素材。許多老師在這個過程中學到的教訓是，如果素材缺乏可以讓學生思考的細節，就很難啟發或引導出良好的想法。

當蘭姿比較熟悉「紅燈、黃燈」例程之後，她很快就了解到，學生正在閱讀的段落或正在探討的內容若有值得質疑、挑戰的立場或觀點，這個例程就能發揮效用，促進豐富的課堂討論。但是如果缺乏不同觀點，就沒有太多可以標成「紅黃燈」的地方。同樣的，舒蜜特也發現，相對於簡單明瞭的數學題，能讓學生從不同觀點論證的數學情境更適合讓學生提出自己初步的主張。

· **學習單之害** ·

某些教室裡似乎有股力量，促使老師用學習單來上課。許多老師認為學習單是課堂必備的要素，這或許是因為學校長久以來都把學習當成作業，而且不信任學生可以自己完成這份作業。也或許是因為老師需要打分數、評量並報告學生的學習，導致老師必須看到具體的東西，好判斷學生是否真的有在學習，或至少有完成作業。無論這股力量到底是什麼，我們不斷看到老師為例程設計出各種學習單。然而，你不會在本書或「可見思考」網站上看到任何學習單。跟我們合作的老師也不曾聽我們介紹過以學習單來使用例程。

我們不提供學習單是因為例程的目的是要促進大家投入討論。如同第七章提到的，「互動」是形成思考文化的要素，也是學習的核心。完成學習單之後，互動頻率一定會降低，重點變成完成作業，而不是學習。例如，讓學生各自寫下對「看─想─疑」的回應，大家就無法聽到彼此的想法，也無從參考。再者，幾乎所有圖像都有許多值得一看的細節，無法完全記錄下來。因此學生會在整理的時候問：「我們要寫多少東西？」我們曾經看過一些學生用學習單來進行例程，每個人都完全按照學習單的指示寫下五個「看」、

三個「思考」及一個「懷疑」。毫無意外的，我們無法在這些學習單中看到太多思考的跡象。學習單扼殺了思考。

這不表示記錄個人思考不重要，只是記錄表與學習單之間有很大的差異。記錄表是為了讓學生追蹤自己的想法，方便回顧檢討。大家可以在影片中看到薇克運用記錄表協助學生掌握自己在「句—詞—字」例程中的思維。同樣的，葛蕾沃也讓學生記錄自己在「列舉—排序—連結—闡述」例程中的思考。這些例程的確都需要某種形式的紀錄。「CSI：顏色—符號—圖像」例程也一樣。我們可以從這些案例看到學生聆聽、參考其他人的想法。相較之下，學習單是為了老師而寫，大家的目標變成完成學習單，而不是思考。乍看之下，學習單和記錄表長得差不多，差異似乎不大，然而兩者對學習及思考的影響卻非常不同。

・從片段到完整・

最後一個老師常遇到的困難，是如何運用思考例程將學習片段串連成完整的概念，而不是像以前的電視節目一樣，以個別活動呈現給學生，每集情節都與上一集無關。許多與我們合作的老師都提到，自己過去的課堂活動就彷彿一連串的單元劇：指派任務、學生完成任務、結束、收尾，單元結束。隔天又是另一個獨立的單元，跟前一天的劇情沒有什麼關聯，對後來的活動也沒有什麼影響。也就是說，學習只是一個又一個活動、一個又一個片段。老師也說自己的時間和心思都花在確保每個活動夠有趣，足以吸引學生的注意力，並協助他們在過程中學到一些東西。

一旦思考例程成為課堂文化固定的一部分，許多老師都發現，自己每天的時間轉而用在學習建立主題內的各種相關敘事弧（story arc）。有些老師將這種教學法革新比喻為近年電視節目的製作方式。雖然電視聯播網上的影集仍有固定的播放時間，但影集中的大小故事線也在每集相互交織。每個人物扮演不同的角色，推動對整體劇情而言最重要的主線或架構。藉由思考與學生一起探索的主題中，有哪些重要的概念，老師便能夠以這個重點來規劃例

程或安排其他課程。意思是，老師學會依循最重要的故事主線來教學，而不是每堂課都像是彼此沒有關係的獨立片段。

就像在「連結—延伸—挑戰」例程所提到的案例，高中老師海斯勒協助學生整合「種族與社會身分」單元的不同概念，並且探討「社會達爾文主義」的複雜面及爭議，這些都是很棒的範例，告訴我們怎麼在特定主題中，尋找各種複雜但相關的敘事弧。當他的學生在閱讀小說、觀看影片、搜尋資料、記錄回應及撰寫報告時，海斯勒發現透過「連結—延伸—挑戰」例程，學生得以依照某些重要的概念來統整自己的想法。然後可以依序使用「標題」及「我以前認為……，現在我認為……」例程。海斯勒跟多數與我們合作的老師一樣，當他開始一步步幫助學生探索概念的複雜面，而不是日復一日將重要概念硬套進單一、個別的學習片段，他便發現自己在教學上更有目標了。

◉ 結論

學習是最自然，也是最複雜的過程。肩負牧羊人角色的我們，儘管非常尊重這個過程的複雜與精細，有時甚至因此感受到龐大的壓力，但看到學習過程在眼前完整展開時，仍經常感到驚奇與興奮。這就是讓學生的思考變得可見所帶來的希望與力量。這個過程就像是一扇窗，讓我們得以窺見學習的進程。透過本書介紹的各種工具：提問、傾聽、記錄，以及例程及架構的使用，身為教育者的我們才得以輔助學生的思考，進而輔助學習。然而，我們必須謹記，本書提供的方法只是工具，就像任何工具一樣，必須以熟練的手法，在適當的情境下使用，才能發揮全部的潛力。

當你展開讓思考變得可見的旅程時，試著從本書提供的教師經驗獲取一些靈感。同時也要記住，這些工具對那些老師而言，也曾是新的、陌生的方法。你必須嘗試、檢討，然後繼續嘗試。允許自己犯錯，並向學生學習。尋找可以一同分享、討論及持續學習的夥伴。當你成功揭開學生的思考時，用它來當作下次教學的跳板，這可以確保你建立的是完整的學習曲線，而不是

單一的活動片段。以這樣的方式逐步進行，秉持著促進學生深入學習與理解的大目標，你將發現自己正努力讓思考成為課堂上可見，且受到重視與積極對待的一部分。

---

1 Ritchhart, Palmer, Church, & Tishman, 2006
2 Blythe & Associates, 1998
3 NCTM, 1989
4 Lappan, Fey, et al., 1997
5 Ritchhart, 2009

參考文獻

1. Abeles, V., & Congdon, J. (Directors/Writers). (2010). *Race to nowhere*. In V. Abeles (Producer). United States: Reel Link Films.
2. Anderson, D., Kisiel, J., & Storksdieck, M. (2006). Understanding teachers' perspectives on field trips: Discovering common ground in three countries. *Curator, 49*(3), 365-386.
3. Anderson, L.W., & Krathwohl, D. R. (Eds.). (2001). *A taxonomy for learning, teaching and assessing: A revision of Bloom's Taxonomy of educational objectives* (complete ed.). New York: Longman.
4. Barnes, D. R. (1976). *From communication to curriculum*. New York: Penguin.
5. Barron, B. (2003).When smart groups fail. *Journal of the Learning Sciences, 12*(3), 307-359.
6. Biggs, J., & Moore, P. (1993). *The process of learning*. New York: Prentice Hall.
7. Biggs, J. B. (1987). *Student approaches to learning and studying*. Research monograph. Hawthorn, Victoria: Australian Council for Educational Research.
8. Bliss, A. (2010). Enabling more effective discussion in the classroom. *Stories of Learning*. Retrieved from http://www.storiesoflearning.com
9. Blythe, T., & Associates (1998). *The teaching for understanding guide*. San Francisco: Jossey-Bass.
10. Boaler, J., & Brodie, K. (2004). *The importance, nature and impact of teacher questions*. Paper presented at the proceedings of the twenty-sixth annual meeting of the North American Chapter of the International Group for Psychology of Mathematics Education.
11. Boaler, J., & Humphreys, C. (2005). *Connecting mathematical ideas: Standards-based cases for teaching and learning, grades 6-8*. Portsmouth, NH: Heinemann.
12. Bruner, J. S. (1973). *Beyond the information given: Studies in the psychology of knowing*. New York: Norton.
13. Cazden, C. B. (1988). *Classroom discourse*. Portsmouth, NH: Heinemann. Colby, A., Beaumont, E., Ehrlich, T., & Corngold, S. (2009). *Educating for democracy: Preparing undergraduates for responsible political engagement*. San Francisco: Jossey-Bass.
14. Cone, C. A., & Kendall, K. (1978). Space, time and family interactions: Visitors behavior at the science museum of Minnesota. *Curator, 21*(3), 245-258.
15. Costa, A., & Kallick, B. (2009). *Learning and leading with habits of mind: 16 characteristics for success*. Alexandria, VA: Association for Supervision and Curriculum Development.
16. Craik, F.I.M., & Lockhart, R. S. (1972). Levels of processing: A framework for memory research. *Journal of Verbal Learning and Verbal Behavior, 11*, 671-684.
17. Dobbs, S. M., & Eisner, E. (1990). Silent pedagogy in art museums. *Curator, 33*, 217-235.
18. Duer Miller, A. (1915). *Are women people?* New York: George H. Doran Company.
19. Eyleer, J., & Giles, D. E. (1999). *Where's the learning in service-learning?* San Francisco: Jossey-Bass.
20. Facts about language. (2009). Retrieved July 25, 2009, from http://www.askoxford.com/oec/mainpage/oec02/?view=uk
21. Fried, R. L. (2005). *The game of school:Why we all play it, how it hurts kids, and what it will take to change it*. San Francisco: Jossey-Bass.
22. Fry, E. B., Kress, J. E., & Fountoukidis, D. L. (2000). *The reading teacher's book of lists* (4th ed.). San Francisco: Jossey-Bass.
23. Gallagher, K. (2010, November 12).Why I will not teach to the test. *Education Week*.
24. Gardner, H. (1983). *Frames of mind*. New York: Basic Books.
25. Gardner, H. (1991). *The unschooled mind*. NewYork: Basic Books.
26. Giudici, C., Rinaldi, C., & Krechevsky, M. (Eds.). (2001). *Making learning visible: Children as individual and group learners*. Reggio Emilia, Italy: Reggio Children.
27. Given, H., Kuh, L., LeeKeenan, D., Mardell, B., Redditt, S., & Twombly, S. (2010). Changing school culture: Using documentation to support collaborative inquiry. *Theory into Practice, 49*, 36-46.
28. Harre, R., & Gillet, G. (1994). *The discursive mind*. Thousand Oaks, CA: Sage.
29. Hatch, T. (2006). *Into the classroom: Developing the scholarship of teaching and learning*. San Francisco: Jossey-Bass.
30. Hawkins, D. (1974). I, thou, and it. In *The informed vision: Essays on learning and human nature* (pp. 48-62). New York: Agathon. (Original work published 1967)
31. Hiebert, J., Carpenter, T. P., Fennema, E., Fuson, K. C.,Wearne, D., Murray, H., et al. (1997). *Making sense: Teaching and learning mathematics with understanding*. Portsmouth, NH: Heinemann.
32. Housen, A., & Yenawine, P. (2001). *Understanding the basics*. New York: Visual Understanding in Education.
33. Housen, A., Yenawine, P., & Arenas, A. (1991). *Visual thinking curriculum*. New York: Museum of Modern Art.
34. Intrator, S. (2002). *Stories of the courage to teach: Honoring the teacher's heart*. San Francisco: Jossey-Bass.
35. Intrator, S. (2006). Beginning teachers and the emotional drama of the classroom. *Journal of Teacher Education, 57*(3), 232-239.
36. Johnson, S. (2010). *Where do good ideas come from: The natural history of innovation*. New York: Riverhead.
37. Johnston, P. (2004). *Choice words: How our language affects children's learning*. Portland, ME: Stenhouse.
38. Keene, E., & Zimmermann, S. (1997). *Mosaic of thought*. Portsmouth, NH: Heinemann.
39. Keene, E. O. (2008). *To understand*. Portsmouth, NH: Heinemann.
40. Langer, E. (1989). *Mindfulness*. Reading, MA: Addi-

son-Wesley.
41 Langer, E., Hatem, M., Joss, J., & Howell, M. (1989). The mindful consequences of teaching uncertainty for elementary school and college students. *Creativity Research Journal, 2*(3), 139-150.
42 Lappan, G., Fey, J. T., Fitzgerald,W. M., Friel, S. N., & Philips, E. (1997). *Connected Mathematics Series*: Dale Seymour Publications.
43 Leinhardt, G., & Crowley, K. (1998). *Museum learning as conversational elaboration: A proposal to capture, code, and analyze talk in museums* (Technical Report #MLC-01). Pittsburgh: Museum Learning Collaborative.
44 Leinhardt, G., & Steele, M. D. (2005). Seeing the complexity of standing to the side: Instructional dialogues. *Cognition and Instruction, 23*(1), 87-163.
45 Leinhardt, G.,Weidman, C., & Hammond, K. M. (1987). Introduction and integration of classroom routines by expert teachers. *Curriculum Inquiry, 17*(2), 135-175.
46 Lieberman, M., & Langer, E. (1995).Mindfulness and the process of learning. In P. Antonacci (Ed.), *Learning and context*. Cresskill,NJ: Hampton.
47 Lyman, F. T. (1981). The responsive classroom discussion: The inclusion of all students. In A. Anderson (Ed.), *Mainstreaming digest* (pp. 109-113). College Park: University of Maryland Press.
48 Marton, F., & Saljo, R. (1976). On qualitative differences in learning: I. Outcome and process. *British Journal of Educational Psychology, 46*, 4-11.
49 McDonald, J. P. (1992). *Teaching: Making sense of an uncertain craft*. New York: Teachers College Press.
50 National Council of Teachers of Mathematics. (1989). *Curriculum and evaluation standards for school mathematics*. Reston, VA: National Council of Teachers of Mathematics.
51 Nystrand, M., Gamoran, A., Kachur, R., & Prenergast, C. (1997). *Opening dialogue*. New York: Teachers College Press.
52 Palmer, P. (1998). *The courage to teach: Exploring the inner landscape of a teacher's life*. San Francisco: Jossey-Bass.
53 Perkins, D. N. (1992). *Smart schools: From training memories to educating minds*. New York. Free Press.
54 Perkins, D. N., Tishman, S., Ritchhart, R., Donis, K., & Andrade, A. (2000). Intelligence in the wild: A dispositional view of intellectual traits. *Educational Psychology Review, 12*(3), 269-293.
55 Ravitch, D. (2010). *The death and life of the great American school system: How testing and choice are undermining education*. New York: Basic Books.
56 Ritchhart, R. (2001). From IQ to IC: A dispositional view of intelligence. *Roeper Review, 23*(3), 143-150.
57 Ritchhart, R. (2002). *Intellectual character:What it is, why it matters, and how to get it*. San Francisco: Jossey-Bass.
58 Ritchhart, R. (2009, August). *Becoming a culture of thinking: Reflections on our learning*. Bialik College Biennial Cultures of Thinking Conference. Melbourne, Australia.
59 Ritchhart, R., & Langer, E. (1997). Teaching mathematical procedures mindfully: Exploring the conditional presentation of information in mathematics. In
60 J. A. Dossey, J. O. Swafford, M. Parmantie, & A. E. Dossey (Eds.), *Proceedings of the nineteenth annual meeting of the North American chapter of the International Group for the Psychology of Mathematics Education*. Columbus, OH: ERIC Clearinghouse for Science, Mathematics, and Environmental Education. (ED420494)

61 Ritchhart, R., Palmer, P., Church, M., & Tishman, S. (2006, April). *Thinking routines: Establishing patterns of thinking in the classroom*. Paper presented at the annual meeting of the American Educational Research Association, San Francisco.
62 Ritchhart, R., & Perkins, D. N. (2005). Learning to think: The challenges of teaching thinking. In K. Holyoak & R. G. Morrison (Eds.), *Cambridge handbook of thinking and reasoning* (pp. 775-802). Cambridge, UK: Cambridge University Press.
63 Ritchhart, R., Turner, T., & Hadar, L. (2009a). Uncovering students' thinking about thinking using concept maps. *Metacognition and Learning, 4*(2), 145-159.
64 Ritchhart, R., Turner, T., & Hadar, L. (2009b). Uncovering students' thinking about thinking using concept maps. *Metacognition and Learning, 4*(2), 145-159.
65 Robinson, K. (2010, October 14). Changing Education Paradigms. [Video file]. Retrieved from http://www.thersa.org
66 Ryder, L. (2010). Wondering about seeing and thinking: Moving beyond metacognition. *Stories of Learning*. Retrieved from http://www.storiesoflearning.com
67 Schwartz, M., Sadler, P. M., Sonnert, G., & Tai, R. H. (2009). Depth versus breadth: How content coverage in high school science courses relates to later success in college science coursework. *Science Education. 93*(5), 798-826.
68 Seidel, S. (1998). Wondering to be done: The collaborative assessment conference. In David Allen (Ed.), *Assessing student learning: From grading to understanding*. New York: Teachers College Press.
69 Skemp, R. (1976). Relational understanding and instrumental understanding. *Mathematics Teaching, 77*, 20-26.
70 Tishman, S., Perkins, D. N., & Jay, E. (1993). Teaching thinking dispositions: From transmission to enculturation. *Theory into Practice, 3*, 147-153. Vygotsky, L. S. (1978). *Mind in society*. Cambridge, MA: Harvard University Press.
71 Whitehead, A. N. (1929). *The aims of education and other essays*. New York: Simon& Schuster.
72 Wiggins, G., & McTighe, J. (1998). *Understanding by design*. Alexandria, VA: Association of Supervision and Curriculum Development.
73 Wiske, M. S. (Ed.). (1997). *Teaching for understanding*. San Francisco: Jossey-Bass.
74 Yinger, R. J. (1979). Routines in teacher planning. *Theory into Practice, 18*, 163-169.
75 Zee, E. V., & Minstrell, J. (1997). Using questioning to guide student thinking. *Journal of the Learning Sciences, 6*(2), 227-269.
76 Zohar, A., & David, A. B. (2008). Explicit teaching of meta-strategic knowledge in authentic classroom situations. *Metacognition and Learning, 3*(1), 59-82.

譯名對照

學術名詞

1-5 畫
公式｜equation
心理動作技能｜psychomotor
文本再現經驗｜Text Rendering Experience
比喻式思考｜metaphorical thinking
主張—支持—提問｜Claim-Support-Question
句—詞—字｜Sentence-Phrase-Word
可見思考｜Visible Thinking

6-10 畫
列舉—排序—連結—闡述：概念圖｜Generate-Sort-Connect-Elaborate: Concept Maps
形成性評量｜formative assessment
我以前認為……，現在我認為……｜I Used to Think..., Now I Think...
求知型問題｜authentic questions
定錨活動｜anchor activity
拔河例程｜Tug-of-War
知道-想知道-學會｜Know–Want to know–Learned
後設策略知識｜meta-strategic knowledge
是什麼讓你這麼說？｜What Makes You Say That?
看—想—疑｜See-Think-Wonder
紅燈、黃燈｜Red Light, Yellow Light
核心問題｜essential questions
真實主張｜truth claims
筆談｜Chalk Talk
脈絡證據｜contextual evidence

11 畫以上
國際文憑中學課程｜International Baccalaureate Middle Years Programme
探究學生思維架構｜Looking At Students' Thinking protocol
推導、概化｜generalization
猜想｜conjecture
第一手資料｜primary source
智性特質｜intellectual character
智識創新｜Innovating with Intelligence
結構性反思｜structured reflection
裁剪它！｜Crop It!
視覺思考策略｜Visual Thinking Strategies
評量、評鑑｜assessment
評價｜evaluate
進入角色｜Step Inside
開放式數學問題｜open-ended mathematical problems
微型實驗室架構｜The Micro Lab Protocol
解釋遊戲｜The Explanation Game
資源老師｜resource teacher
過度概化｜overgeneralization
認知｜cognitive
頭條標題例程｜Headlines
繪畫反思｜painted reflection journal
羅盤方位點｜Compass Points
觀點取替｜perspective taking
觀點圈｜Circle of View Points

其他
3-2-1 橋接｜3–2–1 Bridge
4C 例程｜The 4C's
CSI: 顏色、符號、圖像｜CSI: Color,

Symbol, Image

人名

1-5 畫
大衛・柏金斯｜David Perkins
山姆｜Sam
丹尼爾｜Danniyal
巴尼斯｜Douglas Barnes
巴倫｜Brigid Barron
比吉斯｜Biggs
卡梅娜斯基｜June Kamenetzky
卡普藍｜Russell Kaplan
卡普蘭｜Corinne Kaplan
卡蒂｜Daphne Gaddie
卡維爾｜Anthony (Tony) Cavell
史丹利｜Stanley
史密斯｜Hilton Smith
尼斯特蘭德｜Martin Nystrand
布朗｜Rod Brown
布萊克｜Chris Bradtke
布萊絲｜Tina Blythe
布魯姆｜Benjamin Bloom
布魯荷特｜Susan Brookhart
布璐姆｜Sharonne Blum
弗里德｜Robert L. Fried
瓦里杰克｜Jill Waliczek
皮特森｜Fredrik Pettersson

6-10 畫
吉迪恩｜Gideon
多爾維奇夫婦｜Abe and Vera Dorevitch
安妮・法蘭克｜Anne Frank
安迪沃荷｜Warhol
安琪拉｜Angela
安德生及克里斯沃爾｜Anderson and Krathwohl
托珂｜Alma Tooke
朱利安・韋斯格拉斯｜Julian Weissglass
朵爾薇琪｜Nicky Dorevitch
米勒｜Alice Duer Miller (ch2)

米勒｜Andrea Miller (ch4)
米雀兒｜Julie Mitchell
米斯特爾｜Jim Minstrell
艾力克斯｜Alex (ch6)
艾絲克｜Soo Isaacs
亨利｜Henny
克里普斯｜Paul Cripps
克萊切斯基｜Mara Krechevsky
克魯絲卡｜Natalie Kluska
坎姐｜Janis Kinda
希伯特托｜James Hiebertetal
希拉瑞爵士｜Edmund Hillary
李存信｜Li Cunxin
杜拉克｜Paul Dulac
狄戈多｜Louis Delgado
貝倫霍姿｜Sharon Berenholtz
邦迪｜Rhonda Bondie
里斯｜David Reese
亞歷克斯｜Alex (ch7)
亞歷珊卓｜Alexandra
佩雷拉｜Marc Perella
奈特・杜納｜Nat Turner
帕爾茉｜Patricia Palmer
林賽爾｜Jim Linsell
欣格｜Josie Singer
波狄｜Karin Brodie
波勒｜Jo Boaler
芙克納｜Julie Faulkner
芙里曼｜Zia Freeman
芙爾蔓｜Emma Furman
金巴多｜Philip Zimbardo
阿姆斯壯｜Nathan Armstrong
阿提克斯｜Atticus Finch
阿爾菲亞｜Pam Alfieri
哈波・李｜Harper Lee
哈娜瓦特｜KathyHanawalt
哈特姆｜Mona Hatoum
哈德｜Linor Hadar
洛克｜Rod Rock
珂恩｜Dara Cohen
珍｜Jean
珍・辛巴｜Jan Zimba
珍妮斯｜Leland Jennings

珍諾娃 | Genia Janover
約書亞 | Joshua
約翰・韋德 | John Wade
茉席克 | Tosca Mooseek
韋恩 | Warrick Wynne
埃伯莉絲 | Vicki Abeles
姬布森 | Nellie Gibson
席德 | Steve Seidel
格雷戈里 | Mitchell Gregory
格蘭絲 | Karen Glanc
泰隆 | Tyrone
班薩兒 | Kiran Bansal
茲米葛蘿 | Leor Zmigrod
馬克・邱奇 | Mark Church
馬德爾 | Ben Mardell

11畫以上

海斯勒 | Josh Heisler
海麗特・塔布曼 | Harriet Tubman
基尼 | Ellin Keene
康登 | Jessica Congdon
康德 | Eli Conde
敏特 | Emily Minter
曼奴拉・巴登 | Manuela Barden
畢利斯 | Alan Bliss
莎洛吉・辛 | Saroj Singh
莎勒蔓 | Becca Solomon
莎德洛 | Linda Shardlow
莫荷 | Jayne Mohr
莫莉 | Molly
透納 | Terri Turner
麥可森 | Ben Mikaelsen
傑弗遜 | Thomas Jefferson
凱文 | Kevon
凱利 | Roy Kelley
凱莉 | Mary Kelly
凱琳・莫莉森 | Karin Morrison
凱蒂 | Kate
喬伊 | Joe
喬吉兒 | Kathleen Georgiou
喬納思 | Jonas
提希蔓 | Shari Tishman
斐德立克・道格拉斯 | Frederick Douglass

斯普德薇拉絲 | Anne Spudvilas
斯雷爾克德 | John Threlkeld
湯琳森 | Carol Ann Tomlinson
琳賽・米勒 | Lindsay Miller
舒蜜特 | Mary Beth Schmitt
菲爾雀 | Allison Fritscher
菲蔓 | Caitlin Faiman
萊特 | Abner Lait
萊斯特 | Julius Lester
萊絲 | Kate Rice
雅契 | Mary Kay Archer
塔芙絲 | Karrie Tufts
塔格蘿爾 | Clair Taglauer
愛莉卡・多依爾 | Erica Doyle
瑞德利 | Matt Ridley
葛絲多 | Linda Gerstle
葛瑞絲 | Gracie
葛雷哥萊・畢克 | Gregory Peck
葛蕾沃 | Ravinder Grewal
葛羅哲 | Tina Grotzer
賈菲 | Barbara Jaffe
路易斯・薩奇爾 | Louis Sachar
達爾 | Roald Dahl
零蛋 | Zero
薇克 | Carol Dweck
榮・理查特 | Ron Ritchhart
瑪汀 | Stephanie Martin
瑪恩 | Marne
瑪莉 | Mary
瑪絲菲爾德 | Patty Maxfield
維坦 | Carpe Vitam
維高斯基 | Vygotsky
維勒曼 | Paul Velleman
蜜絲卡維亞 | Geralyn Myczkowiak
豪森 | Housen
德芙潔 | Beth Delforge
歐布萊恩 | Tim O'Brien
歐哈蕾 | Debbie O'Hara
歐蓓瑪 | Helene Oberman
潔米瑪 | Jemima
潘丹斯基 | Pendanski
霍金斯 | David Hawkins
霍爾德・法斯特 | Howard Fast

戴維娜｜Davina
蕾納蒂｜Carla Rinaldi
蕾儂｜Melyssa Lenon
蕾德｜Lesley Ryder
薇克｜Lisa Verkerk
邁克爾｜Michael
韓弗蕾｜Cathy Humphrey
黛西｜Daisy
薩烏萊斯｜Julian Savulescu
瓊安｜Joan
羅森奎斯特｜Rosenquist
羅賓森爵士｜Ken Robinson
蘭姿｜Tammy Lantz
蘭德芙特｜Julie Landvogt
露薏絲・勞瑞｜Lois Lowry
蘿西｜Jenny Rossi
蘿茲・馬克斯｜Roz Marks

著作，研究及機構

1-5 畫
《人猿泰山》｜Tarzan of the Apes
《人鼠之間》｜Of Mice and Men
《力爭碰壁》｜Race to Nowhere
《天使》｜Cherub
《毛澤東時代的最後舞者》｜Mao's Last Dancer
《白天與黑夜》｜Day and Night
三一文法學校｜Trinity Grammar
切瑟林聯合高中｜Chesaning Union High School
比亞利克學院｜Bialik College
卡普威坦基金會｜Stiftelsen Carpe Vitam
布萊頓小學｜Brighton Elementary
布魯塞爾國際學校｜International School of Brussels
印第安人遷移法案｜Indian Removal Act

6-10 畫
〈我、你、它〉｜I, Thou, and It
《安妮日記》｜Diary of a Young Girl
《自由之路》｜Freedom Road

《金色夢露》｜Gold Marilyn Monroe
《孩子要回家》｜Rabbit-Proof Fence
《洞》｜Holes
《記憶傳承人》｜The Giver
伊薩卡計畫｜Ithaka Project
先鋒高中｜Vanguard High School
列索夏學院｜Lemshaga Akademi
狐火基金會｜Foxfire Fund
長湖小學｜Long Lake Elementary School
阿布格萊布監獄｜Abu Ghraib prison
阿姆斯特丹國際學校｜International School of Amsterdam
哈佛大學教育研究院｜Harvard Graduate School of Education
哈佛史密森尼天體物理中心｜Harvard Smithsonian Center for Astrophysics
哈佛零點計畫｜Harvard Project Zero
威氏小學｜Way Elementary
威思特伯恩文法學校｜Westbourne Grammar
威斯理學校｜Wesley College
思考文化計畫｜Cultures of Thinking project
科勒沃公園高中｜Clover Park High School
科羅拉多學院｜Colorado Academy
美國全國學校改革聯盟｜National School Reform Faculty
美國國家平等教育聯盟｜National Coalition for Equality in Education
美國數學教師協會｜National Council of Teachers of Mathematics
特拉弗斯城公立學校｜Traverse City Area Public Schools
馬波赫德公立學校｜Marblehead Public Schools

11 畫以上
《後設認知與學習》｜Metacognition and Learning
《從奴隸商船到自由之路》｜From Slave Ship to Freedom Road
《梅岡城故事》｜To Kill a Mockingbird
《森林泰山》｜George of the Jungle
《當好人變成壞人》｜When Good People

Turn Bad
《聖安東尼的誘惑》｜ The Temptation of St. Anthony
《遇見靈熊》｜ Touching Spirit Bear
《瑪麗蓮夢露 I》｜ MarilynMonroe, 1
《學校裡的競賽》｜ The Game of School
《聰明的學校》｜ Smart Schools
《攬鏡的女人》｜ Girl Before the Mirror
《鬱林湖失蹤紀事》｜ In the Lake of the Woods
曼通文法學校｜ Mentone Grammar
現代藝術博物館｜ Museum of Modern Art
理斯特小學｜ List Elementary
第一手資料學習小組｜ Primary Source Learning
莫瑟島中學｜ Mercer Island High School
陶氏化學公司｜ Dow Chemical
瑞吉歐艾米利亞地區｜ Reggio Emilia
瑞吉歐兒童教育中心｜ Reggio Children
聖查爾斯小學｜ St. Charles Elementary
維多利亞州獨立學校協會｜ Independent Schools Victoria
維多利亞國家美術館｜ National Gallery of Victoria
衛理公會女子學校｜ Methodist Ladies College
複合因果計畫｜ Complex Causality Project
薩吉諾中學學區｜ Saginaw Intermediate School District
蘇黎世社區學校｜ Inter-Community School of Zurich

法蘭肯慕斯城｜ Frankenmuth
南卡羅萊納州｜ South Carolina
特拉弗斯城｜ Traverse City

11 畫以上
梅里爾鎮｜ Merrill
荷伯特市｜ Hobart
麻薩諸塞州｜ Massachusetts
塔斯曼尼亞州｜ Tasmania
聖母峰｜ Mt. Everest
劍橋市｜ Cambridge
澳洲北領地｜ Australia's Northern Territory
薩吉諾｜ Saginaw

其他
《+ 和 -》+ and -

地名

1-5 畫
布盧姆菲爾德希斯｜ Bloomfield Hills

6-10 畫
克羅納拉｜ Cronulla

影片使用方式

掃描以下 QR Code 立即觀賞教師示範影片

（http://bit.ly/2RgfQpp）

Copyright © 2011 by John Wiley & Sons, Inc.
Design and interface copyright © 2008 John Wiley & Sons, Inc.
Published by Jossey-Bass
A Wiley Imprint

讓思考變得可見｜字幕翻譯　林步昇｜大家出版｜有著作權・侵害必究

本影片可公開播送，亦可刪減、再製作教育／培訓用。以下版權宣告應印製於所有相關印刷品上：

Making Thinking Visible: How to Promote Engagement, Understanding, and Independence for All Learners. Copyright © 2011 by Ron Ritchhart, Karin Morrison, and Mark Church. Reproduced by permission of Jossey-Bass, an Imprint of Wiley. www.wiley.com.
讓思考變得可見｜字幕翻譯　林步昇｜大家出版｜有著作權・侵害必究

本版權宣告不可任意刪減或修改。所有再製印刷品都應印有以上字樣。

本影片可供免費再製，然僅限教育／培訓用之紙本再製品。不可大量產製、流通（上限為100份／年）、播送、數位再製，或與其他商業出版物一同販售，亦不可作商業用途。若有以上需求，須事先取得原出版方之書面同意，或透過以下管道支付再製費用：Copyright Clearance Center, Inc., 222 Rosewood Drive, Danvers, MA 01923, (978) 750-8400, fax (978) 646-8600, or on the web at www.copyright.com. Requests to the Publisher for permission should be addressed to the Permissions Department, John Wiley & Sons, Inc., 111 River Street, Hoboken, NJ 07030, (201) 748-6011, fax (201) 748-6008, or e-mail: permcoordinator@wiley.com。

讓思考變得可見〔全新修訂版〕

Making Thinking Visible: How to Promote Engagement, Understanding, and Independence for ALL Learners by Ron Ritchhart, Mark Church, Karin Morrison
Copyright © John Wiley & Sons International Rights, Inc. 2011
All rights reserved.
Original edition published in 2011 by John Wiley & Sons International Rights, Inc.
This Traditional Chinese language edition is published by Walkers Cultural Enterprise Ltd. (Common Master Press) through LEE's Literary Agency, Taipei.

作　　　　者	榮・理查特（Ron Ritchhart）、馬克・邱奇（Mark Church）、凱琳・莫莉森（Karin Morrison）
譯　　　　者	伍晴文
責 任 編 輯	賴淑玲
特 約 編 輯	郭曉燕
編 輯 協 力	李宓
書 籍 設 計	徐睿紳
排　　　　版	謝青秀、黃暐鵬
校　　　　對	魏秋綢
行 銷 企 畫	陳詩韻
總　 編　 輯	賴淑玲
出　 版　 者	大家出版／遠足文化事業股份有限公司
發　　　　行	遠足文化事業股份有限公司（讀書共和國集團）
地　　　　址	231 新北市新店區民權路 108-4 號 8 樓
電　　　　話	(02)2218-1417
傳　　　　真	(02)8667-1851
劃 撥 帳 號	19504465　戶名 遠足文化事業有限公司
法 律 顧 問	華洋法律事務所 蘇文生律師
定　　　　價	450 元
I S B N	978-626-7283-95-0（紙本）
	978-626-7283-97-4（PDF）
	978-626-7283-96-7（EPub）

二版一刷　2024 年 8 月
有著作權・侵害必究｜本書如有缺頁、破損、裝訂錯誤，請寄回更換
特別聲明：有關本書中的言論內容，不代表本公司／出版集團之立場與意見，文責由作者自行承擔。

國家圖書館出版品預行編目 (CIP) 資料

讓思考變得可見（全新修訂版）／榮・理查特 (Ron Ritchhart), 馬克・邱奇 (Mark Church), 凱琳・莫莉森 (Karin Morrison) 著；伍晴文譯. -- 二版. -- 新北市：大家出版：遠足文化發行, 2024.08
　　面；　　公分
譯自：Making thinking visible : how to promote engagement, understanding, and independence for all learners
ISBN 978-626-7283-95-0（平裝）

1.CST: 思考能力教學 2.CST: 批判思考教學

521.426　　　　　　　　　　　　　　　　　　113011098